本书致力于研究最近50年来美国在发展先进国防工业体系和高技术领域方面积累的经验。书中包含对一些关键性国家机构在该领域从事国防和安全活动的分析，比如国防部、中央情报局、国土安全部、能源部和国家航空航天局。

书中所提供的材料对俄罗斯从事国防工业和先进武器装备研发的技术人员和领导层极其有益。

ВЫСОКИЕ ТЕХНОЛОГИИ В США:
ОПЫТ МИНИСТЕРСТВА
ОБОРОНЫ И ДРУГИХ ВЕДОМСТВ

高技术在美国：来自美国国防部和其他政府部门的经验

[俄]德米特里·奥列戈维奇·罗戈津
[俄]伊戈尔·阿纳托利耶维奇·谢列门特 著
[俄]谢尔盖·弗拉基米洛维奇·卡尔布科
[俄]亚历山大·米哈伊洛维奇·古宾斯基

张飚　丁凌　译

北京理工大学出版社
BEIJING INSTITUTE OF TECHNOLOGY PRESS

版权专有 侵权必究

图书在版编目（CIP）数据

高技术在美国：来自美国国防部和其他政府部门的经验／（俄罗斯）德米特里·奥列戈维奇·罗戈津等著；张飚，丁凌译. —北京：北京理工大学出版社，2018.5（2021.6重印）

ISBN 978-7-5682-5609-4

Ⅰ. ①高… Ⅱ. ①德… ②张… ③丁… Ⅲ. ①高技术-应用-国防工业-研究-美国 ②高技术-应用-国家机构-研究-美国 Ⅳ. ①F471.264 ②D771.231

中国版本图书馆 CIP 数据核字（2018）第 084889 号

北京市版权局著作权合同登记号　图字：01-2016-3270 号

出版发行／北京理工大学出版社有限责任公司
社　　址／北京市海淀区中关村南大街 5 号
邮　　编／100081
电　　话／（010）68914775（总编室）
　　　　　（010）82562903（教材售后服务热线）
　　　　　（010）68948351（其他图书服务热线）
网　　址／http://www.bitpress.com.cn
经　　销／全国各地新华书店
印　　刷／北京虎彩文化传播有限公司
开　　本／710 毫米×1000 毫米　1/16
印　　张／21.25　　　　　　　　　　　　　责任编辑／刘永兵
字　　数／288 千字　　　　　　　　　　　　文案编辑／刘永兵
版　　次／2018 年 5 月第 1 版　2021 年 6 月第 2 次印刷　责任校对／周瑞红
定　　价／98.00 元　　　　　　　　　　　　责任印制／王美丽

图书出现印装质量问题，请拨打售后服务热线，本社负责调换

致读者

一个现代化的高效的国防工业和科学技术体系是俄罗斯独立、强大的保证！它意味着在未来世界国家之林中俄罗斯的权威性。

2012年建立的创新科研基金（ФПИ）是迈向正确方向的重要一步。它承担着国防与国家安全领域科研和开发重担，特别是那些在军事技术、生产工艺和社会经济领域具有高度风险性的项目。

在某种程度上 ФПИ 类似于美国国防高级研究计划局（DARPA）。如果把视线推远，这个创立于1958年的行政机构当时是为了追赶美国在太空探索领域落后苏联的巨大差距。我们基金的重点在于引进那些有助于提高俄罗斯联邦国防潜力的系统和技术，学习由 DARPA 主导的美国经验——在现实的军事冲突条件下不间断组织高技术武器的测试——并不可耻。重要的是它有助于加快提高俄罗斯的现代化水平。

本书给读者提供了一个机会，了解美国过去50年在发展先进国防体系和高技术领域方面积累的经验。

本书的特点是对大量来源不同的独立信息进行分析和使用。考虑到美国公司传统上极其强调自己在纳税人和国际社会面前的正面形象，作者将部分注意力分配给了独立分析刊物，包括一些具有批评性的。在一些占主导地位的文章中客观地分析出了具有广告作用的部分内容。除此以外，在准备出版的过程中还参考了采购方和美国国防企业等专业圈子在社会网络、专业博客和论坛的反映，这种做法在我们看来，有助于提高分析结论的客观性，其中也包括展示出美国军事工业联合体强大和脆弱的一面。

书中所提供的材料对俄罗斯从事国防工业和先进武器装备研发的技术人员和领导层极其有益。

Д·罗戈津

作者序

美利坚合众国在发展高技术领域积累了丰富的经验——特别是国防和安全领域。正因为如此，我们对其国家机构的历史和研发工作，比如国防部、中央情报局、国土安全部、美国国家航空航天局（NASA）、美国能源部表现出了特殊的兴趣。

高技术建立在基础科学发现之上。它的实现需要一些目标明确的体制内机构，以及其他国家机构的配合与财政支持，保障专业化分工，才能实现高技术发展的目标。从这个意义上讲NASA是个例外，其本身就是整个国家为了发展航空航天科技而组建的领导型部门，而不是某个机构的下属单位。

高技术领域发展最成功的机构就是美国国防高级研究计划局（Defense Advanced Research Projects Agency，DARPA），该局组建于1958年，当时是为了应对苏联发射人造地球卫星而组建的[1]。

在自己超过50年的历史中，面对国防领域中复杂的科技难题，DARPA展现出了很高的效率。于是，国土安全部从2002年开始组建国土安全高级研究计划署（HSARPA），2007年在中央情报局出现了类似机构（Intelligence Advanced Research Projects Activity，IARPA），在美国能源部出现了ARPA-E（Advanced Research Projects Agency-Energy）。

高技术在苏联及其之后在俄罗斯的发展很大程度上被限制在国防领域。国防工业联合体（ОПК）的发展历程证明，我们在发展现代化武器装备过程中总是可以有效地利用自己的科技潜力[2]。如何高效地利用国内的科技潜力并将其投入国防工业发展中去是当前最迫切的任务。研究和利用美国的经验，对于俄罗斯非常有益，要想在21世纪保持可持续的发展并维护我们在世界的领袖地位，除去其他必要条件，先进技术的发展必不可缺。

在专著编写过程中，经济学副博士A·A·皮斯库诺夫贡献了很多有益的建议，作者对此深表感谢。同时感谢技术科学副博士Y·A·乌斯宾斯基，他在自己的专业领域为本书提供有益的建议。在通过电子媒体包括社交网络准备美国高技术国防计划资料方面，N·E·格拉扎夫和A·A·库金也提供了有益的帮助。最后作者对I·S·萨达夫尼克在出版工作中给予的帮助表示感谢。

目录

1 美国国防部、国防高级研究计划局（DARPA）和 OnPoint Technologies 关注的高技术 ·············· 1
  1.1 DARPA 建立的历史背景和法律基础 ·············· 1
  1.2 DARPA 的著名"品牌" ·············· 4
  1.3 DARPA 的组织结构 ·············· 21
  1.4 DARPA 的项目管理及项目生命周期 ·············· 28
  1.5 OnPoint Technologies 基金 ·············· 140

2 美国情报界、In-Q-Tel 公司、高级情报研究计划署（IARPA）关注的高技术 ·············· 146
  2.1 和苏联敌对时期中情局的高技术计划 ·············· 146
  2.2 后苏联时期美国情报界的改革 ·············· 152
  2.3 高技术项目的创业融资，In-Q-Tel 公司 ·············· 161
  2.4 高级情报研究计划署（IARPA）对高技术项目的资金支持 ·············· 213
  2.5 高级情报研究计划署（IARPA）高技术项目实例 ······ 215

3 美国国土安全部和国土安全高级研究计划署（HSARPA）关注的高技术 ·············· 223
  3.1 HSARPA——美国国土安全部的高级研究机构 ·········· 223
  3.2 美国国土安全部高级研究项目的资金支持 ·············· 229
  3.3 资金支持项目实例 ·············· 231
  3.4 关键性基础设施和关键资源 ·············· 233
  3.5 网络安全和关键性网络基础设施的安全 ·············· 244

4 美国能源部和先进能源研究计划署（ARPA-E）关注的高技术 ·············· 248
  4.1 先进能源研究计划署（ARPA-E）在美国能源部的位置 ·············· 248
  4.2 ARPA-E 的工作架构 ·············· 250

4.3 ARPA-E 项目的资金 …………………………………… 254
5 高技术在 NASA …………………………………………… 261
5.1 美国国家航天战略 ………………………………………… 261
5.2 美国航空航天工业管理机构 ……………………………… 263
5.3 NASA 的战略规划 ………………………………………… 271
5.4 NASA 计划的资金保障 …………………………………… 289
5.5 技术转移以及和其他机构的伙伴关系 …………………… 300
5.6 风投基金 Red Planet Capital …………………………… 308

本文使用资料来源 ……………………………………………… 312

1 美国国防部、国防高级研究计划局（DARPA）和 OnPoint Technologies 关注的高技术

1.1 DARPA 建立的历史背景和法律基础

1957 年苏联发射了第一颗人造地球卫星，它标志着技术上的突破，给了世界一个崭新的机遇，特别是在国防和安全领域。

美国军事政策的制定者开始认识到，这一事件暗示着在技术领域美国开始落后于苏联。当时的美国总统要求国防部制订计划在最短的时间内征服太空并在太空领域保持领先地位，进而把优势扩展到整个高技术领域。

1958 年 2 月 7 日国防部内部经过激烈辩论后，发布了 5105.15 号指令（图 1.1）[3] 设立高级研究计划局（Advanced Research Projects Agency，ARPA），全权负责组织和实施美国的高技术计划，并确立了优先发展火箭—太空领域的目标。1958 年 2 月 12 日美国国会批准成立 ARPA（Public Law 85-325）[4]。根据这项法律，国会批准授权给国防部一年时间开展先进项目的研究与开发。

1959 年 ARPA 将太空计划移交给国家航空航天局（National Aeronautics and Space Administration，NASA）和国家侦察办公室（National Reconnaissance Office，NRO）负责，而 ARPA 开始从事洲际弹道导弹方面的工作。1960 年 ARPA 成为该领域的主要领导者。随着

1968年美国陆军成立了反导防御机构（Army Ballistic Missile Defense Agency，BMDA），ARPA将这些工作移交给了新机构，而高级研究计划局根据Have Blue计划启动了隐形飞机（stealthy aircrafts）技术的研究。根据该计划，70年代初期正式开始研发飞机隐形技术，其主要成果就是1977年开始论证的并在"沙漠风暴"（伊拉克，1991年）行动中使用的F-117战斗机。继该计划取得成功以后，高级研究计划局又着手推进Tacit Blue计划，着力打造战略隐形轰炸机B-2。

1972年3月23日美国国防部下令改组ARPA，使其成为国防部的下属机构。相应地也改变它的名称为：国防高级研究计划局（DARPA）。

1993年2月22日，正式名称再次改回了高级研究计划局（Advanced Research Projects Agency，ARPA），这是由于美国总统克林顿奉行了新的战略。在新战略"有益于美国经济增长的技术：经济发展的新方向"（Technology for America's Economic Growth：A New Direction to Build Economic Strength）指导下，美国军事政策的制定者认为，随着苏联的解体，大规模直接冲突的风险明显下降了，美国开始奉行适当减少直接军事对抗的政策[5]。

对苏联解体的兴奋在美国并没有持续很久，大批先进武器装备的更新计划就得以恢复。1996年2月10日美国国会通过了新的法律（Public Law 104-106）[6]，ARPA再次成为DARPA，这意味着该局在国防领域的科研得到了加强。

研究DARPA在国防工业领域开发和运用先进技术的经验对于俄罗斯国防部和其他强力部门从事高技术研究的专家们有着极其重要的意义。

2007年11月8日，于切尔诺戈洛夫卡在解决发展国防工业联合体法律保障问题的专家委员会会议上，专家们向联邦议会委员会主席提出了"关于加强国家科研机构与国防工业联合体在创新领域互动的法律调整基本方向"的建议：消除发展国防工业联合体的一个基本障碍——无论是在军工领域，还是民用工业领域都缺乏以技术创新为目标的有效机制。在现实条件下，在军工领域采用最现代化的管理机制，对于促进生产和发展有着非常重要的意义。

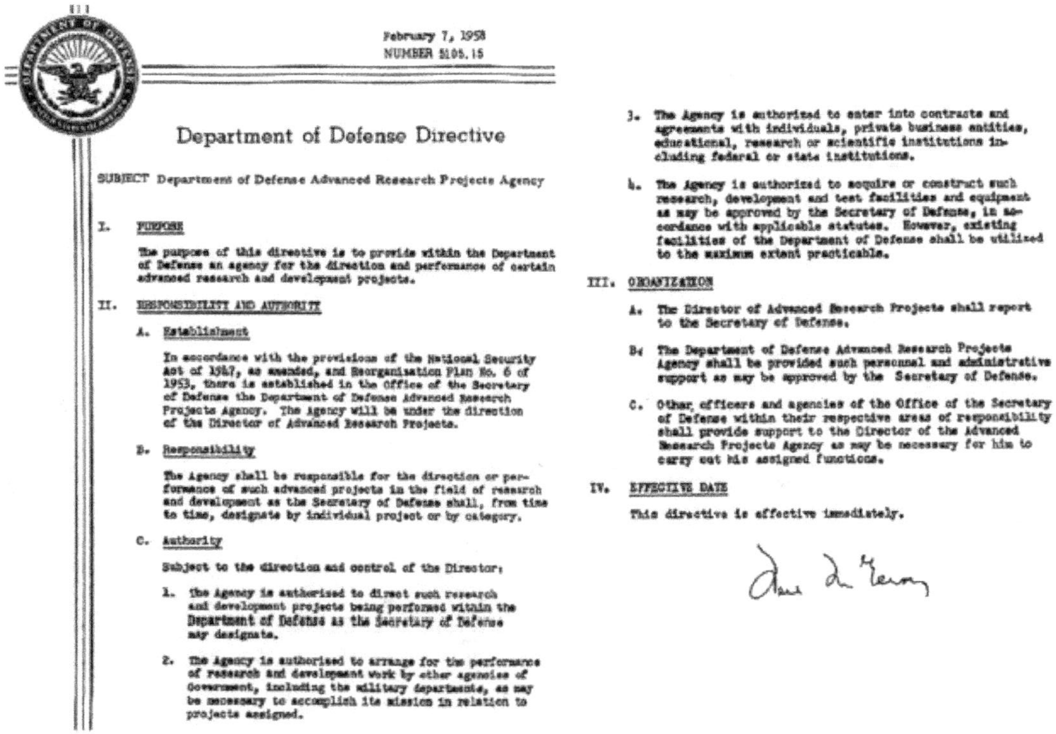

February 7, 1958
NUMBER 5105.15

Department of Defense Directive

SUBJECT Department of Defense Advanced Research Projects Agency

I. **PURPOSE**

The purpose of this directive is to provide within the Department of Defense an agency for the direction and performance of certain advanced research and development projects.

II. **RESPONSIBILITY AND AUTHORITY**

A. Establishment

In accordance with the provisions of the National Security Act of 1947, as amended, and Reorganization Plan No. 6 of 1953, there is established in the Office of the Secretary of Defense, the Department of Defense Advanced Research Projects Agency. The Agency will be under the direction of the Director of Advanced Research Projects.

B. Responsibility

The Agency shall be responsible for the direction or performance of such advanced projects in the field of research and development as the Secretary of Defense shall, from time to time, designate by individual project or by category.

C. Authority

Subject to the direction and control of the Director:

1. The Agency is authorized to direct such research and development projects being performed within the Department of Defense as the Secretary of Defense may designate.

2. The Agency is authorized to arrange for the performance of research and development work by other agencies of Government, including the military departments, as may be necessary to accomplish its mission in relation to projects assigned.

3. The Agency is authorized to enter into contracts and agreements with individuals, private business entities, educational, research or scientific institutions including federal or state institutions.

4. The Agency is authorized to acquire or construct such research, development and test facilities and equipment as may be approved by the Secretary of Defense, in accordance with applicable statutes. However, existing facilities of the Department of Defense shall be utilized to the maximum extent practicable.

III. **ORGANIZATION**

A. The Director of Advanced Research Projects shall report to the Secretary of Defense.

B. The Department of Defense Advanced Research Projects Agency shall be provided such personnel and administrative support as may be approved by the Secretary of Defense.

C. Other, officers and agencies of the Office of the Secretary of Defense within their respective areas of responsibility shall provide support to the Director of the Advanced Research Projects Agency as may be necessary for him to carry out his assigned functions.

IV. **EFFECTIVE DATE**

This directive is effective immediately.

图 1.1 美国国防部 5105.15 号备忘录 [3]

DARPA 的商业化工作机制也适用于民用技术。在这个阶段，当私营公司还没有对国防部关注的技术产生兴趣的时候，DARPA 在技术开发领域占据着统治地位，投资主要是为了满足国家安全领域的需求，而不是为了追求私营部门工业技术储备。一旦技术开发从国防部"转向"私营部门，DARPA 就应该明确把自己从技术领袖转变成"穷人"的战略。

集成电路技术就是这种从技术领袖到"穷人"的典型例子。20 世纪 70 年代初，国防部是集成电路的主要用户，来自军方的需求占据了半导体市场的 17%，而到了 90 年代中期私人对半导体的需求有了极大的增长，来自国防部的订单所占市场的份额已经不足 1%。它对技术发展的影响已经大幅下滑，DARPA 在这个阶段已经完成了自己从技术领袖到"穷人"的角色转换。目前 DARPA 电子技术团队已经解散，这种现代管理机制当然也适用于我们的国防工业联合体[7]。

1.2 DARPA 的著名"品牌"

无论是主动的还是在 DARPA 支持下开展的科研和设计工作，对于美国的意义，都不可低估。

这就是几个实例（图 1.2）
——隐形技术；
——M16 自动步枪；
——全球卫星定位系统（GPS，NAVSTAR）；
——互联网；
——无人机"捕食者"（Predator）；
——土星计划的火箭发动机（根据该计划发展了土星-5 火箭，应用于登月计划）。

下面我们来研究一下部分"品牌"的详细情况。

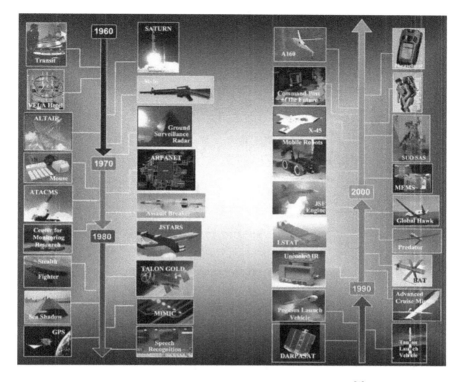

图 1.2　在超过 50 年历史中 DARPA 的主要成就[8]

（一）美国陆军的标准装备 M16 自动步枪

在创立和应用美国军队最著名的"品牌"——M16 自动步枪（图 1.3）的过程中，DARPA 起了积极的促进作用。这是通过实施 DARPA 的 Agile 计划（1961—1974）实现的，为越南战争和泰国反对共产党游击队的作战行动提供了技术支持。

图 1.3　M16A4 5.56 mm 自动步枪[9]

有意思的是，Agile 计划是 DARPA 和美国军方密切合作的第一个计划，越南和泰国的热带丛林为在现场测试技术解决方案提供了可能，设计人员可以快速作出必要调整并显著缩短实现目标的时间。

DARPA 研究的初衷是开发一种新型步枪，以便在东南亚的特殊气候和植被条件下方便地使用，同时还要兼顾使用这些武器的当地军人矮小的身材及其他身体方面的特殊性。

当时美国陆军作战部队使用的是 M14 突击步枪，7.62 mm 口径的子弹实在过于沉重，效率低下。DARPA 进行的研究，证明 5.56 mm 口径的自动步枪能更好地满足对射速的要求，并且重量更轻。就这样柯尔特武器公司（Colt's Patent Firearms Manufacturing Company）的 AR-15 步枪应运而生。

在越南的实战条件下 DARPA 组织进行了 AR-15 步枪的测试，实验表明其具备很高的战斗品质。根据测试的结果，1963—1964 年美国军队订购了一批大约 10 万支经过改进的步枪并命名为 M16。但 M16 自动步枪正式装备美军是在 1967 年。造成这段空白时期的解释是，美国国防部优先考虑另一个步枪武器计划——SPIW 计划。

正如研究表明[10]，"历史证明，如果没有 DARPA 的参与以及在资金、研发和测试方面的支持，M16 自动步枪几乎不可能被选中。此外，M16 自动步枪计划成功最重要的因素，是 DARPA 作为越南战场的'使用者'和华盛顿国防部之间的中间人不断游说这个项目，并设法克服了来自国防部的阻力"。

（二）隐形技术

该技术是为了降低空中、水中、地面、雷达、红外线、可见光及其他光谱范围内目标的可探测性。低可探测性的实现是通过使用特殊的几何形状外形、特殊的吸波材料和涂层，以及其他技术解决方案来实现的。一些来自美国的信息源指出，这个方向上的工作部署是以模拟欧洲发生军事冲突为背景，美国和北约其他国家的航空兵需要压制苏联防空系统。苏军高效的防空体系是刺激 DARPA 开展飞行器隐形研究的主要动力。

1975 年 11 月制造 XST（eXperimental Stealth Technology，隐形实验

技术）飞机的项目立刻吸引了两家美国领先的飞机制造企业：洛克希德·马丁公司（Lockheed Martin Corporation）和诺斯罗普公司（Northrop Corporation）。经过半年时间，它们分别（独立）提出了自己的隐形飞机研发计划，两个方案都采用了"飞翼"式气动布局。在创新型高技术产品的初期阶段这种故意的"并行"模式有很强的DARPA风格。据认为，这种在概念设计阶段过高的成本在将来会得到回报。

1976年中，洛克希德公司成为这场竞争的胜利者，开始为Have Blue（也可以翻译成"欺骗任务""欺骗对象"）计划开发飞机。工作进展很快，1977年12月1日采用隐形技术的验证机就实现了首飞。该计划的最终测试阶段包括和防空系统的对抗"游戏"，在测试中尝试了使用一切手段搜索飞机。Have Blue计划表现出了对雷达、红外线、声波的低可探测性，证实了研发低可探测性军用飞机的可行性。

隐形技术的进一步发展是由DARPA和诺斯罗普公司合作的，该计划称为Tacit Blue Technology Demonstration Program，从1978年持续到1985年。这个计划的产物就是Tacit Blue验证机（图1.4），它承担了很多著名计划的技术验证平台的工作，比如F-117隐形战斗机、B-2A战略轰炸机、F-22"猛禽"和F-35"闪电"Ⅱ。验证机的首飞于1982年按计划顺利实现，在三年时间内共进行了135次飞行。Tacit Blue计划的保密工作持续到了1996年5月22日，直到隐形飞机的实验模型成为位于俄亥俄州的美国空军博物馆（USAF Museum）永久馆藏的一部分。

图1.4　Tacit Blue验证机[11]

第一种装备美国空军的低可探测性飞机是F-117隐形飞机——单座亚声速战术攻击机，采用"飞翼"式气动布局隐形技术（图1.5）。这种飞机专门用于隐蔽地躲过敌方防空系统和消灭地面军事设施目标。1978年11月16日美国国防部和洛克希德公司签署合同，1981年6月完成首飞，1990年宣布定型，F-117于2008年从美国空军退役。专家们发现，这是一个革命性的机器，比类似尺寸的战斗机的研发使用更短的时间、更少的技术人员、更低的消耗。洛克希德对此非常自豪，并且暗示在"臭鼬工厂"应用了最新的工艺控制技术开发项目。然而我们有理由相信，计划的保密性是成功的重要原因，一些参与该项目的工作人员的记录表明，他们的工资要低于正常水平，而这些人是项目不可缺少的。对每个决策的讨论，参与的工程人员都不多并且没有冗长的会议。正是由于计划的保密性才顺利避开了美国国会及其他外行机构的讨论。

图1.5　F-117隐形战斗机[12]

　　除此之外，美国专家并不否认，在研发隐形技术的时候广泛应用了苏联科学家发明的科学和技术储备。据洛克希德的工程师A·布朗证实，来自苏联科学院无线电和电子研究所的P·I·乌菲莫切夫的理论在很大程度上促进了公司的成功。乌菲莫切夫的理论公开发表在1962年的《苏维埃无线电》刊物上，题目叫作《在物理衍射理论中边缘波的表现方式》[15]。美国工程师认识到，利用本文中的结论，可以使 XST 飞机研发成本下降 30%～40%，这也包括后来的 F-117 飞机。这个例子再次证实了 DARPA 利用一切可利用资源快速实现目标的管理能力。在此顺便指出，P·I·乌菲莫切夫一直从事降低雷达发现目标的能力领域的研究，直到 1990 年 9 月转往加州大学电子技术系任教，这也是符合诺斯罗普公司利益的。

"飞翼"式气动布局和其他隐形技术的应用显著降低了飞机的可探测性，然而这种气动布局也给飞机的操纵带来负面影响，特别是在起飞和降落阶段，F-117 的起降安全性只相当于传统飞机的 4 成多，仅仅比航天飞机略高。

为克服上述缺点，诺斯罗普公司试图通过隐形家族的另一具有代表性的设计来实现，这就是重型隐形战略轰炸机——B-2 隐形轰炸机。其主要使命就是突破对方防空系统并可携带常规弹药及核武器实施打击（图 1.6、图 1.7）。

图 1.6　重型隐形战略轰炸机——B-2 隐形轰炸机[16]

总体而言，利用隐形技术发展军用飞机显示出美国政治、军事精英与国防商业公司错综复杂的利益关系，而站在这个舞台中央的就是 DARPA。

图 1.7　B-2 隐形轰炸机[16]

B-2 隐形轰炸机计划一共花费了 450 亿美元，在这笔费用中，仅最初的 10 架飞机就花掉了 330 亿美元。尽管在 1997 年单机采购成本有了很大的下降，降到了大约 20 亿美元的水平[17]，这种飞机依然成为航空史上最贵的飞机。同样采用隐形技术的第五代战斗机 F-22 也是史上最贵的战斗机。

与此同时，有必要指出，采用隐形技术的飞机存在下列缺点：

——在机动性方面存在显著的局限性、低速性差、航程不足、起降性能差，这些问题也不是较高推重比可以补偿的；

——夸大了飞机的低可探测性，特别是相对于双基地和多基地雷达以及长波雷达来说。

（三）重要的定位系统 GPS

全球卫星定位系统（Global Positioning System，GPS）的背景要追溯到 1959 年，当时 DARPA 正在和约翰·霍普金斯大学应用物理实验室（Johns Hopkins University/Applied Physics Laboratory，JHU/APL）合作，

研究如何利用多普勒效应实现目标的准确定位，这些实验结果支持建立第一个卫星无线电导航系统 TRANSIT（或者称 Navy Navigation Satellite System，NNSS），这引起了美国海军的关注。

1960 年 4 月该系统的第一颗实验卫星成功发射，搭载了两台 VHF 频带（150 兆赫和 400 兆赫）相干发射机。从 1961 年 6 月开始所有发射的卫星都搭载了放射性同位素热能发生器，使得设备的在轨连续工作时间达到 10 年以上。移动用户可以在 10~15 分钟内实现精度几百米的定位。

1963 年美国空军的 621B 计划和 1964 年美国海军的 TIMATION 计划，开始了卫星无线电定位系统的组建，其对移动用户定位的原理是依靠对已知精确位置的卫星和用户伪周期信号接收时间进行测量。

1964 年 10 月开始发射 OSCAR 系列实用卫星，极地轨道高度超过 1 100 千米。移动用户通过卫星的定位时间为 10~15 分钟，精度达到了 15~25 米，位置固定的用户精度可以达到 5 米（到 1988 年 8 月轨道上一共部署了 30 颗 TRANSIT 系统卫星）。在 1967 年和 1969 年，位于 70°的倾角和 925 千米高度轨道的两颗 TIMATION 系列实验卫星被撤销，它们配备有两个石英频率振荡器。

1973 年 4 月美国国防部将 621B 计划和 TIMATION 计划合并到 DNSS 卫星无线电导航系统（Defense Navigation Satellite System）计划中，并于 1973 年 12 月命名为 GPS（Global Positioning System；即 Navigation System using Timing And Ranging，NAVSTAR）。该系统计划使用 24 颗卫星，均匀分布在 3 个有 63°倾角的轨道平面上，高度为 20 200 千米，用户在地面上可以接收到 6~11 颗卫星的信号 [10 年后轨道系统建设的概念发生了变化，变为 18 颗卫星（后来是 24 颗）在 6 个有 55°倾角的轨道平面上]。

在 1974 和 1977 年，从倾角为 125°和 63°、高度为 13 800 千米和 20 200 千米的轨道上分别撤回 2 颗 NTS（Navigation Technology Satellite）系列实验卫星。其中第一颗装有一个石英和两个铷频率振荡器，第二颗装有一个石英和两个铯频率振荡器。NTS-1 卫星保障了在 335 兆赫和

1 580 兆赫的频率发射信号，NTS-2 卫星是 GPS 系统的第一颗实验卫星，在 335 兆赫、1 227.6 兆赫和 1 575.42 兆赫的频率传输信号。

1978—1985 年，在倾角为 63°、高度 20 200 千米的轨道上投入了 10 颗第一代实验卫星，它们保障了频率 1 227.6 兆赫［L2，两个信号，其中之一被保护（加密）用于军事用户］和 1 575.42 兆赫（L1，一个信号）的信号传输。

1989—1994 年，在倾角为 55°、高度 20 200 千米的轨道上投入了 24 颗第二代应用卫星（9 颗为第 2 批次的在 1989—1990 年发射，15 颗为第 2A 批次的在 1990—1994 年发射），提供了频率 1 227.6（两个信号）和 1 575.42 兆赫（一个信号）的信号传输。

1995 年美国国防部开始将 GPS 系统应用于武器装备。移动用户通过 4 颗卫星在 1～3 分钟内可以实现 16～25 米精度的定位（高精度保密信号只提供给军方用户）。通过对 GPS 系统的各种补充（区域和本地），移动用户定位精度可以实现米级和分米级，固定位置用户可以达到厘米级和毫米级。

1996—1997 年又向轨道发射了 3 颗第二代卫星（Block-2A）。从 1997 年开始一共发射了四个批次的第二代卫星（Block-2A/2R/2RM/2F）。每个批次卫星的改进都对地面控制设备和用户设备进行相应的技术修改（陆地、海洋、航空和航天——从单兵装备到洲际弹道导弹）。

从 Block-2R 批次改进型卫星（12 颗卫星于 1997—2004 年发射）开始，为民用用户提供信号定位服务（L1C/A 频率 1 575.42 兆赫）。

随着 Block-2RM 批次改进型卫星的发射（8 颗卫星发射于 2005—2009 年），又增加了一个新的民用信号频率（L2C 频率 1 227.6 兆赫）和两个新的军用信号频率（L1M 频率 1 575.42 兆赫和 L2M 频率 1 227.6 兆赫），信号强度满足对抗蓄意干扰的要求。

2010 年开始发射 Block-2F 批次的改进型卫星（一共 12 颗，3 颗已经发射入轨），又增加了一个民用信号频率（L5 频率 1 176.45 兆赫）。

2007年11月开始发展第三代卫星Block-3（共8颗）。第一颗的发射不早于2014年，从这批卫星开始增加了新的民用信号频率（L1C频率1 475.42兆赫），并和欧洲无线电卫星导航系统"伽利略"的信号实现了兼容，计划增强发射信号的功率（包括使用定向天线）对抗蓄意的信号干扰。为支持这些目标，卫星将在地面建造新的控制系统并且升级各个级别用户的设备。

DARPA在创建GPS系统中的角色并不仅限于参与该项目的初始阶段。全球定位系统包括三个主要组成部分——轨道卫星星座、地面控制站和确定地理坐标的用户终端（GPS接收器）。第一个GPS接收器笨重且不便于军事用途，DARPA面临着研发一个更紧凑的设备的任务。1988年，和DARPA订有合同的柯林斯（Collins）公司的分公司（Rockwell International）创造了第一台军用便携式双通道双频接收机——尺寸约一包香烟大小。在它的设计中应用了新的芯片——采用半导体技术基础开发的砷化镓（GaAs）芯片，而在当时一般使用基于硅技术的芯片，这是第一种混合（模拟—数字）技术的超高频芯片，支持使用数字接收机。按照当时和DARPA的合同，麦哲伦公司推出第一个商用便携式单通道接收机NAV1000，重量0.85千克，支持4颗卫星的信号跟踪。Trimble公司的三通道接收机Trimpack重1.5千克，支持8颗卫星的信号跟踪（这些接收机广泛应用于1991年的联军装备中）。1993年，Mayo Foundation和摩托罗拉公司推出了首款基于多芯片模块（Multichip Module，MCM）的六通道接收机，同时支持低功率射频信号的模拟和数字化处理。

任务成功获得解决，美国公司依靠MMIC（Monolithic Microwave Integrated Circuits）芯片用砷化镓材料开发了新型混合芯片，作为下一代GPS接收机的基础芯片，其中包括Man Pack、MAGR、PLGR、RCVR-3A和-3S、OH、UH、FRPA和CRPA，改进型的DAGR、CSEL、GAS-1、MAGR-2K和GB-GRAM等型号（接收改进型卫星Block-2A的信号）及升级的MUE和MSR（接收改进型卫星Block-2R/2RM/2F的信号）。

今天我们可以毫不夸张地说，GPS 系统是历史上最伟大的计划之一，它从根本上改变了现代人的技术（基础设施）环境，从某种意义上说，全球定位系统可以和无线电通信（实现全球通信）和航空（实现全球交通运输）的发明相提并论。

（四）国际互联网

建立互联网的想法及其运作的基本原则也来自 DARPA。今天所看到的互联网原型来源于 20 世纪 60 年代的计算机网络 ARPANET（Advanced Research Projects Agency Network）。ARPANET 的建立是由实验心理学教授同时也是计算机技术专家的 J·利克莱德（Joseph Carl Robnett Licklider）领导的 ARPA 信息处理部门负责的。

这个想法有些类似于 GPS，都诞生于国防部的迫切需求。1951 年，麻省理工学院（MIT）已经从美国空军获得开发早期预警系统的工作，研究如何对搭载核武器的苏联战略轰炸机进行早期预警。为了解决这个问题，研究人员提出了一些在当时非常具有革命性的思想——开发一种新的系统，使其可以将雷达观测到的所有数据都实时在麻省理工学院的实验计算机上接收和处理。该系统覆盖美国领土上的全部 23 个雷达站（RLS），可以同时跟踪 400 架苏联飞机，数据传输计划通过电话线实现。

当时在麻省理工学院工作的 J·利克莱德教授继续发展了这个系统，为其注入一些"智力成分"，组建了一个计算机网络以替代 23 个终端用于雷达数据传输。

每台计算机都具备数据处理能力，1960 年 J·利克莱德发表了文章《人与计算机的共生》。1962 年这位学者离开了麻省理工学院，担任 ARPA 信息处理部门的负责人。经过长期的准备，在解决了数据包的传输和大量其他复杂技术问题之后，1969 年 12 月成功进行了第一次计算机网络实验。该系统由四台计算机组成，分别位于加利福尼亚大学洛杉矶分校、斯坦福大学研究学院、犹他州大学和加州大学圣芭芭拉分校。

以后又进行了和其他几个研究中心的联网实验，其中包括兰德公司

（Rand Corporation）、麻省理工学院（MIT）、哈佛大学（Harvard University），后来这种联网一直持续下来。

1976 年，DARPA 开始解决使用 ARPANET 中产生的实际问题，开发了专门的网络通信协议 Transmission Control Protocol / Internet Protocol（TCP/IP）。

1983 年 1 月 1 日，这个问题终于得到了彻底的解决，ARPANET 切换到 TCP/IP 协议。于是互联网正式出现了。

DARPA 研发的信息传输技术建立在数据交换和路径分配基础之上，今天已经成为全球信息架构的基本技术元素。

（五）"捕食者"无人机

另一个证明 DARPA 高效率的项目——无人机"捕食者"的故事。1970 年亚伯拉罕·卡雷姆（Abraham Karem）从以色列移民到美国，以前他从事为以色列国防军研发高技术武器的工作。在美国他打算实现自己的最新创意——打造新型无人机。但是那些美国主要的从事航空技术的公司对他的建议并不感兴趣，他只能在自己的车库里从事无人机的设计。

1984 年事情出现了转机，DARPA 计划发展一种不贵的、有效的侦察型无人机，并给卡雷姆分配了资源发展他的概念。该项目被命名为"琥珀"，1986 年实现首飞，1988 年"琥珀"无人机展示了滞空 40 个小时的能力——而竞争者们没有超过 12 个小时的。1990 年一共生产了 13 架"琥珀"无人机。

在"琥珀"无人机所有技术问题得到解决以后，国防部又提出发展 Gnat 750 无人机的新要求。

1993 年 Gnat 750 无人机（图 1.8）成功应用于联合国在南斯拉夫的维和行动及美国在波斯湾的军事行动。

基于对在军事行动中使用无人机的效果分析，美国国防部航空情报管理部门提出新的要求以适应行动战术，Gnat 750 无人机按照要求进行了改进，其结果就是通用公司的无人机 General Atomics RQ-1/MQ-1"捕食者"（图 1.9）的出现。

图 1.8　Gnat 750 无人机[19]

图 1.9　General Atomics RQ-1/MQ-1 "捕食者" 无人机[20]

以上是一些简单的概要，我们还要介绍几个 DARPA 的计划，它们有意思的地方不仅仅是在军事领域的高效性，而且是在大胆的设计思路方面。

（六）模块化卫星计划 System F6

"虚拟空间站"采用模块化结构，是 System F6 计划开发的。该系统由轨道接近的运动的自主目标模块构成（图 1.10、图 1.11）。这种结构可以和特定的任务相配合。该系统最大的优点是具有很高的稳定性和安全性，在必要情况下可以更换某个模块，而不是整个系统，这样可以降低发射时失去卫星的风险。

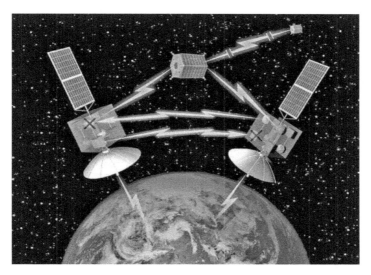

图1.10 "虚拟空间站"的模块化系统设置[21]

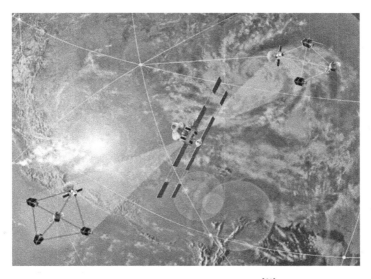

图1.11 "虚拟空间站"的架构[21]

（七）太阳能动力的无人机

"秃鹫"（Vulture）计划是制造太阳能动力的无人机，2008年4月启动。主要目标是提供一种比较经济的选择，以替代昂贵的美国国防部卫星情报传输网（200亿美元），该计划主要利用激光通信信道来增加带宽（Transformational Satellite Communications System，TSAT）。

该项目对无人机技术指标的要求：

——不间断滞空能力要达到5年。

——载荷达到450千克。

——机载能源装置功率5千瓦。

——飞行高度20～30千米。

在"秃鹫"（Vulture）计划框架下，Aurora Flight Science公司提出了"奥德赛"（Odysseus）概念（图1.12），建议使用太阳能来为无人机提供白天的动力而夜间则使用蓄电池。这个概念采用了"模块化"模式：三架无人飞行器可以单独行动，也可以结合在一起行动，当结合在一起时，翼展达到150米宽度。模块化可以很容易地启动并在高空飞行，同时提供维修或更换单个模块的机会。为了提高利用太阳能的效率，无人机可以做"Z"形机动。

图1.12 "秃鹫"计划框架下的"奥德赛"（Odysseus）概念[22]

另一个有趣的概念是"和风"（Zephyr）无人机项目。飞机的翼展大约 20 米，起飞重量超过 50 千克（图 1.13）。"和风"的最大特点是使用了非晶硅制造的太阳能电池板，厚度和一张纸的厚度相仿（完整覆盖机翼的表面），同时采用了超轻的碳纤维机体。这些设计使"和风"无人机在 2010 年 7 月的实验中实现了 14 天不间断飞行（336 小时零 21 分钟）。

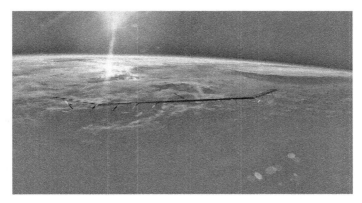

图 1.13 "和风"无人机的概念[22]

以"和风"的概念为基础，波音公司于 2010 年和 DARPA 签署协议研发无人机"太阳鹰"（Solar Eagle）（图 1.14）。

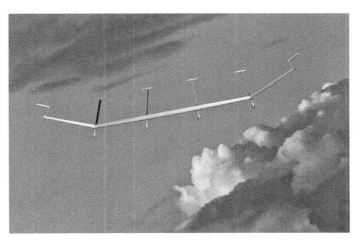

图 1.14 "太阳鹰"（Solar Eagle）无人机的概念[22]

DAPRA 支持的一些项目的基本思路，具备两方面（军用和民用）的应用前景。NASA 也在从事类似的计划、研发技术，然后应用于非军事领域。一个明显的例子——NASA 的 Helios 无人机计划，Helios 的翼展大约 50 米（图 1.15），在 2001 年 8 月它创造了无人机飞行高度的纪录——几乎 30 千米。

图 1.15　Helios 无人机的概念[23]

（八）"鸬鹚"计划

"鸬鹚"（Cormorant）计划由 Skunk Works（"臭鼬工厂"）实施。它的一些发展项目大名鼎鼎——U-2 高空侦察机、飞得最快的高空高速侦察机 SR-71 "黑鸟"（Blackbird）和利用隐形技术发展的战术打击飞机 F-117。"鸬鹚"计划提出发展一种无人的双介质（水—空气）装置（图 1.16），可以从"俄亥俄"级核潜艇的"三叉戟"导弹发射筒在水下发射，滞空时间为 3 小时，然后由潜艇回收。双介质无人机专注于解决网络中心战概念框架下的情报和作战任务。

"鸬鹚"计划作为一个整体并不成功，在概念设计阶段就被叫停。专家指出，这是由于其极高的成本和复杂性。DARPA 其他不成功的案例还有专用于监控项目（见 1.4.4 节）的进度问题。总体而言，由

DARPA 主动实施的项目数量在 2012 年年底已经达到数百个。

图 1.16 "鸬鹚"的概念：无人的双介质装置[24]

1.3 DARPA 的组织结构

DARPA 的组织结构旨在对项目实施有计划的管理。这意味着某个组织机构存在的必要性要靠它工作结果的成效来证明。在应对美国国防与安全领域面临的威胁与挑战时，需要充分意识到灵活性与敏捷性原则，这要求具备高度规范的管理体系。

DARPA 具备调整其组织结构的能力来应对新的任务并对外部出现的特殊情况作出及时反应，下面的事实可以很好地证明这一点："9·11"事件发生后，DARPA 快速组建了两个部门，在悲剧发生仅仅几个小时后 DARPA 的专家就出现在被称为"0 区"的灾难现场，在世界上第一次使用了履带式自主微型机器人搜索在纽约和华盛顿的建筑废墟下的人们。在两周时间里这些微型全地形车深入废墟深处（达到 12 米），向专家们提供温度、空气化学成分及废墟下的破碎状况的图像[25]。

DARPA 对自己的组织结构一直保持着高力度的调整，DARPA 在 2000 年是由 7 个处组成（图 1.17），到了 2003 年变成了 8 个

（图1.18），在2007年是6个（图1.19），在2009年是5个（图1.20），而到2012年重新成为6个（图1.21）。同时也在审议每个部门的项目发展方向，并把一些部门的职能转移到其他部门。

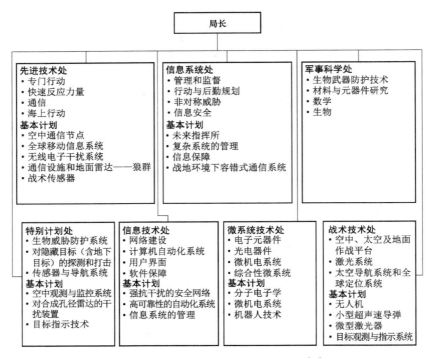

图1.17　2000年DARPA的组织结构[26]

从这些图表中可以看出DARPA的部门不是严格固定的。在执行动态管理原则条件下组织结构的形式意义大于实际意义。进入机构的要素不在于有多少部门，也不在于有多少研究方向，主要取决于根据国家安全需求变化而进行的研究课题的调整，以及资金流调整。

DARPA扁平的、分层的组织结构有利于做出高水平的决策：在局长和140个项目经理之间只有一个环节——拥有不到20名高级技术管理人员的管理处。这种模式可以精炼成一个简短的口号"思考，提出建议，讨论，决策，再检讨"[30]，它刺激着主观能动性，并有助于迅速实施先进的理念。这种战略并不对一些大的国家机构有效，但是对DARPA很有效果。

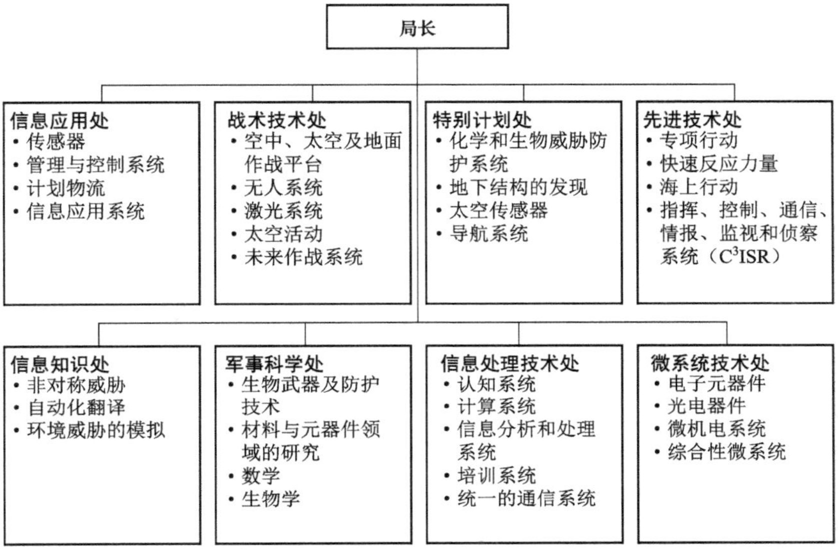

图 1.18　2003 年 DARPA 的组织结构[27]

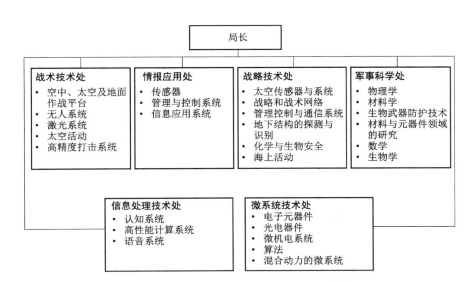

图 1.19　2007 年 DARPA 的组织结构[28]

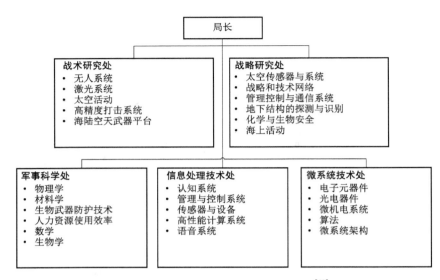

图 1.20 2009 年 DARPA 的组织结构[29]

DARPA 分为两个基础性的组群，分别从事技术和系统的研究（图 1.24）。

图 1.21 2012 年 DARPA 的组织结构[21]

技术范畴内的主要研究方向是一些创新性的，可用于国防领域的实用技术。靠近这个方向的科研项目由军事科学处、微系统技术处、信息创新技术处负责。系统范畴内的研究由战术研究处、战略研究处和野外实验处负责，专注于计划的完成，以求得完成最终的产品并应用于国防和安全领域。这种划分需要依靠很多必要条件并必须保证将资源用于优先项目，在实践中，不同的学科和研究团体常常发生交集，最后形成矩阵特征的项目团队。

和各个处并列的，DARPA 内部还有五个机构为科研项目提供直接保障：

——运营管理处（技术设备、情报资源和安全）；
——审计处；
——合同管理处；
——人力资源处；
——法务处。

DARPA 由局长负责总的管理，他受分管采购、技术与保障的国防部副部长和国防实验与研究部主任的领导。DARPA 具体科研方向的选择来自机构的既定战略、对世界技术发展评估的结果以及和国防部相关负责机构的互动：国防部部长和副部长、参谋长联席会议主席、各个作战司令部的指挥官。科研方向选择的详细方式将在本书的其他章节讨论。DARPA 在美国国防部中的地位见图 1.22。

特别值得注意的是 DARPA 领导岗位的轮换原则。绝大多数局长在这个岗位上工作期限都是 2～3 年。据认为，在这样的任职期间内，领导能够充分实现自己对科学技术和组织架构的想法。一个明显的例外是安东尼·特瑟[39]，在小布什任总统期间，从 2001—2009 年他一直担任 DARPA 局长。

Roy W. Johnson 1958—1959

Gen. Austin W. Betts 1960—1961

Dr. Jack P. Ruina 1961—1963

Dr. Robert L. Sproull 1963—1965

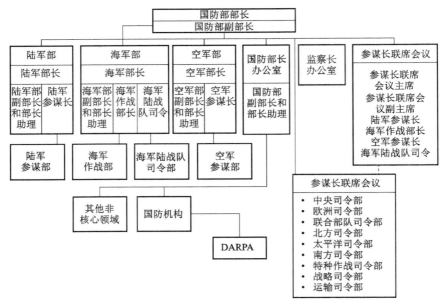

图 1.22　DARPA 在美国国防部中的地位[31]

Dr. Charles M. Herzfeld 1965—1967

Dr. Eberhardt "Ed" Rechtin 1967—1970

Dr. Steve J. Lukasik 1970—1975

Dr. George H. Heilmeier 1975—1977

Dr. Robert "Bob" R. Fossum 1977—1981

Dr. Robert "Bob" S. Cooper 1981—1985

Dr. Robert C. Duncan 1985—1988

Dr. Ray S. Colladay 1988—1989

Dr. Craig I. Fields 1989—1990

Dr. Victor Reis 1990—1992

Dr. Gary L. Denman 1992—1995

Larry Lynn 1995—1998

Dr. Fernando "Frank" L. Fernandez 1998—2001

Dr. Anthony J. Tether 2001—2009

Dr. Regina E. Dugan 2009—2012

Dr. Arati Prabhakar 2012—

2009年在DARPA的历史上第一次出现了一位女局长，里贾娜·达恩。她在20世纪90年代末期、2000年年初在DARPA从事爆炸物质检测领域的研究。2005年她成立了一家创投公司Dugan Ventures，依然从事爆炸物质检测方面的研究，据认为，里贾娜·达恩在DARPA的经历使得她得以引进DARPA在管理、财务、产品研发、销售方面的经验，并将其用于私营企业的管理工作。

在网络安全领域和新技术的发展领域里贾娜·达恩获得美国政府的支持并得到DARPA在预算方面的支持，即使是在经济危机期间也是如此。

对于里贾娜·达恩采取分包制（crowdsourcing）的举措要给予积极评价——这种实践吸引了周边的各种专业人员来协助他们解决问题，其中也包括利用互联网社区解决他们的问题。这种高效性也体现在和黑客社区确立联系方面[32]。

很难评价DARPA和RedXDefense公司签署的合同，RedXDefense的创建者之一就是里贾娜·达恩，而该公司的经理却是她的父亲文斯·达恩（Vince Dugan）。但是，需要指出的是，合同的签署是在里贾娜·达恩担任DARPA局长之前，RedXDefense公司得到了一份价值430万美元的合同，但是在她担任局长之后，RedXDefense公司又得到了价值180万美元的合同[33]。公司研发的爆炸物探测器的原型机性能始终无法令人满意（探测简易爆炸装置的正确率小于0.5）。该项目最终被终止。

不久RedXDefense公司向DARPA建议发展微型炸弹探测设备MAE WEST（Multi-Assay Enabled Widespread Sampling and Testing）。DARPA的副局长肯·加布里埃尔下令优先审议该计划，RedXDefense公司在收到DARPA的40万美元后，又收到140万美元用于完善爆炸探测装置，这一系列举动彻底激怒了DARPA的职员[34]。

参议员汤姆·科博恩（Tom A. Coburn）称里贾娜·达恩在DARPA局

长任上的这种行为为"家族企业"所为[37]。美国国防部监察长办公室（Office of Inspector General）开始核实情况[32]，审计检查 DARPA 的订约做法（Defense Advanced Research Projects Agency's Contracting Practices，D2011-D000AB-0249.000）的第一项就是 DARPA 签订合同的程序问题。检查的目标——重新确定 DARPA 在 2010 和 2011 财年每个用于科研和开发活动的合同发放的充分性。

审计检查 DADPA 的道德程序（Defense Advanced Research Projects Agency's Ethics Program，D2012-D000AB-0119.000）的工作需要说明，DARPA 在计划执行过程中的行为必须符合联邦法律的"道德标准"，以减轻利益冲突并加强 DARPA 职员对这一原则的理解。

此外，还计划在 2013 年对 DARPA 的工作合同管理和监督情况进行审计。检查的目标——确保 DARPA 的支出符合合同管理和补偿程序。特别关注行政管理部门是否安排专人负责并对合同进行妥善的管理，以及是否按照法律规范执行为确保合同选择的正确性而制订的监督计划，包括为确保工作顺利而聘请的员工团队。

也许，和 RedXDefense 公司的关系是原因之一，2012 年 3 月里贾娜·达恩离开了 DARPA 局长的位置，去了谷歌公司[36]。2012 年 7 月阿尔提·普拉巴卡尔接任 DARPA 局长。

在社交网络中，讲英语的网民讨论 DARPA 活动的时候，很少提及它的领导们，他们是以旁观者的身份看的。具体地说，在这本书的写作过程中，作者系统地观察了推特微博用户发布的涉及 DARPA 活动的帖子。这些帖子将管理的成功或失败与它的现任或前任领导者，以及几乎没有出现过的美国国防部门的其他官员的活动联系在一起，也许这意味着 DARPA 活动的透明性和合理的规章制度与在媒体上发出的信息政策相配合。

1.4 DARPA 的项目管理及项目生命周期

如果考虑到员工数量的稀少（总部不到 200 人），DARPA 在以国防和国土安全为目标的政府机构中，算是最高产的和高技术的预算组织了。

正如上文已经指出的，DARPA 运作的基本原则之一就是项目管理计划方法的应用，这种方式保障了人力与财政资源配置的灵活性。通过对 DARPA 项目的生命周期进行分析，可以很清楚地了解 DARPA 的运作特点。通常，项目的周期分为以下几个阶段：

（1）选择科研方向，提出科研任务；
（2）提出科研项目的预算；
（3）选择项目的研发人员；
（4）监督项目进程，有目的地调整项目的运作，甚至提前终止项目的执行；
（5）研究成果的出台；
（6）研究成果的推广。

问题项目的管理在 DARPA 会获得更多的关注，因为除了项目本身存在的问题，国防部的所有研发部门作为一个整体，普遍存在着重复工作和滥用资源的情况，DARPA 同样可能出现滥用自由裁量权和随意使用签订科研合同的灵活性的问题[37]。

1.4.1 研究方向的选择和科技项目的构成

在国防领域高效地选择科研方向是 DARPA 的最重要的成就和能力。尽管从组织机构的观点看它和风险投资基金类似，但也存在着一些特殊性，即不允许 DARPA 直接使用风险资本融资技术。我们挑出其中最重要的特点：

——基金复杂的目的性。在传统商业运营中，投资计划的效率指标是可衡量的，其中也包括它的利润率。建立于贴现评估基础上的指标划分（"动态"方法）主要包括：净现值（Net Present Value，NPV），投资回报率指数（Profitability Index，PI），内部收益率（Internal Rate of Return，IRR），修正内部收益率（Modified Internal Rate of Return，MIRR），投资回报贴现期（Discounted Payback Period，DPP）。建立于会计评估体系（"统计"方法）基础上的包括：投资回报周期（Payback Period，PP），投资效率比（Accounted Rate of Return，ARR）。

DARPA的情况是，类似的计划执行效率指标和投资基金的运作仅适用于一个条件，即该局建立的基本目的就是增强国家的国防能力。在拥有可使用的同类装备进行对比的情况下，国防上诉评估制度有助于降低创新计划的经济开销。推出具有类似特性的产品，体现出引进创新的经济效益是一种长期收益。然而当没有同类装备对比的时候，或者出现了全新的作战应用时，这种办法就无法使用了。

——制度的限制，在一些影响美国情报界利益的项目中尤为突出。

——需要同时满足旨在保持美国未来军事优势与军队当前需求所带来的挑战和任务。

——为解决广泛存在的科学与技术问题进行投资活动的必要性：从心理学、语言学到数学和纳米技术。事实上，很难想象科学和技术领域不为现有和正在研发的现代化武器提供支持。

DARPA的特殊性类似风投基金所考虑的，首先就是科技项目题材的来源和项目的选择标准。

1.4.1.1　科技任务的来源

总体上，局里接受的科技任务可以分为三类：

——有明确客户和使用方的武器、军用及特种装备；

——行动过程中将会出现的任务，即所谓的"管理未来战略"；

——基于对前瞻性威胁和军事冲突的结果进行模拟而制定的任务。

（一）武器、军用及特种装备的采购方和使用方

武器、军用及特种装备的采购方和使用方的主动地位，是影响武装力量在当前和未来对科技任务制定的主要因素。这包括：

——按照国防部的指令直接展开工作，具体由分管采购、技术、后勤的副部长负责，及国防科研部门的负责人负责；

——按照各个军事部门领导、联合作战司令部、国防部军事科学委员会和武装部队军事科学委员会负责人的要求开展工作；

——和一些国防机构展开互动，比如国防威胁降低局（Defense Threat Reduction Agency）、国家地理空间情报局（National Geospatial-Intelligence Agency）、国防信息系统局（Defense Information Systems

Agency)、国防后勤局（Defense Logistics Agency）以及其他机构；

——与情报机构展开互动，首先就是中央情报局、国防情报局及国家安全局（National Security Agency，NSA）。

在 DARPA 高层官员例会上都会和国防部的领导讨论科研发展方向，对最近的美国军事行动进行经验分析，查明状况，发现技术装备的不足。此外，DARPA 的领导会定期走访军事基地，参观国防部指挥和作战训练中心，和军事人员交流，以获得部队需求的真实情况（图 1.23）。详细的机构包括：

——美国陆军国家训练中心（US Army National Training Center）；

——美国海军陆战队实验室［US Marine Corps Warfighting Lab，匡蒂科（Quantico），弗吉尼亚州］；

——美国空军航空装备中心（US Air Force Air Armaments Center，佛罗里达州）；

——美国特种作战司令部（US Special Operations Command，坦帕市，佛罗里达州）；

——美国空军特种作战司令部（US Air Force Special Operations Command，赫尔伯特，佛罗里达州）；

——美国陆军军事情报与通信司令部（US Army Intelligence and Signals Command，弗吉尼亚州）；

——美国空军实验联队（US Air Force Test Wing，爱德华兹空军基地，加利福尼亚州）；

——美国海军特种作战司令部（Naval Special Warfare Command，圣地亚哥，加利福尼亚州）；

——美国海军水面舰艇部队作战司令部（Naval Surface Forces Command，圣地亚哥，加利福尼亚州）；

——内利斯空军基地（Nellis Air Force Base，内华达州）；

——爱德华兹空军基地（Edwards Air Force Base，加利福尼亚州）；

——海军陆战队国家训练中心（29 Palms National Training Center，欧文堡，加利福尼亚州）。

这种紧密的合作保障了武装部队的需求和国防工业部门技术支持的一致性。在前瞻性研究中，包括新行动计划和战略思想出现的可能性，必须依靠相关的科研来支持。有时候情况会变得更复杂，一些军事任务不仅仅缺乏明显的技术解决方案，甚至连原则上它是否存在都难以说清。

（二）管理未来战略

科技计划的启动是在"管理未来战略"框架下。从它雄心勃勃的名字可以看出，这个战略的重点是对未来科技的优先领域进行前瞻性研究。在这种情况下，计划局目标焦点集中在战略成就的获得，它不是部队的当前需求，因此它无法深入当前国防利益系统的内部。

正如美国军事历史工作者指出的："没有任何一种武器可以改变2 000年来战争的本质……飞机、坦

图1.23　DARPA的高级管理人员与项目的技术负责人走访军事基地，参观指挥和作战训练中心

克、雷达、喷气式发动机、直升机、电子计算机，甚至原子弹，没有什么是应部队当前的需求而研发的。"[38]但在这个记录中却可以添加很多DARPA独特的研发成果——无人机、隐形飞机、GPS系统、互联网技术。

美国军队现实的需求是需要不断完善现有的武器种类和军事装备，必须通过先进的科学研究和技术开发进行补充。大部分的国防科研和工业组织是由战术层面指导并且从事当前技术的研发，着眼于军队目前的需要及规定的军事目标和任务（图1.24，加点区域）。这种战略意味着焦点集中在主要问题上，当然，在某种意义上也是持续提高美军的潜力。

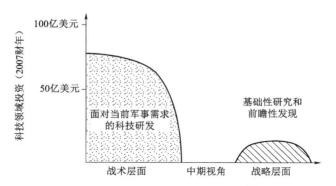

图 1.24　在科技领域的投资规模[8]

从另一个角度讲，满足军队当前需求的科学研究与战略层面的基础研究及高级开发（图 1.24，斜线区域）是同样重要的。科学家的理想就是发明新的装置和新的技术，其中也包括对已经存在的发明进行功能性整合。当然，新科学、新原理和新概念一开始都是诞生于理论层面。由于资金的紧张，总是优先解决重要问题。必须有强大的外部压力、务实的思维，抛弃陈规陋习，并对未来的需求作出充分反应。正是因为如此，1957 年当苏联发射卫星的时候，时任美国总统德怀特·艾森豪威尔立刻下令成立 DARPA 作为应对。

在应对现实需求的战术层面和远期需求的战略层面之间存在着空白（图 1.24）。这是一个过渡期，当现有能力不能满足不断产生的新需求时，而预期的还未建立，这个缝隙被 DARPA 及时地占据了（图 1.25）。DARPA 工作的高效性就是着眼于未来的设计。积极的有远见的技术和设计为美国政治、军事领导人提供了可用的、有潜力的选择，在未来可能会产生需求并可能会真正实现。

在"管理未来战略"框架下，影响科技计划启动的信息因素包括：

——基础研究的新成果在技术出现之初和没有具体化时，其在军事领域的应用前景还不明显。这些成果将会进入 DARPA 和政府、社会其他组织的互动体系中，其中也包括：国家科学基金会、美国国家科学院；利用私人在专业领域的关系；DARPA 资助的研究小组的建议；工

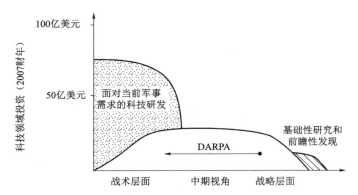

图 1.25　DARPA 在美国科技发展中的作用[8]

业和科学界对 DARPA 发布报告的回应以及对公开的科学和技术会议的追踪，例如 DARPATech；综合科研成果在某个领域达到世界级水平；一些试点研究的项目或主动发起的计划具有开创性思维的新的想法。DARPA 定期推出简报，确定各个技术领域存在的问题及其解决方案；此外，还定期举办系统和技术领域的研讨会，促进和产业界的联系，尤其是对一些目标明确的计划要优先发展。

——对未来进行的预测，特别是对那些将来可能会影响军事行动样式和方法的新技术。在此背景下 DARPA 的代表在 Facebook 上针对诸如计划局如何看待心灵感应、隔空传物、时空旅行、外太空通信及其他问题的回答十分有趣：计划局不排斥一切并且愿意考虑在具有实现可能的情况下参与任何有风险的高盈利项目。

价值不仅体现在当前对未来的预测，而且在某些情况下，也包括很久前做出的预测。俄罗斯科幻作家 Z·拉兹利文斯基认为，作家维克托·萨巴林 1949 年发表的短篇小说《橙色兔子》开创了 Big Dog 计划，该计划由 Boston Dynamics 公司按照 DARPA 的要求开发，专门为军人运载装备[41]。Big Dog 的尺寸堪比真正的大狗，长度大于 1 米，高度大约 70 厘米。该机器人配有两冲程单缸汽油发动机，液压驱动，行走、奔跑速度超过 5 千米/小时，可以克服 35°的斜坡，能够背负 55 千克的有效载荷。它可以伴随军人行军，并且保持行走的平稳性，不受外界干扰影响（冲击、颠簸），也不担心不平的和光滑的路面。事实上早在60多年以前，苏联的科幻小说就有类似描写："这只兔子，——尼古拉·斯捷潘诺维奇呵呵一笑，——跑向它的控制器。这个磁标——尼古拉·斯捷潘诺维奇指着一个操纵杆说：按下按钮，这只兔子就会开始寻找所有钢铁的物品，比如拖拉机、挖掘机、插在地上的铲子。这个可爱的小动物不需要喂养，也不需要培训，就可以给你送来报表、工具和任何小包裹。它比普通的兔子跑得快很多、跳得高三倍，总是像猫一样趴在他的脚下。"有意思的是，在维克托·萨巴林1950—1960年的科幻小说中，还有生物识别门禁系统、无人驾驶汽车、多媒体设备，等等。

（三）潜在威胁和军事冲突的模拟

对潜在威胁和军事冲突模拟的结果进行分析，属于DARPA科研计划启动的一种独立方式。

例如，1974年美国国防部模拟了华沙条约组织军队入侵西欧的效果，地点在富尔达走廊（Fulda Gap），德国黑森州富尔达市。该地区非常适合大规模装甲兵展开行动，而装甲兵正是苏联军队突袭中欧的主要力量。北约专家认为这里是最有可能发生大规模战斗的地区之一。

模拟结果表明，支援坦克突击的苏联野战防空系统会给担负压制苏联坦克任务的美国和北约航空兵造成巨大的损失，苏军在所有方向上都表现出压倒性的优势。

根据该模拟结果，美国国防部的领导人开始采取一整套措施，提高美国和北约武装力量的技术装备水平。在这些措施中DARPA战术技术处副处长罗伯特·穆尔提出的思路得到了支持，他建议利用隐形技术开发飞机来对抗苏联的防空系统。这个想法广受欢迎还因为美国国防部正在寻找对抗苏联防空导弹系统的对策，这些防空导弹C-75和C-125在越南和中东的军事冲突中，对美国飞机构成了巨大的威胁并表现出很高的效率。

对军事冲突的模拟还需要考虑国外开发的新式武器装备，这也是DARPA计划中必须考虑到的。另一个例子，就是部署高效反导防御系统，拦截苏联的战略核导弹。在1983年时任美国总统罗纳德·里根公布的美国战略防御计划中，有很多明显的例子，就是采用数学建模的方式模拟抗击苏联先发制人式的核打击以及报复性核打击，公布的内容中有些是半科幻的，甚至是误导性的[42,43]。

尽管 DARPA 主导的项目都经过精心挑选，但还是不可避免地会出现一些对于增强美国国防能力模棱两可的计划[37]。

2011 年 5 月，DARPA 正式公布支持百年星舰计划（100 Year Starship Study）的想法，旨在建立一个可行的和负担得起的发展模型。该模型要由能保证连续和长期投资的私营部门建立，以实现长距离星际飞行。该计划由埃姆斯研究中心（NASA）负责执行。

其结果是，DARPA 提供了 50 万美元的资金给 Dorothy Jemison Foundation for Excellence 基金会，用于"发烧友、工程师、学者、梦想家的社会组织的建立"，他们正是这个计划需要的人才。之后，DARPA 又拨款 10 万美元作为支持百年星舰战略规划组举办主题会议"耶稣的死是否包括为了克林贡人（星际迷航系列赛勇士代表）？"（Did Jesus die for Klingons too?）的活动经费。这个主题是由波鸿大学（Ruhr-University Bochum，Pyp，德国）的哲学教授提出的。参加这次会议的大约有 700 人。2012 年 9 月因为在休斯敦（得克萨斯州）会议上有 210 人参加，又补充拨款 21 000 美元，到 2012 年 11 月 DARPA 为了百年星舰计划花费了超过 100 万美元。

还有一个例子，也是 DARPA 推出的计划，同样没有明确的目的性。该计划是关于讲故事的能力的科学实体化研究[44]。从 2011 年起，DARPA 花费了 600 万美元赞助该项目。此外，2011 年 4 月在美国旧金山（加利福尼亚州）举行了为期两天的会议，主题是"神经生物学的故事"（Neurobiology of Narratives）。有人指出："对故事会如何影响生物神经的过程进行研究是至关重要的，如果我们要搞清楚，什么样的故事会影响人的心理和人的选择与行为……将有助于更好地了解其他人的想法和感受。"

1.4.1.2 选择标准

DARPA 的工作方式涉及很多高风险的科技计划，其最终的有效性并不是显而易见的，就是专家也做不到。因此必须有个系统对计划进行初步筛选和中期评估。

在评估和审查现有或拟实施项目时，DARPA 的专家们会首先关注以下问题：

——该计划有助于解决哪些科技或者军事方面的问题？

——哪些问题已经解决了，哪些问题还存在障碍？

——有哪些主要的、有新意的途径来消除障碍并取得效果？

——保障计划成功的关键点在哪里？

——采用何种战略去实施？

——计划的费用是多少？

——是否考虑得足够细致？

此外，DARPA 不会支持一些计划，如果它不符合研究的战略领域、不适合现有的系统或和当前的理念相矛盾。有前景的项目的标准——其计划的成果对于未来军事指挥形成潜在的需求，即使解决问题的途径目前还不是很清晰。该项目的融资开始的一个必要条件就是先进的理念和志同道合的团队。

一般情况下，对有前景的科研计划的选择标准是基于对计划开发团队资质的分析，看它的经验、声誉和资源。项目参与方的资质体现在具备足够的专业人员，他们要具备掌握现代技术与开发领域的相关知识。经验主要体现在曾经成功完成类似项目上。声望可以通过业界内部的认可程度来评估。

这里有一个例子是有针对性的问卷调查，2002 年对俄罗斯圣彼得堡国立化学和药物研究院物理教研室主任叶夫根尼·阿德勒曼教授做过一次调查，旨在确定项目发起人的资格和所在部门科学期刊的真实性（包括一些创新性建议），防止伪科学的出现。

问卷调查：

① 作者是否有相关专业的教育背景？

② 从事这个领域研究的作者属于科研院校（硕士生毕业、博士生毕业及其他）吗？

③ 作者在专业学术期刊上是否发表了其他专题的论文？

④ 在同行评审的专业学术期刊上有作者的论文被发表吗？（出具2～3份刊物的名单）

⑤ 有同行业的专家在学术期刊上审查吗？（指出至少一个）

⑥ 有该领域的权威专家推荐作者吗？（俄罗斯科学院成员及其他重要学术机构成员）

⑦ 作者发表的专业性文章是否在学术期刊上被引用？

⑧ 对这个主题的研究是公开的还是非公开的（秘密的）？

⑨ 对这个主题是否从源头作过基础性研究？

⑩ 论文作者是否对参与研究成果讨论的其他专家表达谢意？

⑪ 作者的研究是否得到了科学基金——俄罗斯基础研究基金会、INTAS、索罗斯基金会、CRDF——的支持？

⑫ 是否可以用高中和大学低年级教科书中的术语来表现作者的论证数据？

⑬ 作者是否否定了被普遍接受的理论？

⑭ 是否有其他专业人士对作者在论证过程中使用的资料进行信息确认？

⑮ 作者在论证研究结论正确性的时候，是否以普遍性哲学和方法论为基础？

⑯ 作者阐述的观点是否会给社会生活带来显著的变化？

⑰ 为实现作者阐述的观点是否需要在现有规则和程序框架下采取改变行动？

⑱ 作者阐述的结论何时可以实现？

A. 如果对问题①—⑥的答复四次为"否"，则信息来源是不可信的，继续分析信息是没有任何意义的。

B. 如果不执行A，但在①—⑫问题中有六个以上是"否"，则信息来源是不可信的，继续分析信息是没有任何意义的。

C. 如果不执行B，但在①—⑱问题中有十个以上是"否"，则信息来源是不可信的。

D. 理想的答复是全部 18 个问题被调查者都亲自回复，⑬—⑱的问题由员工来回复也可以接受[45]。

DARPA 就是通过这种方式从不同来源的科技计划中确定预备实施项目的清单。所有项目都可以有条件地分为武装力量当前的需求和未来的需求。项目启动主要是依靠采购方和武器、军用及特种装备运营商，而先进项目恰恰依托"管理未来战略"和对未来威胁及军事冲突的模拟。

下面我们看一下目前 DARPA 开展的一些为满足当前和未来武装力量需求的主要项目。

1.4.1.3 目前的计划

"战略"这个概念对于 DARPA 意味着行动的次序，在外部环境条件不断变化的情况下不断接近确立的目标，尤其是那些对美国安全构成新威胁的目标。DARPA 的任务就是要让国防研究计划适应那些新出现的威胁，还要及时发现并掌握预防威胁的技术。

在成立之初，DARPA 的基本目标是面向未来，而现实的战略又集中在对武装力量需求的快速反应上，这些需求往往来自军事冲突地区，其中也包括伊拉克和阿富汗。一些带有此种目的的计划是最受欢迎的，包括以前完成的或者还没有完成只进行了一半的计划。除此之外，有时候还会要求一些项目活动加快实施，它们在不远的将来有望提供实践成果。

DARPA 活动的重要组成部分之一——分析和预测潜在的敌人对美国新技术的发展可能做出的反应，发现用简单和廉价的手段对抗昂贵技术的可能性。

目前的研究一共包括 12 个战略方向：

——制定和实施网络中心战的概念；

——创建一个统一的全球信息网络；

——精确制导武器技术；

——在城市开展军事行动的方法和手段；

——可控的无人系统；

——地下结构的搜索与识别技术；

——空间技术；

——提高美国武装力量效率的技术；

——认知技术；

——高性能计算技术；

——语言信息处理技术；

——生物学与人类学的研究。

（一）网络中心战的概念

网络中心战（Network Centric Warfare，NCW）概念的发明者是美国海军中将阿瑟·塞布罗夫斯基（Vice Admiral Arthur Cebrowski）和教授约翰·加特斯卡（John Gartska）。1998年1月在 Proceedings 杂志上，他们发表了文章《网络中心战：它的起源和未来》[46]。

网络中心战概念的提出是建立在最近10～12年美国军事行动和军事技术保障体系全面实现信息化的基础上。从技术角度看，就是任何武装力量在计算机网络中表现为三种元素，即传感器（对敌人目标进行侦察和跟踪的手段）、火力打击单元（对隐藏目标的火力打击手段和电子对抗手段）、指挥中心（情报—决策），也就是分析态势、实施对传感器的管理、火力打击、部队内部的情报互通、快速高效地执行命令。

根据目前的理论文献，美国军事—技术政策的核心和相关组织的变革已经开始全面转向网络中心战概念的实施，并将在2020年之前完成。

从本质上看，网络中心战的概念不仅影响着美国长期的军事—技术政策，也影响了美军作战行动的组织方式，为大陆上的战区提供了发起作战行动的四个基本阶段：

（1）通过消灭（使丧失能力，压制）敌方侦察—情报保障系统（传感器、网络节点、指挥与情报中心）获取信息优势。

（2）通过压制（消灭）敌方防空系统获取空中优势（主宰天空）。

（3）连续打击（英语母语的说法就是 kill chain）丧失指挥和情报能力的敌军，首先是导弹系统、航空兵、火箭炮、炮兵和装甲车辆。

(4) 最终消灭敌军的零星抵抗。

每个阶段的成功实施都是建立在尽可能缩短作战周期基础之上，"发现—识别—目标指示—消灭"，比敌人拥有更准确、完整的情报。

网络中心战概念的特殊性和其他概念相比，主要体现在系统性这个方向，并不在于在自己的领域有新的科技突破，而在于在系统集成和复杂作战系统应用领域产生了新的思维方式[47]。

(二) 统一的全球信息网络

网络中心战概念的技术基础是创造稳定的、不接受未经授权访问的、自我组织的网络。每个这样的网络都负责收集、处理并快速而准确地将大容量的信息传输到必要的位置点。在这种情况下，需要保证信息在武器单元与系统之间的任意距离、任意通信频道，穿越战区和战场的传递。

在开发这种复杂的概念时所面临的挑战是，人类——操作者自己就是一个网络元素，而且自己表现得更像一个脆弱的环节，容易出错，并导致整个系统出错。因此，面临的挑战是建立一个网络，该网络将在全自主模式下工作，且该网络具有自我修复和自我组织的能力。

网络中心战的概念涉及三个层面的应用：战略的、战役的和战术的（图1.26）。战术网络允许你实时地控制形势，整合涉及战斗的所有元素，并开展武器系统之间的协调，以导向它们的目标。战略和战役网络则是把地面、空中和水面的所有元素整合在一起，开展协调一致的行动，并在总体上控制行动的进程。DARPA的主要任务就是把这三个层面的网络建设整合在一起，并形成一个统一的全球网络。

网络中心战概念实现的第一步，就是开发战术环节的态势感知系统（Small Unit Operations Situational Awareness System，SUOSAS）（图1.27）。SUOSAS最初被设想为在复杂的环境中，如在城市、原始森林等环境中作战的军人开发一种可以自我组织、自我恢复的系统。该系统首先给士兵提供一个安全、可靠的通信系统；其次，自动通知指挥官所有战斗小组成员的位置，允许指挥官掌控作战态势并对下一步的作战行动作出部署。SUOSAS系统被美国陆军采用，并随后升级。目前

战略和行动层面
- 允许接收秘密信息的员工
- 空、地、海平台通信
- 实施作战机动和战略打击
- 在统一信息领域操作，覆盖所有保障类型
- 大力发展的情报侦察基础设施

战术层面
- 目标指示系统
- 直接参与作战行动
- 便携式情报侦察设备

图1.26 网络在战略决策和战术层面的应用[8]

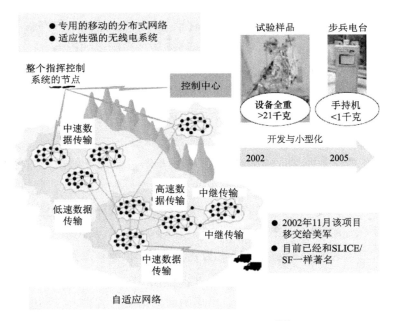

图1.27 战术环节态势感知系统[28]

SUOSAS系统中，比较著名的是"无线电士兵"（Soldier Radio Waveform，SRW），即集成了便携式无线电设备并整合进战术的无线电通信系统。

符合逻辑的下一个步骤就是：地面战术车辆的联通。为此开发了专用的通信系统"未来作战通信系统"（Future Combat Systems Communications，FCS-C），允许在移动终端实现稳定、高速的数据通信（超过5 Mb/s），并适用于复杂环境和难以保障通信的山区（图1.28）。

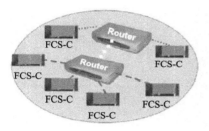 

- 只能整合同类无线电系统的网络
  - SUOSAS/SRW
  - FCS-C
- 路由器：数据传输/同类无线电系统制式

- 包含不同类型无线电系统的网络
- 交换机：数据传输/不同制式的无线电系统

图1.28　未来作战通信系统（Future Combat Systems Communications）（左）和升级后（右）[28]

这种情况说明，一开始美军使用的战术通信系统之间是互不兼容的，也包括其盟国，而现在都可以根据共同的通信协议整合在一起，并使用更先进的通信设备。

DARPA同时开发了在城市条件下作战的军用通信系统。城市条件下的特殊性体现在存在大量的不利的噪声和干扰，其结果会导致信号失真。另一个问题是，经过多重反射后形成的信号，会在信号传输过程中表现出更强的失真影响。

创新的解决方案是利用反射信号的思路，改善运动中的交通工具之间缺乏固定通信基站支持条件下的通信。抱着这个目的开始启动"移动网络构架多通道的输入/输出"计划（Mobile Networked Multiple-Input/Multiple-Output program）。同时还启动了"极端环境条件下的组网"计划（Networking in Extreme Environments program），这个计划主要研究步兵和地面自动传感器之间保持宽带通信的可能性。

带宽是最重要的通信参数。DARPA已经开始发起"下一代通信系统"的行动计划［Next Generation（XG）Communications program］，包括特种设备的开发，它可以让空闲的民用无线电频率动态地应用于军事目的。据推测，这种方式可以使军用频率容量比现有的状况扩大10～20倍（图1.29）。

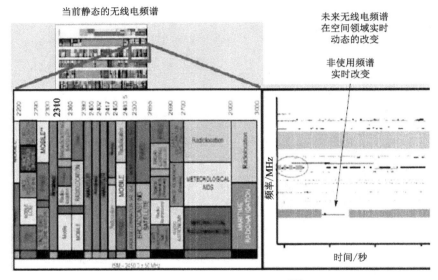

图1.29 "下一代通信系统"[28]

可以预期的是，XG通信系统将在联合战术无线电系统（Joint Tactical Radio System，JTRS）范围内发挥作用，同时也可以在其他不以JTRS为基础的系统内工作，例如，定位系统（Enhanced Position Location Reporting System，EPLRS）及类似的商业通信系统。除了技术方面的问题，DARPA还要和美国联邦通信委员会和国际电信联盟合作，确立未来产品的使用规则。

信息传递过程整合的必要性要求在更高的层面进行整合，以及有一系列其他的研究计划做保障。统一的全球网络建设提供了一种可能性，在军事行动策划、准备、展开时提供一幅完整的画卷并实时协调行动。当然，实现这样的网络需要具备大容量数据传输的能力，美国国防部的光通信网络作为全球信息网络（Global Information Grid，GIG）的组成部分之一，可以让你的数据在传输速度上达到1 000 Gb/s。然而，为了把数据传输到战区的地面设施，数据通过通信卫星系统传输速度只有1 Mb/s。光通信和无线传输这种悬殊的速度差异使高品质通信与管理系统的建设变得非常复杂。

为了解决这个问题，DARPA建议组建带有星载光通信设备的卫星系统。然而，在无线电通信系统中，信号传播路径上微粒和云的存在不利于保证光通信系统的工作效率。"光学和射频综合链路试验（ORCLE）程序"［Optical and Radio Frequency Combined Link Experiment（ORCLE）program］的启动，也是按DARPA的倡议，整合成一个统一的、高可靠性的大容量激光通信系统（图1.30），并且可以使用通过网络管理的智能算法。这种方法将保证即使在存在大气和人为干扰的情况下，也可以提供高质量和高可靠性的数据传输服务。

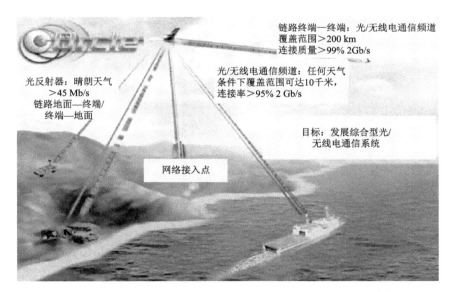

图1.30　ORCLE系统保障固定式和移动式军用平台的通信[28]

要建立一个单一的全球信息网络，必须实现大带宽、高速率的通信传输系统，保障大容量信息的传输。在新计划"动态多核心智能光纤网络：架构、协议、控制和管理程序"（The Dynamic Multi-Terabit Core Optical Networks：Architecture, Protocols, Control and Management program）中，首先要最大限度地利用由 DARPA 开发的在光电子领域与网络安全领域的科研成果，其次要对美国国防部战略网做出重大改变，包括它的功能、传输能力、安全性和生存能力。

应用网络中心战的概念，建立稳定的网络保护自适应组织防止未经授权的网络接入，DARPA 面临着为其所有网络节点提供统一时间的问题。今天，在通信和数据传输系统使用的设备中，通常都装有使用发送全球卫星定位系统（GPS）当前时间信息的计时器。在对美国潜在对手的威胁分析后发现，使用 GPS 系统作为标准时间在不远的将来可能存在风险，因为当你创建一个集中的全球信息网络时，同时也面临着减少其负面影响的任务。

当前 DARPA 的专家们研究的一个重点领域，就是基于微机电系统的原子钟，它可以小型化，甚至嵌入芯片中（图 1.31、图 1.32）。这个原子钟的体积小于 1 立方厘米，可以显示几天内的准确时间并在局域网内保持同步工作，而不使用 GPS。

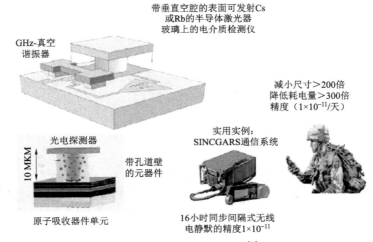

图 1.31　自主型原子钟[8]

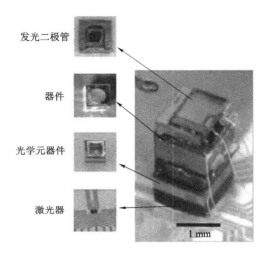

图 1.32　开发中的原子钟基本构成[8]

（三）高精度武器

打击固定和移动目标的能力在军事作战任务中的意义是不言而喻的。今天组织高精度武器的研发是 DARPA 的优先方向之一。当打击目标可以进行变速运动，在各种不同的环境中和道路上，使用隐蔽手段和进行最大限度机动时，发现低可视的地面目标，进行识别和跟踪直至消灭的任务，就会变得异常复杂。这个问题的解决依赖技术侦察部门和作战管理系统之间密切的配合。要建立一个符合上述要求的结构，就必须保障识别目标，设置任务与打击行动之间准确的协调。这种方式会导致情报与作战的界限在指挥层面变得更模糊（图 1.33）。

在网络中心战条件下，技术侦察和作战行动管理系统实施统一的战略，共包括两个层面：第一个层面，就是在单一的通信基础设施支持下，统一各种传感器、武器平台和系统（图 1.34）。第二个层面是由计算机来处理接收的大量数据，帮助指挥官做出决策，提高可操作性与部队的作战效率。

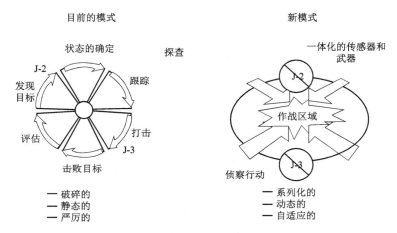

图 1.33 DARPA 的任务——消除现有的侦察和打击行动之间的界线[8]

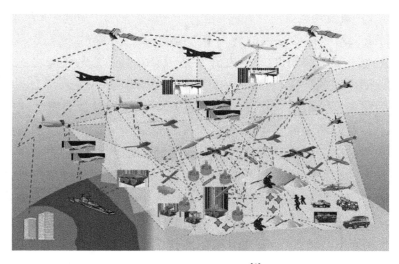

图 1.34 网络中心战[8]

例如，通过 DARPA 对地观测雷达的图像，可以对高机动目标进行打击。这个雷达的特点是：提供工作频率范围内的合理选择，可以持续获得隐藏于树叶下的目标图像；对同一物体在不同条件下不同时间的图像分析，无论是在飞机上还是在地面站，都可以跟踪目标的位置。雷达是全天候的，有很大的探测范围，保障了大范围内对目标的捕获。

如果说上述技术可以确定目标的位置，那么在激光多普勒雷达（Laser Doppler Radar）帮助下，可以得到目标详细的三维成像图（图1.35）。雷达从不同角度向目标发射信号，并接收穿透树叶反射回来的信号。对信息的特殊处理方法可以通过大量地收集信息来形成目标外貌的图像，保证识别炮管、火箭发射装置和其他有明确军事属性特征的标志。

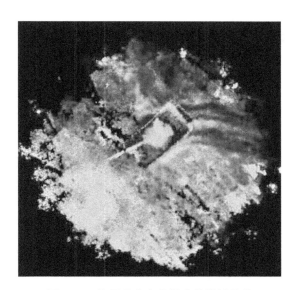

图1.35 使用激光多普勒定位器捕获的
隐藏在树下的坦克[8]

未来，该计划进一步完善后可以通过各种来源，如雷达、光、声、视频传感器来捕获移动的目标，依靠信息的联合处理（所谓的"交联"）得到目标的综合图像。当目标周边环境发生变化时，执行探测任务的传感器可以把观察目标活动情况的任务交由另一个传感器继续。例如，安装在"捕食者"无人机上的光电探测装置在目标进入森林前，可以交由激光多普勒雷达继续跟踪（图1.36）。

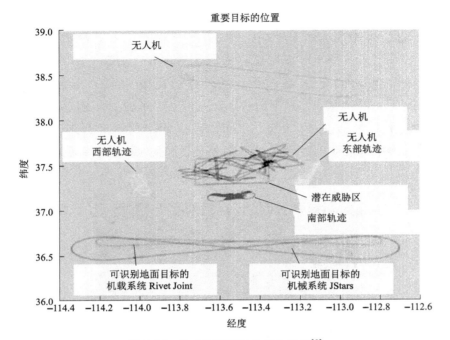

图 1.36　航空侦察装备的综合运用[8]

（四）城市战

城市人口数量和城市面积每年都在增加。美国国防部专家统计，到 2025 年全球 60% 的居民都居住在城市中。考虑到这种情况，自然会产生需求，需要确立在城市中发生冲突时，作战分队在军事行动中的作战规则。美军的经验表明，在城市地区的敌人有更多的机会来进行不对称反应，包括使用大规模杀伤性武器，如化学、生物和放射性污染物。

城市的特点——大量的建筑物、狭窄的小巷、互相连通的隧道和其他类似的结构，这为敌军的运动几乎创造了无限的条件，而且有利于建立武器弹药储备仓库。城市是信息和商业中心，集中分布着国家政治、经济和文化机构。城市地区人口稠密，敌人很容易伪装成和平居民。

上述情况下的作战行动，和开阔环境下甚至复杂自然环境下的作战规则完全没有可比性。城市条件下的作战行动具有混乱和难以掌控的特点，更危险，并且代价更高昂。

美军需要新的技术，以便成功地在城市条件下展开军事行动，并要像在普通自然环境下一样，尽量减少伤亡。

在这个领域中，DARPA 的工作主要表现在以下几个战略方向上：

——为了更有效地在城市条件下作战，发现、识别、跟踪潜在的危险对象：武器装备仓库、弹药库、大规模杀伤性武器及其他，必须进一步完善情报侦察体系；

——组织对识别目标（敌方的人员和军事装备）不间断的侦察；

——识别潜在的威胁（武器、爆炸物等）；

——识别真实和虚假的威胁；

——发展高精度武器，以保证在人口稠密的城市地区短时间内击败敌人；

——开发特种技术，以识别、防止或者减少敌人非对称性报复，例如自杀式袭击，使用自制简易爆炸装置，甚至大规模杀伤性武器的袭击；

——社会性指标的研究，它们可以显示冲突行为爆发的可能性，制定冲突后城市条件下稳定局势的战略，以及为民事部门和居民的管理提供援助；

——制定指挥与组织管理的新原则，确立新的情报分析方式，以适应城市条件下的军事行动，并实时对作战区域进行监控。

城市条件下典型的作战任务是追歼位于高层建筑之中的敌人。直到不久以前，成功的关键还是取得这个建筑物的内部结构图。在 DARPA 领导下开发的探测设备"雷达屏"（Radar Scope，重 680 克，由 AA 型电池供电），可以探测到 30 厘米厚的混凝土墙后的活动目标，极大地提高了军人的作战效率。

完善的信息系统和士兵探测技术（Advanced Soldier Sensor Information System and Technology，ASSIST）计划中的实验项目，专注于情报侦察技术的完善，为此，开发了信息传感网络和技术，以便在城市巡逻中实现巡逻队与指挥部及邻近地区巡逻队的情报互换，以及使用早先获得的存储于数据库中的敌方情报。

支持资源协调发展助理（Coordination Decision-Support Assistants）计划旨在提高战术层面人员之间在城市作战条件下的协作效率。通过微型机器人 LANdroids 组建本地信息网，将微型机器人和分队士兵混编在一起，以提供稳定的通信保障和进行可靠的管理（图 1.37）。

图 1.37　使用微型机器人构建通信系统[8]

DARPA 的另一个发展计划是安静型便携式微型无人机"黄蜂"（图 1.38），它是为小型作战分队执行战略任务而研发的，旨在为部队提供前线地区或者水域的补充侦察。该无人机适合在开阔地域执行任务，也能够适应城市环境下的任务，共有两个版本：陆军版和海军版。"黄蜂"无人机的性能如下：翼展——40 厘米，重量——200 克，飞行时间——超过 1 小时，速度——30~60 千米/小时，作战飞行范围——2~4 千米，飞行高度——地表以上 15~150 米，配有两个彩色摄像机（正面和背面）、高度计、罗盘、大气测速仪和 GPS 接收机。

启动装置依靠一个特殊的弹簧机构来保障，单人操作，可以在硬地面或者水面降落。"黄蜂"的样本目前正在海军陆战队和海军单位测试。

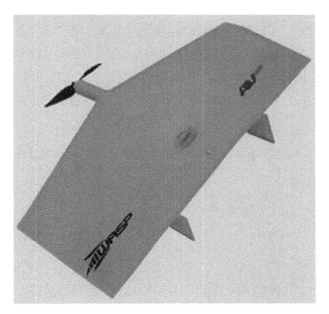

图 1.38 微型无人机"黄蜂"[28]

值得注意的是,控制该无人机的地面站还可以统一指挥其他类型的无人机,比如"乌鸦"(Raven)、"指针"(Pointer)、"龙眼"(Dragon Eye)及其他。这些无人机(图1.39、表1.1)用于陆军、海军陆战队和美国的特种作战部队,也可用于国民警卫队连及连以下分队。无人机

图 1.39 侦察型无人机 RQ-11"乌鸦"(左)[48]和"龙眼"(右)[49]

都配备了电视和/或热成像摄像机。使用这些无人机进行空中侦察并不需要上级或者什么组织，比如防空系统来批准。有了该型无人机的支持，前线的分队指挥官可以迅速实施侦察行动，获得敌方情报，特别是在作战过程中（首先是对居民点的争夺），可以显著提高所辖作战部队的效率并减少人员伤亡。"乌鸦"系统包括3架无人机，"龙眼"系统包括3或4架无人机[50]。

表1.1 迷你无人机"乌鸦"和"龙眼"的基本战术技术指标

	"乌鸦"	"龙眼"
最大起飞重量/kg	2.3	1.8
载荷/kg	0.18	0.1
作战半径/km	10	10
最大飞行速度/（km·h^{-1}）	64	73
续航时间/min	90	40
实用升限/m	4 500	5 400
翼展/m	1.33	0.95
机长/m	0.9	1.1

在伊拉克的作战经验表明，美国陆军作战分队面临的主要威胁之一就是狙击手。城市环境下，运动的车队中，高噪和高尘条件下，要想准确地分辨狙击手的方向是非常困难的。为了解决这个问题，在DARPA的领导下，开发了一种低成本的装置"回旋镖"（Boomerang），来保障获取敌方狙击手开火的准确位置。"回旋镖"系统使军方可以更迅速和有效地应对攻击，实现减少人员伤亡的目标。

简易爆炸装置也是美军在伊拉克的地面部队的重大威胁之一。DARPA的"硬线"（Hardwire）计划旨在设计轻质复合装甲，有些类似于钢制子午线轮胎，涂有聚合物并包裹廉价陶瓷。这种装甲应用了更多的塑料材料，重量更轻，便于大规模生产，造价低廉，可以给士兵提供可靠的防护。

为了对将要展开城市战的士兵进行训练，DARPA 积极地研发了专用模拟器（图 1.40），它是在一种为美军开发的游戏的基础上发展而来的，能让你掌握伏击作战的技巧、语言技能，等等。

图 1.40　美国陆军部队在训练室培训[28]

（五）受控的无人系统

DARPA 正在和陆军、海军、空军、海军陆战队及特种作战司令部互相协调，构想一个战略和战术空间，部署陆、海、空的受控的无人系统。无人系统可以独立地自动或半自动地实施一些危险的、技术复杂的行动，这些行动以前只能依靠军人直接去完成。此外，它们能更准确、更有效地执行它们的任务，并最接近网络中心战概念的实施。美国空军在阿富汗和伊拉克大规模使用无人机就是在这个方向上迈出的第一步。

DARPA 在无人机领域进行的实验主要围绕着两个方向。第一个方向集中在自主装置的完善上，以提高完成作战任务的能力。第二个方向是提高机器人系统的自主性和活力。本研究计划的目标是测试无人系统在复杂的环境下直接展开并成功地完成困难行动的能力（图 1.41）。下面是一些正在进行实验的例子。

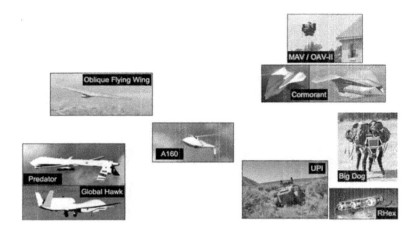

图1.41 提高无人系统的自主性[28]

A160计划开发的无人驾驶直升机(图1.42)可保障高达20小时的滞空时间。A160系统被设计来解决作战条件下的侦察、定位、通信、运输等问题,以及陆军、海军、海军陆战队的特种任务。

图1.42 无人驾驶直升机A160[28]

"斜置机翼"(Oblique Flying Wing,OFW)计划用于构建新型可变机翼的超声速无人机(图1.43)。

众所周知,由于飞行器在进行超声速飞行时,阻碍超声速飞行的主要障碍就是声障。为了突破声障,飞机的机翼被设计成对称的后掠翼。按照OFW无人机发展的概念,在进行超声速飞行时,它的一个

图 1.43 OFW 无人机具备 1.2 马赫的最大飞行
速度和 65°的飞行仰角[21]

机翼应该是反置的、非对称的机翼，而另一个机翼是正常的。实验结果表明，OFW 无人机机翼的阻力要小于传统的后掠翼的阻力。OFW 无人机的机翼可以改变自己的几何形状，并且在亚声速的经济速度下保持非对称机翼。这种设计理念比传统的对称后掠翼更有利，它可以有效地改善飞行品质，比如最大航程、起飞准备时间、发动机的经济性，等等。

"先进概念微型飞行器技术示范"（The Micro Air Vehicle（MAV）Advanced Concept Technology Demonstration，ACTD）计划的目标是研发具有垂直起飞和着陆能力的便携式全自主无人机，搭载光电/红外扫描仪，可以帮助士兵发现和确定任务目标，并且按照它们的重要等级排序。微型无人机具有体积小（风扇整流罩的外径小于 35 厘米）、飞行时间大约在 55 分钟和飞行高度超过 3 千米等基本性能。由于具备了出色的性能，这款无人机非常适合在复杂的天气条件下，以及在城市环境中执行军事任务。目前它正在进行 MAV 飞行试验。

"倾转旋翼"（Heliplane）计划的目标集中于开发新型航空交通工具，它结合了直升机（垂直起飞、降落和悬停）和常规飞机（固定翼飞机的水平高速飞行）的特点。这种飞行器的飞行性能比传统直升机高

2~3倍。有别于传统直升机的悬停和巡航飞行全部依赖旋翼,"倾转旋翼"使用不同的升力结构,为在不同操作模式下实现更高的效率,该飞行器在低速和悬停状态下使用旋翼,而在高速飞行时使用固定翼和涡轮风扇发动机驱动。

"秃鹫"(Vulture)无人机计划的主要目标是实现在空中五年持续不加油和维修的连续飞行。要想实现如此长时间的飞行肯定会使用太阳能电池板和其他的专用设备(图1.44)。一架飞机可以监控的范围几乎相当于地球静止轨道卫星所能监控的面积。

图1.44 高空无人机("秃鹫"项目)[21]

(六)地下结构的探测与识别

对敌方利用地下建筑设立的指挥中心、弹药库、避难所进行探测、识别和模拟一直是DARPA的工作重心之一。

地下结构可以是天然形成的(例如溶洞、岩溶地层、地下凹陷),也可以是人工的,比如在城市和村镇设计的地下掩体(图1.45)。

图 1.45　一个地下掩体的计算机三维模型[28]

"压制敌方地下设施"计划（Counter-Underground Facility Program）正在发展地震、声学、电磁、光学和化学领域的探测技术，并把它们整合到一个统一的地下结构探测系统中（图 1.46）。这个计划的特点是，在对地下结构识别的同时，还可以对地下结构的特点进行详细的分析：评估结构特征，明确功能作用，发现应对各种破坏活动时潜在的漏洞，等等。特别是要提高传感器的效率和减少周边环境干扰对目标识别的不利影响。

例如，机载低空传感器系统（Low-Altitude Airborne Sensor System，LAASS）包括电磁、音响和重力传感器，综合使用可以探测到地下结构，并在计算机上显示出它的详细构成。目前，DARPA 正在建立一个系统原型。部分 LAASS 技术正在伊拉克进行测试。

应当指出的是，在很长一段时间里，DARPA 研究的战略方向是发展对大尺寸地下建筑物的搜索和识别技术。然而，伊拉克的战斗实践和以色列—巴勒斯坦冲突的经验都表明，威胁也可能是来自小洞穴和地道。这种结构非常适合走私物品、弹药和武器，作为非法穿越边境者

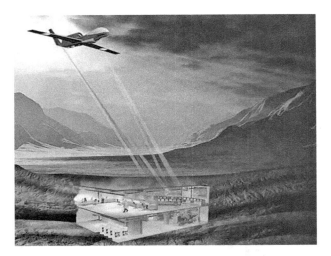

图 1.46　用于识别地下结构的航空系统[8]

的避难所，以及作为监狱、武器实验室，甚至核电厂。具体说，地道就对巴格达"绿区"构成重大威胁，那里广泛分布着伊拉克政府及占领军的机构。发现和搜索恐怖组织经常使用的地下结构是DARPA的重要任务。带着这个目的启动了"连通隧道的远程评估"（Remote Interconnected Tunnel Assessment，RITA）计划和"跨境隧道"（Cross-Border Tunnels）计划。

（七）太空

一些涉及国家安全的部门，特别是美国军队的机构一直在积极地利用太空来解决气象、导航、侦察、通信等方面的问题。有效地利用太空可以在潜在对手面前获取明显的优势。除了军事领域，作为美国经济和生活方式重要组成部分的民用部门，也在积极地参与空间系统的利用。

当然，美国在宇宙空间的探索成果，类似于在社会、经济、军事及其他基础设施领域，都给潜在的敌人包括恐怖组织提供了潜在的攻击目标。正像唐纳德·拉姆斯菲尔德在《空间系统管理对美国国家安全影响的委员会报告》中所指出的（2001），在危机和冲突发生时，对美国的空间系统中的目标实施打击并不是不可能的，如果美国想要避免"太空珍珠港"就应该认真考虑这种攻击的可能性[51]。

今天 DARPA 一直在研究如何高效地利用宇宙空间,它主要包括五个基本方向(图 1.47):

——把各种不同使命的航天器快速而可靠地送入轨道的技术;
——空间环境的监测手段;
——在轨飞行器的保护;
——破坏航天器的技术;
——作战和侦察行动中的太空侦察、通信和信息保障设施。

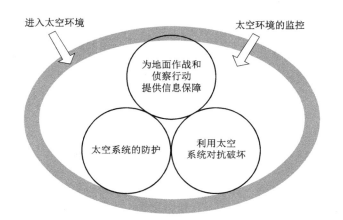

图 1.47　DARPA 对提高太空空间使用效率
五大因素的战略研究[8]

在 DARPA 的计划中,包括建立卫星发射入轨和一系列后续维护手段,高频率地为用户发射轻型载荷(Responsive Access, Small Cargo, Affordable Launch, RASCAL),其中包括"轨道快车"(Orbital Express)计划、"美国本土发射有效载荷"(Force Application and Launch from Continental United States, FALCON)计划,以及"未来航天器"计划 F6(Future, Fast, Flexible, Fractionated, Free-Flying Spacecraft, System F6)。

"猎鹰"(Falcon)计划的重点是创建可多次重复使用的远程超高速飞行器(Falcon Hypersonic Technology Vehicle, HTV)(图 1.48)。其公

布的性能指标是：最大飞行速度约 20 马赫，飞行高度 30~50 千米。据估计，这种飞行器将允许美国空军在全球任何地点执行作战行动。

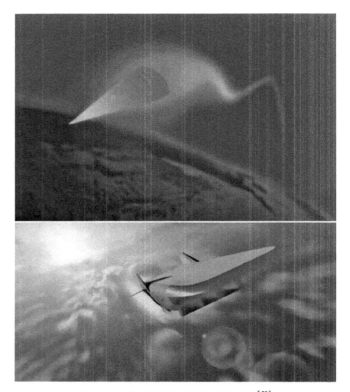

图 1.48　高超声速飞行器"猎鹰"[52]

"猎鹰"计划的实施面临着巨大的挑战。2011 年 8 月的实验以失败而告终。《俄罗斯报》在 2011 年 8 月 12 日曾就此做过报道："美国国防部主导的高超声速飞行器'猎鹰'HTV-2 未能成功，高超声速飞行器坠入太平洋。"

该飞行器从位于加利福尼亚州的美国范登堡空军基地发射，运载火箭 Minotaur Ⅳ 携带着载荷升空后很快达到了 20 马赫的速度，之后联络中断，装置坠毁……

值得注意的是，DARPA 从 2003 年开始发展这个项目，这已经是"猎鹰"HTV-2 项目的第二次试验失败了。失败原因类似于 2010 年 4

月的第一次发射。但是美国军方还不想承认失败。"我们知道如何使飞行器进入亚轨道飞行。我们知道如何让飞行器进入大气层超声速飞行。我们还不知道如何在空气动力飞行阶段正确监控它。我相信，是有解决方案的。"说这番话的是HTV-2计划的协调员克里斯·舒尔茨少校。

军方的想法并不令人奇怪。要知道"猎鹰"HTV-2带给美国的是"未来的超级武器"。美国人希望这种无人机可以携带致命载荷在一小时内到达世界任何地点，原型机的速度可以达到7 000千米/小时，理论上来说完全可以在一小时内从华盛顿飞到莫斯科。

让我们回来再看看其他太空计划。

DARPA的"轨道快车"计划是和波音公司联合实验，旨在验证飞船地球轨道自动交会对接（检测）技术和"加油"技术。按照这个计划在2007年的135天之内，ASTRO和NextSat两颗卫星成功地完成了计划中的实验，其中，也包括从200千米的距离上ASTRO卫星从后面捕获NextSat卫星。在机械臂的帮助下ASTRO成功地更换了NextSat的备份星载计算机。

"太空轻型载具"（RASCAL）计划主要是验证低成本、可重复使用的轻型货物载具，包括将微型载荷送入近地轨道。主要参数：载荷的质量100千克内，发射准备期24小时内，轨道高度500千米内。将载荷送入轨道的成本不超过10 000美元/1千克。

（八）提高美军的任务效率

美军全球部署和广泛参与各种任务（从军事行动到维和任务）的前提就是先进可靠的后勤基础设施支持。同时过高的复杂性和机构的惰性又增加了作战部队进行战斗部署的时间。

为解决这些矛盾，DARPA正在实施一项新战略，以确保作战部队和后勤支援单位紧密地配合。

例如，在完成现代作战和维和任务时，需要使用复杂的信息系统和通信系统，而这又要求为军人提供大量软件、计算机和网络方面的技术保障。智能化技术的发展可以减少技术支持系统所需的工作人员数量，这样就可以相应增加直接参与作战行动的部队数量。DARPA的战略目标是提高直接参与作战行动的军事人员和后方支持人员的比例。

DARPA 专家对信息技术的发展寄予厚望，认为它们是一种强大的工具，可提高美军的效率。他们期望，信息技术的进步将消除过多的繁文缛节，减少军队的日常工作量，从而集中精力解决面临的作战任务。表 1.2 显示了 DARPA 在提高军队的效率方面的关键性战略研究方向：

（1）认知计算系统——要求系统减少操作人员的数量，大部分行动可以自动完成并具备学习和自我学习的能力。

（2）高性能计算系统——旨在减少新武器系统的开发时间（加速武器系统的设计和测试过程）。

（3）语音信息的处理——自动语言翻译，减少对专业翻译的需求，消除语言和文化障碍，保证有效地建立和当地居民的联系。

表 1.2　DARPA 提高美军行动能力的关键性战略方向和途径[28]

方　　向	途　　径
减少军队员额并提升军人素质	实现计算机系统的认知能力
加快新式武器的研发和装备	高性能计算机
全球行动	开发语音信息技术

（九）认知计算机

在美国，计算机已经很早就被广泛地应用于军事领域了，其中包括后勤系统、军事指挥与管理系统、反导与防空系统。计算机系统的广泛应用也增加了美军面临计算机故障的风险和敌方对计算机系统进行攻击时的脆弱性，并且导致技术保障人员数量的大幅增加。

美国国防部一直在酝酿建立一个智能化平台，以求在没有人工干预的情况下高可靠性地完成来自事件发生地的大量翻译任务，依靠更先进和自动化的软件保证对快速变化的局势作出应对。

DARPA 正在参与创建智能计算系统——所谓的认知计算机，可以自我学习、形成结论、积累知识、形成经验，并且在需要的时候——当出现新的和不可预见的情况下使用。

DARPA 期待，该计划的成功应用可以有效地提高美军一线部队的效率，全面提高指挥官的感知能力，减少支持人员的数量，很明显，也就减少了计算系统的维护成本。

"个人学习助理"（Personalized Assistant that Learns，PAL）计划的目标是创立一个智能化系统，可以让使用者在任何情况下及时掌握全面态势。使用该系统可以减少指挥所支持人员的数量，对管理和任务分析进行自动化操作。"个人学习助理"计划研究为指挥官提供一体化的辅助决策手段，特别是对战场上收到的大量信息进行分析。在用户变化的情况下，系统可以按照新的要求自动调整。图1.49显示了PAL概念的关键节点。

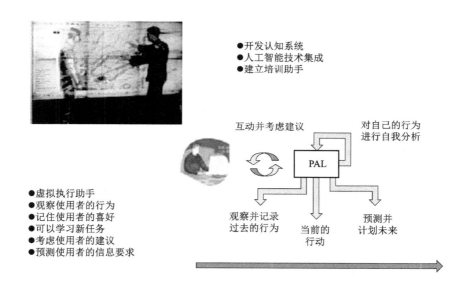

图1.49 "个人学习助理"计划的概念[28]

PAL的创建吸引了超过20所美国大学实验室的参与。系统体现了广泛的自我学习能力、感知过程自动化、推理能力、计算机之间的信息交换和互动。

计算机系统学习技术依赖认知型计算机的建立，它已经成功地对来自伊拉克"未来指挥所"的信息进行处理，对传来的信息进行分析后，对感兴趣的目标进行了识别（例如检查站的状态、车队运动线路、迫击炮的袭击及其他）并记录了指挥部操作者的行动。此外 PAL 系统也可以用来确认指挥所、目标、行动、地图、报告等战术元素之间的关系。

（十）高性能计算系统

高性能计算系统是 DARPA 最近 10 年的优先发展项目之一。这个领域的成果不仅仅对美国的军事安全有重大意义，而且在整体上对美国经济意义重大。其基本目标是建立一个容易编程的系统，让专家和普通人都可以使用的系统。

设计时还提出了一些特殊的要求，比如编程方便、便携性、可扩展性和可靠性。此外还要求达到 10^{15} 的浮点运算能力（图 1.50）。

高性能计算系统将成为交通工具和武器性能的开发、加密分析、成像技术、军事行动的计划与实施等领域安全性实验的关键性因素。

现实的成就
- 以开发架构为目的建立系统性能的测试评估程序
- 开发概念分为两个阶段，即实验阶段和降低风险的技术研究阶段
- 开始开发新的程序语言

计划
- 开发样品
- 从三种编程语言转向一种编程语言
- 吸引伙伴完成军事任务

运算系统效率的评估测量程序	描述	当前*	未来
GLOBAL High Performance LINPAC（G-HPL）（PF/s）**	完成本地运算的持续运算速度	～，2	1-10
STREAM（PB/s）***	数据流-数据处理速度	～，1	4-8
Global Random Access（GUPS/fi）****	对整个系统内存的任意访问速率	～，1-35	8 K-96 K
Selection B/W（PB/s）	运算期间最大传输速率	～，001-，01	3-5

* 这些数据属于 Blue Cene（IBM），它们的性能显著高于目前市场上出售的产品

** 每秒 10^{15} 的浮点运算能力

*** 每秒 10^{15} PB

**** 每秒 10 亿次存储操作

图 1.50 现实成就、计划与高性能计算机的工作性能[28]

（十一）语音信息的研究

计算机技术的出现，为实现实时高质量的外语翻译创造了条件，这也是提高美军效率的方法之一。

作为一项规定，在美国以外地区执行军事行动的任务之一，就是和当地居民建立联系，以监控当地的社会政治气候。实现此目的的一个重要条件是克服语言障碍，无论是指挥官还是士兵，都需要和当地居民直接交流。目前的做法是使用专业翻译，但是其效率低下、成本高昂，而且翻译的过程也占用了大量的时间。

（十二）生物学和人类学

考虑到当今世界科学技术进步的成果以及美国和其他西方发达国家国家安全机构不断增长的需求，从未来的角度看，生物医学技术的研究、高级的医疗诊断和治疗、生物技术系统的建立，都是高度关联的。

DARPA专家积极参与以国防和国土安全为目标技术的综合运用，覆盖了化学、生物学和医学领域的最新成果。特别值得重视的就是生物学和人类学领域的研究和发现。基本的工作由DARPA的军事科学处领导并进行着四个方向的研究。

（1）完善对生物战的防御。DARPA在这个领域的紧张工作开始于20世纪90年代中期，主要是防御生物武器的攻击。最新的研究不仅仅要提高军人对生物武器的防护水平，还要加强对经常从国外输入的传染病的防护。一些基本的得到资助的计划集中在蛋白质的构建、疫苗评估和药物制剂的快速生产领域。

众所周知，地球上生命的基础就是蛋白质。它是由20种天然氨基酸组成的线性聚合物。DARPA计划的目标是开发蛋白质结构的快速合成技术，不仅仅是合成天然氨基酸，也包括人工合成氨基酸。在今天，"新的蛋白质构成"指的是改变现有蛋白质的结构。DARPA的计划旨在彻底改变原有的途径，这有望扩大现有化学链和化学反应方面的知识，并能独立地设计蛋白质活性中心，并将蛋白质分子植入总体结构中。预计该计划的实验结果将允许科学家们设计复杂的蛋白质，它可以在24小时内中和新的病原体。在这个方向上的直接贡献就是用计算机来模拟蛋白质分子的构成。

疫苗有效性的快速评估计划旨在建立一个人工免疫系统，研究人体对各种疫苗的反应，相应地评价它们的有效性。目前的实验阶段是模型开发，再现人体免疫系统的关键部分。在工作进程中计划建立一个新型疫苗自动化测试系统。如果成功的话，适用疫苗的测试周期将缩短为几周，而不是数年。

目前应用的疫苗制造系统无法及时和低成本地应对大规模的感染和中毒。首先，必需的药品其大规模生产本身就要耗费大量的时间。其次，新型生物因子威胁的特殊性是无法预知的，不可能及时进行预防药物的储备和传染病的治疗。

为了克服这种矛盾，DARPA推出了计划，寻找"按需"生产的技术，要求实现药品大批量的生产并保持低廉价格，疫苗可以对抗已知生物病原体（病毒、原虫、真菌、细菌），显著减少高品质药品（疫苗和解毒剂）的生产时间，并可以在12~16周生产300万剂疫苗和单克隆抗体，保证其符合药品生产和质量控制规范（图1.51）。

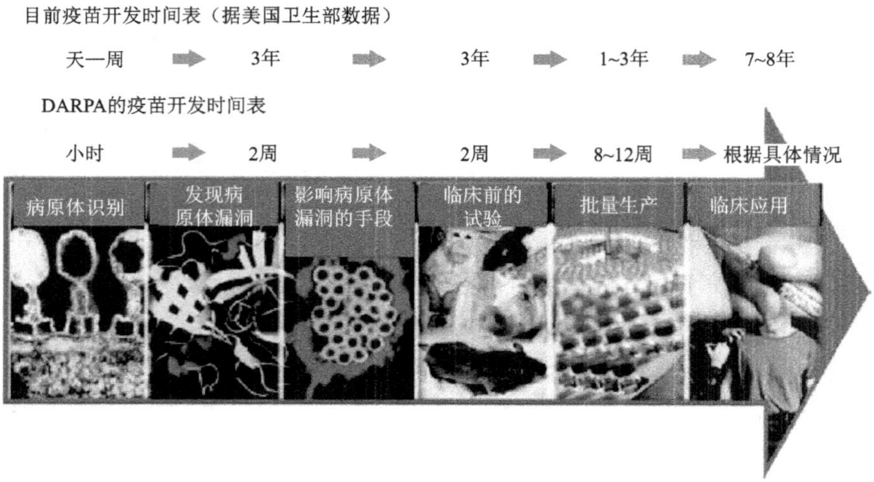

目前疫苗开发时间表（据美国卫生部数据）
天—周 ➡ 3年 ➡ 3年 ➡ 1~3年 ➡ 7~8年

DARPA的疫苗开发时间表
小时 ➡ 2周 ➡ 2周 ➡ 8~12周 ➡ 根据具体情况

病原体识别 | 发现病原体漏洞 | 影响病原体漏洞的手段 | 临床前的试验 | 批量生产 | 临床应用

图1.51 疫苗开发和生产的时间表[8]

该计划的工作可以分为三个阶段，每个阶段的生产速度和经济效率必须高于上一个阶段。在第一阶段要求每周生产不少于 1 个单位/升的疫苗和 0.025 个单位/升的单克隆抗体。药品的最终成本是 1 个单位的疫苗不超过 1 美元和 1 个单位的单克隆抗体不超过 10 美元。

（2）生命机体的独特性（视觉、听觉、动作及其他）研究和仿真。生物系统的组织和运行原则是在进化过程中自然形成的，可以在军事技术领域成功运用。DARPA 专家专注于自主机器人系统、新的光学材料、常温下的红外感应装置及其他。

其中的一个项目——四足机器人 Big Dog（"大狗"），用于帮助军人携带装备（不超过 90 千克）（图 1.52）。其复杂地域的通过性超过了轮式运输车辆。

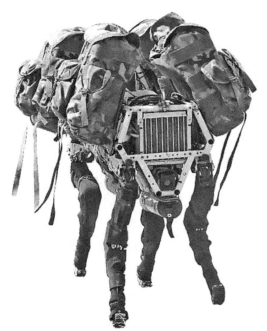

图 1.52　四足机器人 Big Dog（"大狗"）[28]

以这个 DARPA 领导的科研计划（LS3）为例，专家们研究了互联网社会的反应。尽管科学家们宣布是用于"和平"目的，但这个项目还是经常因为"大狗"的行走能力和"追逐"人的能力而被视为"猎杀人类"的项目。

互联网用户的评论示例（在推特及报道了 LS3 的新闻网 news.cnet.com 和 facebook.com 上）：

I don't know why, but this freaks me out. （我不知道为什么，但是这让我感到震惊。）

Here boy… drones on the ground… future hunters? （到我这来，小男孩……地面无人机……未来的猎手？）

I don't think it is cool. （我不认为这很酷。）

This is so creepy. （这让人毛骨悚然。）

Nice dog. Needs more guns though. （好狗，应该再多给它装备点武器。）

Mechanical hound. Fahrenheit 451? No. DARPA. （机械狗。"华氏451度"？不是。是 DARPA。）

It doesn't need to be noiseless if it's already shooting twin gatling guns at you. （在它用两挺机枪开始向你射击的时候，它不需要保持安静。）

So, DARPA was hard at work this year making robots to track humans & run as fast as a cheetah, which seems like a great combination, no? （那么，DARPA 在这一年中的工作很努力，所做的工作非常适合跟踪人，而且跑得飞快，像猎豹——出色的观点，难道不是吗？）

在描述 LS3 项目时经常提到的词和主题标签就是"end"——"终结"，"robocalypse"——"机器人引发的世界末日"。从社交网络上的评论和谈话中可以看出，美国人被"大狗"的机械外表和噪声过分惊吓了。噪声也引发了主张机器人军用的倡议者的不满。

DAMN that thing is loud! （见鬼，这家伙太吵了！）。

Maybe they should spend some money on trying to make it be stop all that noise. （也许，他们可以花点钱，把它造得不那么吵。）

Much scarier with the loud, grinding motor noise. （太糟糕了——它的发动机声音太刺耳了。）

Not exactly stealthy, still mildly terrifying. （不能够隐形，外形还是

有些吓人。)

That thing is noisy as hell. The Taliban will never hear it coming, right? (这玩意吵死了。塔利班无论如何不会听不到的，对吧？)

此外，具有讽刺意味的是，互联网用户对 LS3 的反应并不是根据其真实的工作状态，通常他们会开玩笑地拿电影或者电脑游戏中的智能机器人形象来对比。

与此同时，用户对创造机器人的活动及演示项目开发的前期阶段给予了广泛的正面评价，并积极讨论 LS3 在民用领域应用的可能性：

If the motor was enclosed behind a good noise canceling shell it would be alot more quiet. (如果发动机被装入一个抑制噪声的壳子中，它会变得更安静。)

Possible, guidedogs of the future? (也许，这是导盲犬的未来？)

Robot pony's for our children's children. (机器人小马属于我们的子孙后代。)

This is the most fascinating thing I've seen all day… (这是我见过的最不可思议的东西……)

DARPA shows off latest advances to four-legged LS3 robot: voice control, improved autonomy and maneuverability. (DARPA 推出最新版本的四脚机器人 LS3：声控，具有更高的自主性和可操作性。)

I heartily endorse every penny spent by DARPA. (我衷心赞同 DARPA 花的每一分钱。)

What if these replace police officers one day? (如果有一天它替代了警察会怎么样？)

Humans probably fall down more often than these bots will do. (人类可能跌倒的次数都比它多。)

总体而言，很难客观地评价正面和负面的评论。但是很明显，最强烈的正面评论不是对该项目的深入分析，仅仅是建立在情感和肤浅的印象基础上。用户在谈论非军事领域的应用时，往往会对它的军事用途过分担心，消除这种恐惧是 DARPA 这类机构的当务之急。

（3）保证军人的身心健康。DARPA 正在开发的技术，将允许军人最大限度地保持身体和心理的工作状态，尽管他们长期面临巨大的压力、低热量饮食、沉重的体力消耗、海量的信息、过高或过低的环境温度。

（4）军人在受伤后的生理和心理恢复。其旨在部分实现伤残后的生物组织的再生（肌肉、神经、皮肤及其他）。

这个方向上主要是从事假肢的研究，使其由脑部神经控制并完成真正的肢体运动（敲击键盘和演奏乐器及其他）并具备感知能力（感觉假肢状况的能力）。这种假肢可以使失去手的士兵重新服役。在未来四年 DARPA 将进行临床实验。

有必要提到"失血生存"（Surviving Blood Loss）计划，其旨在让严重失血的士兵得到生存机会。这个实验的研究重点是，延长从大量失血到代偿性（不可逆的）休克的周期（从几分钟到几小时），以此赢得时间进行后送、伤员分流和手术。为此计划开展跨学科能量产生机制实验，研究在组织和器官缺氧情况下，身体的代谢和氧气消耗，身体保护机能的调整，保护细胞功能。

1.4.1.4　先进的技术

随着美国国家安全的迫切需求，DARPA 投入了很多的精力在上述领域，并且一直在密切关注超前的可能创造未来的技术。这些技术涉及新体系的产业化生产技术，并可能引导美国军事能力产生质的飞跃。

此外，这些技术往往会形成一个完整的技术链。现代材料是新一代微电子技术的基础，而微电子技术是催生新一代信息技术的基础，信息技术随后促成了网络中心战概念的出现。DARPA 关注的有前途的技术包括：

——量子技术；

——生物—信息技术，微—纳米技术；

——新材料生产技术；

——能源技术；

——微系统技术；

——信息技术；

——材料领域的研究；

——生产工艺；

——激光加工技术。

（一）量子技术

直到不久前，量子效应在微电子领域还没有体现出实用意义。然而减小电子元器件的尺寸一直是量子效应研究的现实任务。

"量子科学与技术"（Quantum Entanglement Science and Technology，QuEST）作为 DARPA 的重要科研计划旨在研究量子效应在通信和计算机领域的应用。QuEST 主要从事新算法的基础性研究，探寻新的理论和实验手段，提出高效解决方案。

（二）生物—信息—微型化

传统上 DARPA 一直积极支持生物—信息、微—纳米技术方面的研究。因为在这些研究领域的交叉点很可能会收获最有前途的和意外的成果。

DARPA 的计划"生物学的基本规律"（Fundamental Laws of Biology）就是一个现实的例子。众所周知，任何一个生物系统，复杂的（比如人体）或简单的（如病毒），都和周边的环境相互作用、相互影响。到目前为止，研究人员了解生物体功能一直依赖对它长时间的详细观察，时间的跨度可能长达几年甚至几十年。DARPA 专家预计，数学和信息技术领域的最新成果允许可靠地模拟自然界的生物进程，并预测其发展的过程，显著减少了实验耗费的时间。

（三）新材料

制造性能更好的材料永远是工业化生产的基础，正是依赖材料的进步才能工业化生产先进的武器、作战装备、防御设施并高质量地提高美国的军事潜力。

DARPA 非常关注新材料领域的发展。前人的研究成果，比如开发雷达吸波材料，以制造隐形飞机，开发耐热材料用于航空发动机或微电子产品领域，这些事例都充分说明材料领域发展的重要性。

目前，DARPA 的科研计划侧重于以下优先领域：

——结构材料和零部件：便宜、耐用、超轻的材料在各种设备上的应用；

——性能更好的功能性材料在电子、光电子、磁性仪器和传感器上的使用；

——在周边环境变化时，可以改变自己性质的"智能"材料和元器件。

"非晶体结构金属"（Structural Amorphous Metals，SAM）计划是进行新一代非晶体或者"单晶的"材料的实验，这种材料具有前所未有的微观结构，比如更高的硬度、耐冲击性、耐腐蚀性。含钙合金用于超轻航天器，铝合金用于涡轮压缩机叶片，铁合金用于提高船舶的耐腐蚀性。DARPA 和海军正在执行一项"海军用新型非晶体涂料"（Naval Advanced Amorphous Coatings）计划，目标是为海军开发和验证未来的耐腐蚀合金。

"智能"材料为武器和装备的设计提供了新的可能性。由于使用了更轻的材料，军人的防弹衣可以做得更轻，节约的重量军人可以用来携带其他物资。使用专用装置"外骨骼"（Exoskeleton），军人可以忍受长时间的身体负重而不感到疲劳，并且可以携带 45 千克的负荷（图 1.53）。有了先进的"智能"材料就可以建造一个这样的系统，像可变形飞机，可以改变自己的外形以优化飞行品质，像鸟类一样。

DARPA 的计划格外关注高品质钛的技术发展，它的成本可以降到 8.5 美元 1 千克，目前它已经从"有前景的技

图 1.53 "外骨骼"项目的样品[28]

术"阶段进入"实验样品"阶段。生产成本的降低意味着彻底改变许多相关技术,就像铝一样,新的生产技术把它从昂贵的金属变成了一般性工业原料。

(四) 能源

移动式电源是美军必不可少的装备。研发紧凑、高效的电池可以降低材料技术保障开支并提高部队作战能力,特别是在执行分布式、网络中心战战术时,对前线分队有很高的自主性要求。

"移动能量回收集成"(Mobile Integrated Sustainable Energy Recovery,MISER)计划主要研究利用军用废弃物作为能量来源进行回收的技术,目标是证明3千克废弃塑料所含有的能量相当于1加仑① JP-8燃料。

"高效太阳能电池"(Very High Efficiency Solar Cell)计划专注于研发效率超过50%的光伏装置。该计划的目标是整合以前不兼容的材料以获得最好的结果。

"生物燃料"(Bio Fuels)计划旨在通过研发可替代性燃料来减少美军对石油产品的依赖性,以替换现在使用的JP-8燃料,主要使用海藻、真菌、细菌和含油量较高的谷物。

(五) 微系统

DARPA计划研究的一个关键性领域是将复杂的系统微型化到"芯片级系统"(systems-on-a-chip)水平,即将微电子系统、光电子系统和微机电系统(MEMS)集成到一起的先进设计。和同类系统相比,"芯片级系统"在军事应用领域表现出新的特点和可能性。微机电系统(MEMS)和无线电—光电系统结合,光电系统和数字或模拟电路结合,数字电路和无线电装置结合,结果预计将创造混合信号处理链条。

"导航级微陀螺仪"(Navigation-Grade Integrated Micro Gyroscope)开发低成本角速度传感器,用于惯性导航系统。这种设备还可以用于微型无人机、自推进水下航行设备及微型机器人(例如昆虫大小的)等。

---

① 1加仑=3.785升。

另一个例子——新的光子元器件：光波波长转换器、光开关、特殊形态光信号发生器、光缓冲器，这些都是"光纤骨干网"（Data in Optical Domain Network，DOD-N）的研发项目。研究结果已经证明了建立光纤网的可能性，它无须进行电信号——光信号——电信号的转换，这样可以获得更高的带宽和有效减少信号延迟。

小型化也影响着化学和生物传感器。和传统的仪器相比，新型传感器功耗更低，具有更好的性能，响应速度更快，高捕获率，低虚报率。"微型气体分析仪"（Micro Gas Analyzer）计划正在开发实验设备，如气相色谱仪和质谱仪。其成果就是原来大型激光打印机大小的设备，现在可以用1立方厘米大小的设备替代。另外，在相关计划下正在推进自定义红外半导体激光二极管的研发，它主要应用于紧凑型光谱仪，通过读取化学分子的共振信号，发现和识别军用毒剂。以上两个计划的目标都是快速而准确地识别有害物质。

新型材料的出现，这其中也包括纳米技术的成果，对微系统的技术进步有着重要影响。这里有一个典型的例子，就是研究宽禁带的半导体，主要用于紫外线发射器、微波传感器，以及高功率电子元器件。紫外线发射器是建立在新一代紧凑、廉价生物传感器基础之上的一种器件。微波传感器可以有效提高未来的雷达、电子战和通信系统的性能，而未来在高功率电子元器件领域的进步，又可以缩小作战舰艇上能量转换器的尺寸和重量，并打造战术电磁武器。在微系统技术中，在军事领域有广泛用途的主要是射频技术、光读取信息技术及无线电干扰条件下的信号处理技术。

（六）信息技术

获得并保持政治、军事优势是美国国防部最重要的任务之一，DARPA的专家一直致力于通过全球信息优势来完成这个任务。首先这就涉及网络中心战概念的实施，而网络中心战的技术基础就是创造一个稳定和安全的计算机网络。信息技术的发展通过完善传统计算能力和创造新的系统来实现。其中的一个关键性工作方向——组建计算机群，可以嵌入复杂的技术系统中以提高它们的管理质量和拓展功能。嵌入式计算机在军事领域有广泛的应用：从车载（船载、机载）电子管理系统到指挥中心。应用类任务解决的特殊性包含对嵌入式计算机的明确要求，这涉及其尺寸、重量、功率、性能和可靠性。

现有的嵌入式计算机系统存在着一个明显的缺点——它们只能完成一个明确的或者是很窄范围的军事任务。其结果是随着时间的推移，这样的系统不能适应不断变化的情况和新的要求。所以，嵌入式计算机系统现有的开发方式和后续修改是非常昂贵和难以实现的。

DARPA 一直在努力克服上述困难。目前研究的嵌入式计算系统拥有很高的性能、开放式的架构、后续软件升级能力和更低的升级成本。

在这个领域正在执行"计算系统的多态性架构"（Polymorphous Computing Architecture）计划，该计划主要是开发新一代被称为"灵活"的处理器。这种处理器的显著特点是：

——通过分布式构架实现可扩展性和容错能力；

——高性能数据处理系统和节点间信息交换的有效性；

——支持 RISC 架构，流动的数据处理；

——减少外围设备的费用；

——符合当前要求的重新配置和动态配置的能力；

——极高的性能（计算能力）。

（七）数学

DARPA 在这个方向的目标——建立新的数学工具以解决未来先进技术的应用开发问题。在实践中这些工作需要依靠科研团体和具体负责课题的专家去研究和解决。

这些有潜力的研究领域，包括信号与图像处理、新型传感器和复杂系统所需的新型材料等。"拓扑数据分析"（Topological Data Analysis）计划是建立在数学方法和算法工具基础之上的，可以让你在任何领域的海量数据中快速找到关键性数据（图 1.54）。

DARPA 的专家确信，数学家和其他领域（物理、生物学、材料科学、工程科学）杰出科学家的合作，可以让你迅速找到基础数学与国防部感兴趣的具体应用之间的联系点。

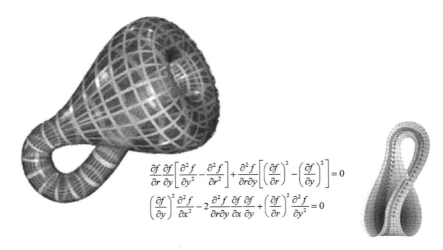

图1.54 拓扑数据分析[8]

（八）科学和制造工艺

对于美国国防部来说，重要的不仅仅是这个或者那个先进技术的研发，还包括它们的工业化生产。因此，DARPA工作的一个独立方向就是扩大美国军事工业联合体的技术能力。"无掩模直写纳米刻蚀技术的军事用途"（Maskless Direct-Write Nanolithography for Defense Applications）计划开发一种新的技术，可以生产低成本、高性能的集成电路。这种纳米刻蚀工艺可以成为制造纳米级机电系统的技术基础。无掩模直写纳米刻蚀技术可以积极推动现代半导体元器件在新型军事系统中的应用并可以低成本地对过时的军事系统进行现代化改造。

（九）激光

激光在军事领域有着广泛的应用，比如通信系统、传感器、电子战装备、目标指示器，等等。从激光技术开始得到证实起，美国国防部就一直怀着浓厚的兴趣期待着开发精确激光武器。因此，DARPA早在20世纪60年代就开始从事激光技术领域的研究，并且一直持续到现在。

在半导体领域出现了一些新的发展方向。"高效二极管光源"

（Super High Efficiency Diode Sources，SHEDS）计划正在研究在高功率激光器中使用半导体（二极管）激光器作为泵发电机的可行性。该技术可以使二极管激光器的效率从35%提高到80%。

"高能液体激光器区域防空系统"（High Energy Liquid Laser Area Defense System，HELLADS）计划开发高能激光武器系统（约150千瓦），和现有装备比具有尺寸小、重量轻的特点。摆在开发者面前的任务是每千瓦功率产品重量要小于5千克。在满足这种条件下，高能激光武器就可能装到战术飞机和无人机上。2012年年底进行了实验室阶段实验，2013年年初计划进行室外的地面反导、反迫击炮弹和反防空导弹实验。

开发导弹防御系统在互联网社会引起了广泛的讨论和批评。一个是担心可行性，另一个是担心使用范围。2012年12月下旬，一些网站公布了新一代无人机将使用超轻、超强激光武器的消息，这引发了新闻网站，其中也包括推特和Facebook的激烈讨论。无人机装备新型激光器的消息，和下面这些名词紧密相关：#Predator，#drone，#drones，#UAV，#HELLADS，#DARPA，#military。

Next generation in genocide，new drone with 'death-ray' laser.（下一代的种族灭绝，新的无人机与"死光"激光器。）（https：//rt.com/news/hellads-drone-predator-darpa-762/… #tlot #tcot #p2）

Next-gen US drone：now equipped with 'death ray' laser（better killing machines）.（美国下一代无人机：现在配备了"死光"激光器（完美的杀人机器）。）（http://po.st/cE7kXf）

Waits for soldiers to materialize from the future to stop #DARPA.（等待未来战士的出现，为了制止#DARPA。）（http://bit.ly/TQSwO0）

少量社交网络的用户在评价HELLADS计划时持怀疑态度，但并不是很负面：

The death ray was a Nikola Tesla invention intended to end war. It did not turnout as he had hoped.（"死光"是尼古拉·特斯拉的发明，目的是结束战争，但是现在的结果却并不是他所期待的。）

I'm skeptical. Next-gen US drone: now equipped with 'death ray' laser.（我持怀疑态度。美国新一代无人机：现在居然装备了"死光"激光器。）（http://bit.ly/STsmcD）

总体而言，术语"死光"是记者杜撰出来取悦互联网社会的产物，而不是相反。部分互联网用户讽刺涉及无人机的新闻时，主要还是受系列电影《星球大战》的影响。

US Govt gives new meaning to 'Pass me the Laserbeam'…（美国政府对"给我一束激光"赋予了新的思想……）（http://rt.com/news/hellads-drone-predator-darpa-762/）

Val Kilmer behind this? #Real Genius | Next-gen US drone: now equipped with 'death ray' laser—RT.（这背后是瓦尔·基摩尔？#真正的天才 | 美国下一代无人机：现在装备"死光"激光器——RT。）（http://rt.com/news/hellads-drone-predator-darpa-762/…via @RT_com）

All I want for Christmas is a High Energy Liquid Laser Area Defense System…（我最想要的圣诞礼物是这个高能液态激光器领土保护系统……）（pic.twitter.com/SDvj5xQe）

Military follows #Star Wars—light saber still missing: High Energy Liquid Laser Area Defense System（HELLADS）.（军人们紧跟#"星球大战"的脚步——只是暂时还没有"激光剑"：高能液态激光器领土保护系统（HELLADS））（http://bit.ly/V2OAZs）

对科研计划的中性评价很少。对HELLADS计划的正面评价几乎没有。

值得注意的是，在DARPA的推特账户上，最后提及激光器是在2011年的6月，计划在2012年年底实现激光器的工作状态。正是在这个时候，在互联网上出现了关于该计划进入最后阶段的新闻，但是DARPA在推特账户上却再也没有发布任何关于激光反导的消息。

1.4.2　项目筹资

1.4.2.1　DARPA资助的历史

DARPA的战略和预算由负责采购、技术与后勤的国防部副部长负责，同时受国防研究与发展部主任的监督。

分配给科研项目的资金数目严格依赖项目的任务。1958 年在 DARPA 面前存在着大量有潜力的军事技术发展领域。这时候 DARPA 资助项目的资金数目是 5 亿美元（相当于 1997 年的 25 亿美元），这使得它可以吸引可观的力量投入研发，并且为将来奠定了基础。图 1.55 所示为 DARPA 的预算动态。

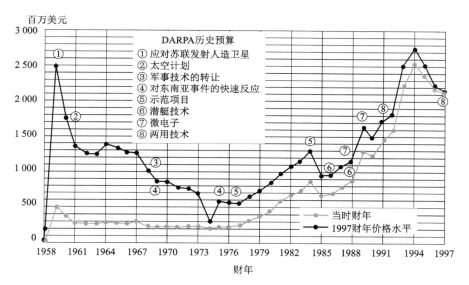

图 1.55　DARPA 从 1958 年到 1997 年科研预算分配情况

（相对于 1997 年价格水平）[53]

在将与太空相关的项目转交给 NASA 以后，DARPA 的预算几乎减少了一半。导致预算减少的另一个原因，就是 20 世纪 70 年代美军在越南遭到了挫败，当时的军事、政治领导人受到社会上弥漫的和平主义影响，由此 DARPA 的预算在一定程度上也被迫压缩了。在经过这些低谷之后，国防领域先进技术的研发预算一直保持稳定的增长直到苏联崩溃，并且随着预算的惯性又持续了一段时间。在 90 年代中期美国总统克林顿得出结论，美国已经完全取得了"冷战"的胜利，并且在国防技术领域获得了领先优势。长期研究的开支不再是迫切的需求,科研资金也被相应地压缩。从总体上看 DARPA 在 39 年时间里的预算总额(从 1958 年到 1997 年)大约为 500 亿美元(按 1997 年价格水平计算)[53]。

DARPA 所有项目的科研与开发预算都依赖国防部的财政拨款。随着美国国债的不断增加,目前已经达到 10 万亿的水平。所以即便是国防部也需要节约资金,使组织机构更加合理化、合并、减少,甚至取消那些无效的、多余的计划。这里还要考虑到美国国防部内部固有的一些缺陷[37]:

——国防部的一些研究项目和军事任务并没有直接关系;

——部分国防部的研究项目在重复其他机构的研究。

如果对美国国防部投入的科研资金和 DARPA 投入的科研资金规模进行比较(图 1.56),可以看出 DARPA 占国防部科研资金分配总额的 20%～25%。这个比例也符合一般的行业惯例,75% 的资金用于现有产品的改进与完善,25% 的资金用于开发有前景的技术。正如我们上面提到的,DARPA 的预算不仅支持在战略层面有前景的计划,并且也支持军队的现实需求项目。

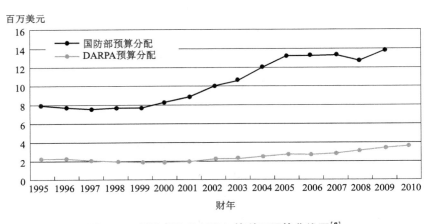

图 1.56 国防部和 DARPA 的科研预算曲线图[8]

在决定项目投资规模时,"风险程度——对军队的意义"(Technical risk—Potential military utility)这一坐标系中的参数将起决定性作用。这种模式的好处是同时具备高风险和高效益（High risk—High pay-off），有利于实现技术突破。

通常，大部分项目是长期的，侧重于解决一些重要的国防问题。这类计划通常占 DARPA 预算的 60%。另一部分项目是低风险高回报（Low risk—High pay-off）的，主要是利用成熟的商业技术满足军队的现实需求，它们占总预算的 20% 左右。还有一部分项目是高风险低回报的（High risk—Low pay-off）的，它们占预算的 20%。这类项目主要从事军民两用技术的开发，这些技术既可以占据私营企业的市场空间，也有利于提高军队的作战效率。

如果对 DARPA 研究方向的优先程度进行对比，表 1.3 清楚地表明，对于新项目资金需求的变化，DARPA 能够做出快速的反应。例如，"先进电子技术"项目的开支从 1999 年到 2005 年就缩减了 60%，而"信息科学"计划的开支却增加了 4 倍。

表 1.3 DARPA 1999—2005 财年主要研究方向的开支[54]

项目＼财年	1999	2000	2001	2002	2003	2004	2005
	DARPA 的预算/百万美元						
先进电子技术	260.3	252.4	191.8	188.3	173.9	163.4	149.9
材料技术	268.6	242.3	249.8	230.3	215.3	218.6	230.6
信息科学	12.2	19.2	38.4	40.6	40.7	40.7	45.7
下一代互联网	41.2	36.5	15	0	0	0	0
全球系统	156.1	163.6	149.3	114.8	132.8	134	145.7
信息的生存能力	56.9	65.7	92.8	98.7	105.8	104.5	110
运算系统和通信技术	309.1	320.6	376.6	347.8	355.4	355.9	364.3
网络系统	0	5.4	13.5	12.8	25	30	42
生物武器的防护	84	131.7	162	160.2	169	189	205
战术技术	158.9	142.5	121	126.7	151.1	161.6	174.3
指挥、控制与通信系统	171.4	185.9	128.9	130.7	136.5	144	153

续表

项目 \ 财年	1999	2000	2001	2002	2003	2004	2005
	DARPA 的预算/百万美元						
传感器与目标指示技术	199.4	177.6	182.2	203.4	229.5	254.4	276.9
军事科学	57.4	67.6	90.4	94.3	96.4	96.3	96.1
DARPA 的总预算	1 888	1 876	1 951	1 960	2 002	2 018	2 045

在对 DARPA 2000 年后的预算进行评估后可以发现，最近 10 年科研项目的资金一直在持续增加，并且目前依然保持着一个较高的水平。根据 2012 年 2 月提交的 2013 财年预算，2013 财年 DARPA 对科研项目的投入为 28.1 亿美元（为了便于比较，请参考表 1.5：2012 财年预算是 28.1 亿美元，2011 财年预算是 31 亿美元，2010 财年是 29.9 亿美元，2009 财年是 30.1 亿美元）。

2009 财年 DARPA 各预算部门的研究方向，见表 1.4。

表 1.4 2009 财年 DARPA 部门根据预算分配划分的研究方向

战略方向	DARPA 的部门	预算计划的活动
高精度武器系统	IPTO STO	指挥、控制与通信系统 网络中心战技术 感知技术 制导技术 远程控制技术
统一的全球信息网	IPTO STO	网络安全 信息技术与通信 指挥、控制与通信系统
城市环境下的军事行动	DSO IPTO STO TTO	战术技术 指挥、控制与通信系统 网络中心战技术 感知技术

续表

战略方向	DARPA 的部门	预算计划的活动
无人遥控系统	TTO STO	战术技术 航空航天系统 网络中心战技术
地下结构的探测与识别	STO	感知技术
太空	STO TTO	太空计划与技术
提高美军作战效能	IPTO	信息技术与通信 认知计算机系统
生物技术	DSO STO	生物威胁的防护 材料与生物技术
先进技术		
量子技术	DSO MTO STO	以军事为目的的科学研究 电子元器件
生物—信息—微型化	DSO	以军事为目的的科学研究
材料	DSO	以军事为目的的科学研究 材料与生物技术
能源	DSO STO	材料与生物技术
微系统	MTO DSO	以军事为目的的科学研究 电子元器件
信息技术	IPTO MTO DSO	以军事为目的的科学研究
数学	DSO	以军事为目的的科学研究 战术技术
科学与制造技术	MTO	电子元器件
激光	TTO MTO	战术技术

2013 财年 DARPA 的预算草案由一个 316 页的文件组成，合理分配了所有项目所需资金，并对所有项目的研究方向和期待的成果做出了简要的说明（图 1.57）。

DARPA 预算的基本分配方向：
（1）基础研究；
（2）应用研究；
（3）先进技术的发展；
（4）对研究、开发和技术保障的行政支持。

图 1.57　DARPA 预算报告的封面[68]

一些段落还包含有小节，在这些章节中描述了具体的计划。研究经费的规划是很详细的，并且一直规划到项目的中期——2017 年。这份文件很容易激发大家的兴趣，并且包含了大量的事实数据。我们这里列出了它的基本条款。

见表 1.5~表 1.26[68]。

表 1.5　2007—2013 财年 DARPA 基础研究项目的开支

财年 研究方向	2007	2008	2009	2010
	DARPA 的预算/千美元			
基础研究	139 521	168 005	187 157	205 915
以军事为目的的科研	139 521	168 005	187 157	205 915
医学实验	—	—	—	—
应用研究	128 0370	1 145 258	1 259 191	1 155 137
生物医学技术	—	—	—	—
信息技术与通信	228 073	184 664	236 531	272 191
认知计算机系统	165 395	157 897	122 810	144 236
人工智能	—	—	—	—
生物威胁的防护	99 926	64 127	163 993	40 418
战术技术	300 721	260 219	316 166	248 683
材料与生物技术	270 513	297 030	238 172	270 207
电子元器件	215 742	181 321	181 519	179 402
先进技术的发展	1 360 847	1 231 594	1 358 081	1 480 742
航空航天系统	58 414	55 256	38 252	258 278
太空计划与技术	222 300	146 494	226 369	183 477
先进的电子技术	212 889	163 386	192 686	194 094
指挥、控制与通信系统	229 399	242 540	297 643	269 198
陆军作战行动中应用的技术	36 658	19 104	—	—
DARPA 的秘密计划	147 159	186 582	193 690	177 582
网络中心战技术	137 063	132 962	133 138	138 361
感知技术	89 795	170 518	182 583	222 866
远程控制技术	127 170	114 752	93 720	36 886
行政开支	127 423	126 049	210 235	149 445
DARPA 内部调配	—	—	27 924	44 812

续表

研究方向 \ 财年	2007	2008	2009	2010
	DARPA 的预算/千美元			
科研总部	48 766	51 480	53 569	54 842
计算机安全	—	—	49 865	49 791
总计	2 908 161	2 670 906	3 014 664	2 991 239

研究方向 \ 财年	2011	2012	2013
	DARPA 的预算/千美元		
基础研究	328 195	328 643	348 727
以军事为目的的科研	328 195	290 773	309 051
医学实验	—	37 870	39 676
应用研究	1 272 679	1 218 603	1 174 643
生物医学技术	—	95 000	110 900
信息技术与通信	281 262	354 125	392 421
认知计算机系统	90 143	49 365	30 424
人工智能	44 682	52 276	—
生物威胁的防护	32 692	30 421	19 236
战术技术	224 378	202 422	233 209
材料与生物技术	312 586	219 816	166 067
电子元器件	286 936	215 176	222 416
先进技术的发展	1 425 140	1 195 842	1 222 208
航空航天系统	303 078	98 878	174 316
太空计划与技术	98 130	97 541	159 704
先进的电子技术	197 098	150 286	111 008
指挥、控制与通信系统	219 809	261 606	237 859
陆军作战行动中应用的技术	—	—	—
DARPA 的秘密计划	167 008	79 824	3 000

续表

财年 研究方向	2011	2012	2013
	DARPA 的预算/千美元		
网络中心战技术	234 985	208 503	236 883
感知技术	205 032	271 802	299 436
远程控制技术	—	—	—
行政开支	77 257	72 689	71 568
DARPA 内部调配	11 000	1 000	—
科研总部	56 257	66 689	69 767
计算机安全	10 000	5 000	1 801
总计	3 103 271	2 815 777	2 817 176

1.4.2.2 基础研究

DARPA 预算的分配（表 1.6），旨在从生物学、信息科学、微电子学和材料科学领域取得成果，服务美国国防和国家安全目标。科研目标是获取一些长期的成果，以保持美国在该领域的技术领先优势。

在生物、信息、微型化问题研究领域面临着一项重大任务，就是通过对生物学、信息技术、微观物理展开系统性的学科交叉研究以获取突破性成果。具备基础的科学知识，才能服务先进技术的长远发展。所谓突破性方法的基础，就是对信息和物理方法进行综合使用，以完成生物体的结构模拟和功能模拟，初期实现分子基因层面的，中期实现细胞组织器官层面的，最终实现生物体整体层面的建模。

表 1.6 DARPA 2009—2017 财年基础研究项目的开支

千美元

财 年	2009	2010	2011	2012	2013
生物/信息/ 微型化问题	39 488	39 541	47 799	35 009	39 678
数学与计算技术	33 345	46 558	52 560	59 492	67 601

续表

财年	2009	2010	2011	2012	2013
网络安全	—	—	—	16 667	25 000
电子元器件	62 174	57 057	74 477	42 145	53 163
材料学	52 150	62 759	90 916	99 506	76 340
人—机系统	—	—	21 809	37 954	47 269
总计	187 157	205 915	287 561	290 773	309 051
财年	2014	2015	2016	2017	
生物/信息/微型化问题	36 125	36 248	37 248	40 925	
数学与计算技术	68 342	68 412	73 812	76 451	
网络安全	33 333	41 667	50 000	50 000	
电子元器件	37 876	45 876	36 876	36 752	
材料学	76 450	76 824	79 824	90 263	
人—机系统	63 441	59 561	64 561	65 000	
总计	315 567	328 588	342 321	359 391	

"数学与计算技术"计划主要从事新计算模型的开发以及自我认知型分布式网络系统领域的科学研究与实验。其中一个重要任务就是建立"人—机""机—机"之间互动的新模式，在更高的抽象层面上提高运算速度和信息处理效率，建立计算机网络和软件的新架构。同样，需要提高国家政治、军事领导人和科学界人士对科研成就实际应用效果的认知。

支持网络安全方面的工作，重点是保护联网的计算机系统与关键性基础设施（发电厂和输电网、交通运输系统、军事系统、城市供电系统和供水系统、金融系统等）。

在电子领域，主要注意力集中在电子和光电子元器件及设备方面，目的是支持新技术的发展，以实现信息的实时接收、处理和转发，支持快速决策。该领域的另一个重要任务是提高生产率并降低军用电子设备的成本。

材料领域重点研究物质合成，建立高能紧凑型电源，在纳米技术基础上实现电子元器件尺寸的分子化。

建立"人—机"系统的工作是一个包括信息技术、社会科学、生命科学、制造业和商业等领域的先进跨学科研究。这个计划联合多个学科以提高军队对需求、局势和威胁突然发生变化时的适应能力，而这些变化很可能会妨碍甚至破坏军事行动。工作的基本目标就是发展以人为本的网络技术和"人—机"系统，并使之达到工程设计阶段。

1.4.2.3 应用研究

（一）信息技术和通信

该计划（预算见表1.7）重点是在计算机和通信技术领域组织和开展研究，以具体操作为导向，以期获得显著成果。

在发展高能、高效、便于管理的计算机系统架构时，要特别注意软件和运算系统的设计，它们可以显著提高信息技术在服务国家安全时的使用效率。DARPA一直密切关注超级计算机和嵌入式计算系统。在这个研究方向上，科研资金的分配见表1.8（第三行）。

META计划旨在开发新方法来设计网络系统的物理结构，提高嵌入式计算系统工作能效，包括建立动态编译器计划和支持高性能运算计划。设想动态编译器显著简化应用程序的开发，可以根据不同的特定任务自动生成编译代码。高性能运算系统支持的子计划目标是建立一个超过每秒1万亿次的运算系统作为技术基础。整个工作目标就是减少无人机和无人水下设备中嵌入式计算机系统的能耗。分计划"云"正在研究利用这种技术的优势为国防部服务。"云"计划的原理是将计算任务从用户终端计算机传输到远程计算资源共享池，这样可以显著提高工作效率，降低运营成本。

信息的真实性、完整性和保密性以及通信系统的生存能力（表1.7）依赖保护无线移动通信系统不受未经授权的访问或破坏。目前开发的技术目标是确保现有信息系统在国防和安全领域应用的高度可靠性。特别值得注意的是要降低信息安全方面的开支。

表 1.7　DARPA 2009—2017 财年在信息技术和
通信领域应用研究的开支

千美元

财　年	2009	2010	2011	2012	2013
高能、高效、便于管理的架构	93 447	91 757	74 976	85 358	107 371
可靠性和生存能力	67 840	113 647	109 608	178 419	170 642
语言翻译	75 244	66 787	55 047	67 015	64 408
军事情报系统的安全性	—	—	—	23 333	50 000
总计	236 531	272 531	239 631	354 125	392 421
财　年	2014	2015	2016	2017	
高能、高效、便于管理的架构	115 168	115 092	116 092	121 704	
可靠性和生存能力	174 185	185 491	190 491	195 808	
语言翻译	72 521	71 248	51 248	51 248	
军事情报系统的安全性	66 667	83 333	100 000	125 000	
总计	428 541	455 164	457 831	493 760	

表 1.8　DARPA 2011—2013 财年在信息技术和通信领域的
应用研究"高能、高效、便于管理的架构"项目的开支

千美元

财　年	2011	2012	2013
"高能、高效、便于管理的架构"项目总开支	74 976	85 358	107 371
META 项目	49 000	56 000	75 000
嵌入式计算系统的能源效率	22 270	24 126	25 371
"云"架构	—	—	7 000
高性能计算系统	3 706	5 232	—

语音方面的计划是开发可以翻译各种语言的设备，任务要求保障具备翻译大量不同来源的信息的能力，甚至包括自然语音。翻译包括将外语翻译成英语和将英语翻译成外语。此外，该计划还提供了一种可能性，通过翻译信息可以帮助确认一些重要的、关键性的目标。

军事情报系统的安全性极其重要，从表1.7中可以看到，用于这一目的的支出一直在增长。在这个方向上的工作集中在技术开发领域，目标是提高军事情报系统安全性，特别是涉及网络中心战概念，涉及地理上分散力量的管理，以解决全球范围内的战略、战役和战术任务。

（二）认知型计算系统

认知型计算系统领域的研究，在整个预算周期的资金支持一直在持续下降（表1.9）。认知原则是信息技术的革命性突破，这将创建一个自我学习的自主型信息系统，它不仅可以处理信息，而且还充当专业知识的生成器。

表1.9 DARPA 2009—2017财年在认知型计算系统和人工智能领域应用研究的开支

千美元

财 年	2009	2010	2011	2012	2013
认知计算	81 549	99 825	43 546	15 674	13 542
通用的认知系统界面	41 261	44 411	38 250	33 691	16 882
总计	122 810	144 236	81 796	49 365	30 424
财 年	2014	2015	2016	2017	
认知计算	8 578	8 840	8 840	15 751	
通用的认知系统界面	15 827	15 992	7 087	8 703	
总计	24 405	24 832	15 927	24 454	

人工智能领域的研究早于认知型计算系统的研究。从2011年起，人工智能的研究被划分成单独的一块，并强调了这个研究方向的重要性

（表1.10）。

表1.10 DARPA 2009—2017财年在人工智能领域应用研究的开支

千美元

2009年	2010年	2011年	2012年	2013年	2014年	2015年	2016年	2017年
—	—	34 773	52 276	—	—	—	—	—

认知型计算领域的开发活动主要目标是在认知型计算系统中实现对算法的自我编程和自我学习。这种模式赋予了在周边条件发生变化时，信息系统自我调整的可能性、自动转换配置、提高自我稳定性和生存能力（工作能力），并减少对人工干预的依赖。

集体型认知系统容许战地指挥官，特别是在自主条件下，提高对部队行动的控制与指挥效率，使得各单位间的互动更加协调、更有组织性。这个计划的关键性领域包括决策系统的自主化支持技术、信息交换技术和通信保障技术。

（三）针对生物威胁的防护

该分项的科研项目预算（表1.11）主要投入发展先进技术的领域，预防生物与化学攻击后的病理影响。注意力主要集中于寻找新的途径防护生物威胁，并加强与从事此类问题研究的其他国家机构的互动。

表1.11 DARPA 2009—2017财年在生物威胁防护领域应用研究的开支

千美元

2009年	2010年	2011年	2012年	2013年	2014年	2015年	2016年	2017年
163 993	40 418	35 318	30 421	19 236	27 008	27 076	25 425	23 651

生物威胁防御计划的目标是研究如何防止生物与化学有害物质的影响，并尽量减少使用活性物质的副作用。对有毒性病原体的出现做出及时的医疗诊断，研究它们的分子作用机理，建立战略和战术级生物与化学传感器，研究净化和中和的方法，发展一体化安防系统。该计划还包括建立一整套独特的技术，缩短从发现威胁到采取对策的反应周期。

（四）战术技术

在战术技术领域的应用研究（预算见表 1.12）集中在新一代战术技术体系的发展上。海军对这个计划非常感兴趣，它可以提高中、小型水面舰艇在恶劣天气条件下的生存能力和作战效能。该计划的研究领域主要包括：舰艇自我防御技术、水下运动的创新技术、在河口和近岸执行军事行动的可行性、小型船舶流体特征的预测研究。

表 1.12 DARPA 2009—2017 财年在战术技术领域
应用研究的开支

千美元

财　年	2009	2010	2011	2012	2013
海军作战行动技术	60 373	32 654	36 062	37 740	59 473
陆军分队先进技术	40 732	29 202	17 529	34 857	233 209
先进战术技术	12 827	81 739	68 304	58 539	25 797
航空技术	31 316	31 956	10 298	27 876	25 573
网络中心战技术	60 918	73 132	73 678	43 410	81 389
总计	316 166	248 683	205 871	202 422	
财　年	2014	2015	2016	2017	
海军作战行动技术	62 842	63 392	57 392	44 839	
陆军分队先进技术	36 551	35 609	35 609	35 185	
先进战术技术	26 545	29 716	50 616	70 443	
航空技术	23 655	24 806	24 806	26 245	
网络中心战技术	87 258	94 924	94 828	86 200	
总计	236 851	248 447	263 251	262 912	

为地面分队开发先进技术，主要目标是帮助美军提高应对传统军事威胁的效率和生存能力，以及开发新的方法应对非传统战争的威胁。重点是发展提高军队作战效率的技术，同时要减少在敌人面前暴露的时间。

该计划主要研究领域包括：

——紧凑型固态激光器应用的特殊性；

——用于信号处理、目标捕获和目标跟踪的高性能计算算法；

——电磁波传播的特殊性；

——制造微电子元器件原材料的加工方法；

——精密光学元器件；

——天基电子战系统；

——为提高航空运输装备的生存性开发的新型战术系统；

——配有喷气式发动机的新式武器系统；

——技术先进的太空系统。

在航空领域主要研究方向是开发可多次使用的高超声速飞行器；新型低噪声直升机叶片；小型、便宜、耐磨损的无人机，用于反无人机作战；具有短距离起降能力的固定翼飞机。

网络中心技术的发展目标是开发用于战术行动的仪器和设备，它们被用于对目标的跟踪、识别和捕获。其面临的任务是在冲突地区对所有的情况变化进行实时跟踪，以利于指挥官作出快速决策。

（五）材料和生物技术

该应用研究的计划目标（预算见表1.13）主要是开发新型材料和生物系统，为美军未来的发展提供了一个全新的机遇。

材料技术的发展目标，是打造具有新型结构和功能的材料，以及开发对其加工和制造的先进方法。这些技术旨在降低成本、提高作战平台和系统的性能。研究开发在外部环境发生变化时可以改变自己属性的"智能"材料，以及其他新型军用材料。

表1.13 DARPA 2009—2017财年在新材料以及生物和能源领域应用研究的开支

千美元

财 年	2009	2010	2011	2012	2013
材料的生产技术	117 721	141 362	166 249	107 592	128 444
利用生物技术开发的材料和装置	120 541	128 845	112 455	49 645	37 623
战术和战略能源技术	—	—	—	62 579	—
总计	238 172	270 207	278 704	219 816	166 067

续表

财　　年	2014	2015	2016	2017
材料的生产技术	145 829	153 818	158 114	171 828
利用生物技术开发的材料和装置	45 534	47 498	51 849	50 000
战术和战略能源技术	—	—	—	—
总计	191 363	201 316	209 963	221 828

一方面，在开发新型材料和设备时，生物科学的影响越来越大，另一方面，物理和化学也影响着生物学和生物化学领域的研究方向，这种影响也要求划拨出单独的预算，在生物学基础上开发新型材料和设备。其中包括可用于军事领域的仿生材料和生物化学材料、独特的新型生物材料制造技术、应用于生物领域的磁性材料、开发具有生物成分的材料合成技术。此外，还要不断研究和开发新型假肢。

"战术和战略能源技术"计划的目标是建立新一代的能源存储技术。

（六）电子

应用研究的设想主要涉及微电子领域，表1.14为部门预算。

表1.14　DARPA 2009—2017财年在电子领域应用研究的开支

千美元

2009年	2010年	2011年	2012年	2013年	2014年	2015年	2016年	2017年
181 519	179 402	256 631	215 178	222 416	222 218	246 630	277 900	257 534

微电子装备一直对国防科技的发展有着显著而持续的影响，它可以有效地提高装备的性能，对敌方实施更有效的侦察和打击行动，同时保障己方的信息优势。该计划研究领域主要是开发新型数字或模拟的光子、电子系统，以及全新的材料和结构，并研究其后续使用。

1.4.2.4 先进技术的发展

（一）航空航天系统

该计划（预算见表1.15）的实施方向是降低机载导航系统的成本，以及为满足美军的当前和未来需求开发新型技术。特别关注对出现的太空威胁进行研究和评估、新概念导弹的开发、弹药和补给系统。

表1.15 DARPA 2009—2017财年航空航天系统应用研究的开支

千美元

2009年	2010年	2011年	2012年	2013年	2014年	2015年	2016年	2017年
38 252	258 278	234 389	98 878	174 316	124 530	104 474	106 474	129 352

下面我们看看该研究方向的部分详细开支（表1.16）。

表1.16 2011—2013财年"航空航天系统"部分项目开支

千美元

"航空航天系统"部分项目	2011年	2012年	2013年
Vulture（"秃鹫"）	40 000	12 000	10 000
Persistent Close Air Support（PCAS）（持续的近距离空中支援）	18 600	18 500	20 216
Advanced Aerospace System Concepts（先进航空航天系统概念）	3 000	3 000	3 000
Integrated Sensor is Structure（ISIS）（集成传感器结构）	21 700	5 000	5 000
Triple Target Terminator（T3）（三类目标终结者）	18 891	30 820	38 500
Long Range Anti-Ship Missile Demonstration（LRASM）（远程反舰导弹示范）	67 560	24 490	39 000
Collaborative Hypersonic Research（CHR）（高超声速飞行器）	—	—	11 000
VTOL（Vertical Take-Off and Landing）X-Plan（垂直起降X-计划）	—	—	9 600
Hypersonic Technologies（超声速技术）	—	—	38 000

"秃鹫"（Vulture）无人机项目正是为了替代昂贵的卫星网络而开发的，它可以用来传输作战和情报信息。它的基本理念是使用太阳能，不间断滞空时间长达 5 年。

"持续的近距离空中支援"（Persistent Close Air Support，PCAS）项目的主要目标是开发新技术，以提高航空火力对地面行动的支援效率，并减少"友军火力"的伤害。要做到这一点，需要高质量地改善机载联合火控系统（Joint Terminal Attack Controllers，JTAC）和地面作战部队之间的接口。关键性因素是：有人或无人航空火力打击平台，下一代图形使用界面，数据传输通道，制导、控制、打击系统数字化。

"先进航空航天系统概念"（Advanced Aerospace System Concepts）项目旨在从军事领域应用的角度研究航空航天技术，对现有资源和潜在的技术风险进行可实现性评估。对未来可能出现的太空威胁进行方法和技术分析有着很大的意义。上述领域的工作方向对当前和未来 DARPA 研究课题的形成有着直接的影响。

"集成传感器结构"（Integrated Sensor is Structure，ISIS）项目是发展平流层飞艇，配备大功率雷达侦察地面目标和巡航导弹。飞艇具有持续数年巡航的能力，使用太阳能动力，99% 的时间都可以执行任务，并且具备 10 天内到达全球任意地点的能力。

"三类目标终结者"（Triple Target Terminator，T3）项目的主要目标是研发通用型高速远程导弹，可以消灭三类不同的目标——飞机、巡航导弹和地面防空系统。该导弹计划装备在 F-22、F-35 系列飞机及无人飞行平台上。预计该种武器配合网络中心战的综合应用将显著提高空军的作战效能。

"远程反舰导弹示范"（Long Range Anti-Ship Missile Demon-stration，LRASM）项目主要是开发先进的远程反舰导弹。

"高超声速飞行器"（Collaborative Hypersonic Research，CHR）项目将和国防部的"常规快速全球打击"（Conventional Prompt Global Strike，CPGS）项目配合实施。

"垂直起降 X-计划"［VTOL（Vertical Take-Off and Landing）X-

Plan]主要是改善飞机的垂直起降性能。

（二）太空计划与技术

该计划预算（表 1.17）的实施方向是降低先进太空系统的成本，并为美军开发新的应用。

表 1.17　DARPA 2009—2017 财年在太空计划与技术领域研究的开支

千美元

2009 年	2010 年	2011 年	2012 年	2013 年	2014 年	2015 年	2016 年	2017 年
226 369	183 477	88 777	97 541	159 704	232 546	234 308	225 308	194 186

太空力量的组织结构应当能有效防止潜在对手构成的潜在威胁。保障美国太空行动安全的基础是：

——不间断地监控太空态势，及时捕获、识别潜在的威胁及其来源；

——保障太空力量快速增长的能力及在紧急情况下开发必要的作战潜力；

——保障美国可以自由地进入空—天空间；

——具备消灭潜在的敌方太空目标的能力；

——创建一个灵活的构架，支持轨道分组；

——保证太空系统和地面用户之间的可持续互动。

这个研究方向费用的详细构成见表 1.18。

表 1.18　2011—2013 财年"太空计划与技术"部分项目开支

千美元

"太空计划与技术"部分项目	2011 年	2012 年	2013 年
System F6（F6 系统）	35 000	40 000	48 000
Airborne Launch Assist Space Access（ALASA）（机载辅助发射空间访问）	5 000	12 000	29 000
Space Surveillance Telescope（SST）（太空监视望远镜）	10 840	10 041	10 204

在所有这些得到资助的项目中，比较有意思的计划有组建模块化系

统"虚拟空间站"System F6，利用货运飞机发射卫星的Airborne Launch Assist Space Access（ALASA）计划，以及利用地面望远镜来监视太空空间的Space Surveillance Telescope（SST）计划。

（三）电子领域的先进技术

该领域的科研（预算见表1.19）主要集中于材料的制造和加工工艺，这些材料用于生产电子（微电子）设备、传感器、驱动器等。根据设想，它们具有军用或者潜在的商用价值。其中特别值得注意的是微机电系统和集成电路的开发。

表1.19 DARPA 2009—2017财年在电子领域研究的开支

千美元

财年	2009	2010	2011	2012	2013
微机电系统和集成电路系统	63 439	77 963	77 179	62 053	36 466
技术集成	122 247	109 131	103 939	88 233	74 542
总计	192 686	194 094	181 118	150 286	111 008
财年	2014	2015	2016	2017	
微机电系统和集成电路系统	43 188	29 642	37 642	32 095	
技术集成	61 477	71 770	57 770	56 748	
总计	104 665	101 412	95 412	88 843	

在微机电和集成电路领域，主要是研究统一算法的可行性以及为研发新一代武器系统开发新型传感器。该计划的内容还包括：开发先进设备与系统的技术概念；研发适合武装部队需求的微机电设备；开发相关技术以加快微机电生产设施的发展。

技术集成的目标是，在先进微电子联合应用及其他领域取得成果。这也是DARPA的计划目标。开发混合动力技术促进研发新型微系统，类似的低成本、低功耗的微系统可以提高战备能力并更好地保障军人的安全，提高作战平台的性能。

（四）指挥、控制与通信系统

指挥、控制与通信系统（预算见表1.20）的研究计划侧重于提高信息实时接收、处理、上传给指挥官的能力，提高行动计划的质量，提高决策效率并监控作战任务完成过程。

表1.20 DARPA 2009—2017财年在指挥、控制与通信系统领域研究的开支

千美元

财年	2009	2010	2011	2012	2013
指挥与控制的信息系统	40 870	89 702	56 914	52 503	16 487
信息集成系统	163 681	91 301	87 841	88 476	122 669
信息与网络系统的保护	—	—	8 400	32 030	42 840
机密项目	93 092	88 195	47 438	88 597	55 863
总计	297 643	269 198	200 593	261 606	237 859
财年	2014	2015	2016	2017	
指挥与控制的信息系统	8 237	8 632	8 632	11 510	
信息集成系统	121 083	120 291	130 291	129 730	
信息与网络系统的保护	53 520	54 210	55 000	55 000	
机密项目	62 101	62 672	59 823	57 283	
总计	244 941	245 805	253 746	253 523	

指挥与控制的信息系统旨在完善和试验新型安全架构及加强作战分队和武器系统的管理。这是陆军地面作战分队在复杂地形和城市环境中面临的突出问题，主要任务是保障指挥官有效掌控自己的分队所在区域的情况，准确掌握己方、敌方、友军的部署及运用智能信息系统要素的能力。

综合信息系统被设计用于将各种渠道获得的信息进行汇总并以各种

形式呈现在网络中心战这个统一的画面中。

由于信息系统在各种武器系统中不断增加，保护计算机网络中处理的信息有着巨大的意义。

（五）陆军作战行动中应用的技术

该计划（预算见表 1.21）主要是发展陆军作战分队感兴趣的技术。该计划预算已经于 2008 年执行完毕，但是项目依然在美国国防部的其他项目下继续实施，重点研究轻装陆军分队在城市战条件下的技术支持。

表 1.21 DARPA 2007—2008 财年发展陆军作战行动中的应用技术的开支

千美元

财　年	2007	2008
快速反应打击技术	17 304	19 642
未来作战系统	19 354	—
总计	36 658	19 642

（六）网络中心战概念

网络中心战概念提出，所有作战分队和武器系统要联合使用统一的信息系统。它允许你在系统中创建和使用反映作战态势的完整画面（Common Operation Picture，COP）。为此而开发的技术需要保证整体上的视野，以利于各个层面上的决策——从战略规划到战术行动，也包括城市战（预算见表 1.22）。

表 1.22 DARPA 2009—2017 财年发展网络中心战技术的开支

千美元

财　年	2009	2010	2011	2012	2013
联合作战系统	46 148	50 765	61 875	61 087	68 593
海军系统	16 920	32 677	41 839	49 704	54 250
机密项目	70 070	54 919	115 471	97 712	114 040
总计	133 138	138 361	219 185	208 503	236 883

续表

财　年	2014	2015	2016	2017
联合作战系统	70 793	73 873	69 217	71 312
海军系统	57 011	53 096	39 096	40 535
机密项目	117 880	115 173	124 338	130 531
总计	245 684	242 142	232 651	242 378

综合作战系统计划的实施目标,集中于实现所有层面上管理与通信一体化,要求美军具有在远离本土的地方展开军事行动的能力,并能迅速地对全球任意地点出现的威胁做出及时而有效的反应。为此,必须保障通信系统、情报系统及导航设备的兼容性。而美国陆军面临的另一个任务是减少作战地区的平民伤亡,特别是在城市条件下的作战行动。

为适应海军的要求,网络中心战在海洋系统背景下做出了技术调整。特别值得注意的是为潜艇、水面舰艇、航空兵和指挥中心建立可靠的、高效的通信系统,使得它们可以在统一的信息空间操作。

(七)传感器技术

该计划(预算见表1.23)主要是发展新型技术,以提高现有设备观测、捕获目标的精度。所有现代化的武器系统和指挥系统都配有大量的传感器,由此可见它们的重要性。开发现代武器和指挥系统,其中一个最重要的任务是发展传感器,提高侦察效率。

表1.23　DARPA 2009—2017 财年发展传感器技术的开支

千美元

财　年	2009	2010	2011	2012	2013
侦察与反侦察技术	63 703	50 619	29 450	38 868	54 415
传感器与数据处理系统	118 880	99 486	109 476	85 495	96 317
分析系统	—	33 455	62 995	83 999	65 619
机密项目	—	39 306	55 859	63 440	83 087
总计	182 583	222 866	257 780	271 802	299 438

续表

财　　年	2014	2015	2016	2017
侦察与反侦察技术	47 364	47 965	47 965	295 392
传感器与数据处理系统	94 445	94 971	94 971	47 404
分析系统	55 199	57 013	57 013	108 986
机密项目	76 597	76 373	76 373	60 013
总计	273 605	276 322	275 481	295 392

侦察与反侦察技术的发展，主要表现为积极应用信号处理领域、高性能计算领域及微电子领域最新的技术成果，建立一个先进的目标监视、捕获系统，预计可在任何天气条件下对敌方领土实现不间断的侦察，为美军作战行动提供情报保障。此外，这一计划中还包括发展几种先进的作战方式以应对潜在的军事威胁。

传感器和数据处理系统被设计为符合以下基本要求：
——结合来源不同的信息对情况进行综合评估；
——识别隐蔽的、伪装的和移动的目标；
——实时交互式识别方式；
——实时进行战斗伤亡情况评估；
——侦察与火力控制。

1.4.2.5　研究和开发的行政支持

该计划的财务费用（表1.24）包括员工工资、场地租赁、安保费用、差旅费、设备费、通信费、印刷成本。

表1.24　DARPA 2009—2017财年行政总部的开支

千美元

财年	2009	2010	2011	2012	2013	2014	2015	2016	2017
保障性开支	53 569	54 842	56 393	66 689	69 767	71 640	73 236	75 170	77 455

网络安全

该计划（预算见表 1.25）资助的项目与网络安全有关。工作内容保密。

表 1.25　DARPA 2009—2013 财年在网络安全领域的开支

千美元

2009 年	2010 年	2011 年	2012 年	2013 年
49 865	49 791	9 949	5 000	1 801

1.4.2.6　机密计划

尽管最大限度地对科研项目保持透明是 DARPA 工作的基本原则之一，但是依然有一些计划被称为"黑"计划（DARPA Black Programs），根据美国国防部的特别访问程序（Special Access Program，SAP），它们属于机密。其中，在 1997 年就有大约 150 个计划属于特别访问程序，它们大部分是国防部和中情局及能源部的合作项目。这种计划分为三大类：科研实验类、已开发的秘密武器在作战中的应用、和侦察行动相关联的装备。

自 1994 年以来，特别访问程序的管理已移交给五角大楼特别监督和协调委员会（Special Access Program Oversight Committee，SAPOC）——该委员会负责监督特别访问程序。该委员会在组建之初包括约翰·迪奇（John Deutch）——国防部副部长（担任委员会主席）；保罗·卡明斯基（Paul Kaminski）——负责采购与技术的国防部副部长（Under Secretary of Defense for Acquisition and Technology）；沃尔特·斯洛科姆（Walter Slocombe）——负责国防政策问题的国防部副部长（Under Secretary of Defense for Policy）；威廉·A·欧文斯（William A. Owens）——海军上将、参谋长联席会议副主席（Vice-Chairman, Joint Chiefs of Staff）；小埃米特·佩奇（Emmett Paige Jr.）——国防部长助理，负责指挥、控制、通信和情报工作［Assistant Secretary of Defense（Command, Control, Communications & Intelligence）］；麦克·科斯特尼克（Mike Kostelnik）——准将、国防部采购与技术部门负责

人，SAPOC 成员兼任 SAPOC 执行秘书、SAPCO 主任——SAPOC 协调处负责人（SAP Coordinating Office）。

似乎有必要更详细地了解秘密计划的预算情况和将 DARPA 一般机构与国防部的一般机构开支对比后进行分析（表 1.26）。

表 1.26 DARPA 2007—2013 财年机密计划占研发开支的比重

千美元

财 年	2007	2008	2009	2010
DARPA 在研发领域的开支	2 908 161	2 670 906	3 014 664	2 991 239
机密项目的开支	147 159	186 582	193 690	177 582
机密项目占研发开支的比重/%	5.0	6.9	6.4	5.9
财 年	2011	2012	2013	
DARPA 在研发领域的开支	2 825 157	2 810 777	2 810 777	
机密项目的开支	79 824	107 226	3 000	
机密项目占研发开支的比重/%	2.8	3.8	0.1	

从表 1.26 可以看出，到 2010 年秘密计划的预算总额占 DARPA 全部科研预算的 5%～7%。2008 年之后秘密计划的占比在稳定地减少，到 2013 年秘密计划的预算实际上已经终止（从 2008 年的 6.9% 下降到 2013 年的 0.1%）。

表 1.27 显示了美国国防部及下属独立管理机构（DARPA 就是其中的一个机构）开放的和非开放的研究与开发项目的预算开支演变。国防部非开放的研究与开发项目预算开支大体稳定在 22%，尽管近些年出现了增加的趋势。而不同军种间秘密计划的预算开支差别明显。陆军的秘密计划开支基本没有，而海军的秘密计划开支一直在稳步下降（从 2001 年的 14% 下降到 2013 年的 7%），而空军的秘密计划开支反而在增长（从 2004 年的 35% 增长到 2013 年的 44%）。国防部独立管理机构秘

密科研与开发计划一直保持稳定增长（从2002年的14%增长到2013年的22%）。这些说明，DARPA和国防部其他独立机构相比，科研预算更加开放。

表1.27 美军公开和秘密的研究计划开支及
国防部独立管理的开支[69]

10亿美元

财 年	2001	2002	2003	2004	2005	2006	2007
陆军							
总开支	6.2	7	7.6	10.2	10.6	9.7	16.8
机密项目开支	0.1	0.1	0.1	0.2	0.1	0.1	0.1
机密项目开支所占比重/%	3	2	1	2	1	1	1
海军							
总开支	9.5	11.4	13.7	14.8	16.9	18	16.9
机密项目开支	1.3	1.5	1.9	2	2	2.3	2.4
机密项目开支所占比重/%	14	14	14	13	12	13	14
空军							
总开支	14.3	14.5	18.9	20.2	20.8	22.6	24.4
机密项目	5.2	5.4	6.8	7	7.2	7.9	9.6
机密项目开支所占比重/%	36	38	36	35	35	35	39
国防部独立管理机构（包括DARPA）							
总开支	11.3	15.7	18.1	19.2	20.9	19	21
机密项目开支	1.8	2.1	4	4	3.8	3.4	3.5
机密项目开支所占比重/%	16	14	22	21	18	18	17
总计（对国防部）	41.7	48.6	58.3	64.4	69.2	69.4	73.2
全部机密项目开支	10.6	9.3	12.9	13.2	13.1	13.7	15.6
全部机密项目开支所占比重/%	25	19	22	20	19	20	21

续表

财 年	2008	2009	2010	2011	2012	2013
陆军						
总开支	12.6	12.1	10.5	9.7	8.7	8.9
机密项目开支	0.1	0.1	0.1	0.04	0.05	0.05
机密项目开支所占比重/%	1	1	1	0.4	0.5	0.5
海军						
总开支	18.5	19.9	19.4	17.8	17.7	16.9
机密项目开支	1.4	1.5	1.3	1.5	1.3	1.2
机密项目开支所占比重/%	8	8	7	8	8	7
空军						
总开支	26.3	27.1	28	27.4	27	25.4
机密项目	10.8	11.7	11.9	13	12	11.2
机密项目开支所占比重/%	41	43	43	47	44	44
国防部独立管理机构（包括DARPA）						
总开支	21.9	22	20.8	20.9	19.1	18
机密项目开支	4.5	4.4	4.4	4.3	4	3.9
机密项目开支所占比重/%	21	20	21	21	21	22
总计（对国防部）	79.4	81.7	78.9	76.1	72.3	69.4
全部机密项目开支	16.6	17.7	17.6	18.8	17.2	16.3
全部机密项目开支所占比重/%	21	22	22	24	24	23

1.4.2.7 技术指标决定的预算分配

关键性国防技术清单

DARPA预算拨款是按照明确的技术方向来分配的。基本原则就是依靠"技术指标"来保障：

——DARPA项目的预算分配过程管理以科技部门对国防技术周期性评估为基础。

——维持项目开支的平衡，避免某个技术方向的开支影响其他技术领域。

——提高DARPA职责范围内的科技成果工业转化率。根据总体评估，美国和英国70%左右的军用技术可以进入一般性国民经济领域，而俄罗斯低于1%。

——防止正在进行的项目出现主题重叠。

避免各种政府机构采购的国防研究和开发项目出现重叠，其重要性在DARPA的工作中被反复强调[37]。一个典型的负面例子就是克雷格·格兰姆斯（Craig Grimes）的研究项目。在2010年以前，他是宾夕法尼亚大学电气工程教授，他非法借用"利用太阳能将二氧化碳转换为碳氢化合物"项目科研拨款和其他科研团体成果报告，将同时从三个机构——DARPA、空军科研管理局和国家科学基金会（NSF）——获得的项目经费用于同一个课题。2009年，格兰姆斯接受了国家科学基金会的科研经费之后，向美国能源部高级项目研究局再次申请科研经费（没有说明研究资金来源），而在大学里格兰姆斯保证这两项研究资助不重叠。关于这个问题，2010年格兰姆斯在*ACS Nano*杂志上发表了文章，表达了对国家科学基金会和美国能源部高级项目研究局的感谢。直到2011年格兰姆斯教授的欺诈行为才被识破，调查结果发现美国空军部也批准并拨款进行同样的研究，也是格兰姆斯负责这个项目；而通过自己所在的大学，这位教授向国家科学基金会的用于探索性研究的小额赠款计划申请资助；之后他又通过自己的妻子所在的公司向DARPA提出了申请，并得到了DARPA的批准。

应当指出，DARPA在四个层面上对科研预算资金进行规范。在实际工作中主要是三个比较大的层面。第四个层面更详细的内容，为本书内容保持紧凑而省略。以1.4.2.3章节第一部分中"高能、高效、便于管理的计算机系统架构"为例，可以说明某项技术开发在第四个层面上财务规划的详细预算。

在这种财务计划方式运作下，当然最重要的就是形成自己独特的技术路线并明确每个科研项目的预算范围。有必要就DARPA资助的技术项目和国会委托国防部执行的军事关键技术计划（Militarily Critical Technologies Program，MCTP）清单进行对比。对产品和技术进行系统性评估和分析，保障在国防部 MCTP 框架内可以识别那些：

——有很高的完备水平并对美军至关重要的项目；定期检查军事关键技术清单（Militarily Critical Technologies List，MCTL）[71]；

——只有不断发展才能保证美军的作战能力的项目；定期对发展中科学技术清单（Developing Science and Technologies List，DSTL）的项目和科研成果进行评估[70]。

MCTP 的目标是对一些极其重要的项目进行技术描述，包括指标和参数，并评估世界主要国家的技术能力。

MCTP 工作进程的程序结构示意图见图 1.58[72]。

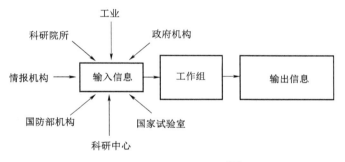

图 1.58　MCTP 的工作[72]

收集的信息来自情报机构、科研组织、国防部其他单位、学术界、产业界及其他来源。

MCTP 执行的两份清单包括 20 个技术工作组（Technology Working Groups，TWG）负责的以下技术方向：

（1）航空（Aeronautiks）；

（2）武器和能源材料（Armaments and Energetic Materials）；

（3）生物武器（Biological）；

（4）生物医学（Biomedical）；

（5）化学武器（Chemikal）；

（6）定向能系统（Directed Energy Systems）；

（7）电子系统（Electronics）；

（8）能源系统（Energy Systems）；

（9）陆地系统（Ground Systems）；

（10）信息安全（Information Security）；

（11）信息系统（Information Systems）；

（12）激光器、光学系统和传感器（Lasers，Optics and Sensors）；

（13）制造及工艺（Processing and Manufacturing）；

（14）海洋系统（Marine Systems）；

（15）材料及加工（Materials and Processing）；

（16）核系统（Nuclear Systems）；

（17）定位、导航、时间（Positioning，Navigation and Time）；

（18）特征信号控制（Signature Control）；

（19）太空系统（Space Systems）；

（20）武器应用效果评估（Weapons Effects）。

输出的信息包括：

——列出关键技术清单，这些开发、生产和应用的技术可被潜在对手用于提高其军事能力；

——DSTL主要涉及世界其他国家普遍开发的技术，这些技术在一定时期内（5年后）会增强或削弱美国的军事能力。

DSTL优先报告给国防研究与工程管理局局长及其他政府组织和机构，以协助了解新兴技术的应用。因此，这个清单用作参考文件，及在国际合作项目中提供技术指导，它包括基础研究、应用研究和先进技术开发。

和DSTL相比较，MCTL不是出口监管清单，而是在特定技术领域内单独发布的技术手册，MCTL中的技术可能属于出口监管范围，也可能不属于出口监管范围。因此，MCTL更像参考手册，主要用于技术转移时的评估、技术报告的研究以及科学论文的出版许可。

对比DARPA支持的研究方向清单和MCTP清单（表1.28），就会发现有明显相似的地方，而它们的主要区别在于：

——MCTP 清单中很少关注信息处理的方法和手段。在 MCTP 清单中不包含数学与计算技术、人—机系统、认知技术、人工智能、网络中心管理技术领域的研究。MCTP 清单中也不关注微机电和微生物系统，指挥、控制和通信系统，远程控制技术。可以假定，将这些技术加入限制性的 MCTP 清单中，会影响它们的正常发展。

——在 MCTP 清单中同样没有航空航天系统及保障陆军部队和特种部队作战行动的先进技术，显然，这些技术会被包含在将来的 MCTP 清单中，如果在这些领域能取得足够的成果的话。

——在 DARPA 公布的研究方向的清单中，缺乏化学武器、核系统、定向能和动能系统的研究。这些工作由于其特殊的保密性，可能划分在 DARPA 预算计划中的非公开部分，需要特殊许可（SAP）。

——定位、导航、时间支持等工作以及陆地系统的建立更适合在美国国家航空航天局（NASA）的计划下实施，这不属于 DARPA 的职权范围。

——生产及加工工艺属于国防工业领域，不属于武器及军事技术范畴。

总之，有必要指出，关键性国防技术领域的透明度是被严格控制的，并且美国人非常注意防止国防领域的工业技术秘密泄露。因此，为保护国防工业情报组建了国防安全局（Defense Security Service，DSS），以在美国国防工业企业中，识别任何未经授权试图获取 MCTP 清单所含信息的行为，确保形成"值得信赖的合作"（cleared contractors）[73]。

表 1.28　DARPA 支持的研究方向与 MCTP 清单的对比

DARPA 支持的研究方向	军事关键技术（MCTP）
基础性研究	
生物—信息—微型化问题	—
数学与计算技术	—
网络安全	信息安全技术

续表

DARPA 支持的研究方向	军事关键技术（MCTP）
电子元器件	电子设备技术
材料学	材料开发与加工技术
"人—机"系统	—
应用研究	
生物医学技术	生物医学技术
信息与通信技术	信息系统技术
认知计算机系统	—
人工智能	—
生物威胁的防护	生物武器技术
战术技术（海军作战行动所需技术；陆军分队所需技术；先进战术技术；航空技术；网络中心战技术）	海洋系统 作战手段与能源密集型材料 影响武器的因素 航空技术
材料与生物技术（材料加工技术；利用生物技术开发的材料与装置；战术与战略能源技术）	材料的开发与加工技术 能源系统技术
电子元器件	电子技术
先进技术的发展	
航空航天系统	—
太空项目与技术	太空系统技术
先进电子技术（微机电技术与集成电路技术；系统集成技术）	—
指挥、控制与通信系统	—
陆军部队作战行动所需技术（快速打击集群；未来作战系统）	—
网络中心战技术	—
感知技术（侦察与反侦察技术；传感器与信息处理技术；分析系统）	信号监控技术 激光器、光电设备、成像设备

续表

DARPA 支持的研究方向	军事关键技术（MCTP）
远程控制技术	—
—	**MCTP 相对于 DARPA 独有的研究方向**
—	化学武器技术
—	定位技术、导航技术和时间维持技术
—	定向能技术与动能技术
—	地面系统技术
—	生产与加工技术
—	核技术

1.4.3 计划执行人的选择

计划执行人的选择可以划分为两个基本方向。

第一个方向，最基本的，包括寻找计划的执行人与他订立合同（承包）。

第二个方向，着眼于未来，寻找专业人才或者创作团队，将来可能会参与计划的实施（通过各种竞赛实现）。

（一）承包

美国国防部项目的承包程序，也包括 DARPA 这样的机构，是由《联邦采购规则》（*Federal Acquisition Regulation*，FAR）确定[74]、监管下订单的过程，进行评标，签署并支持国家合同。

几种合同的基本类型：

——固定价格合同（fixed-price types of contracts），价格是固定的或者只能在小范围内波动。这种合同在很多方面类似于俄罗斯的法律《为国家和市政需求提供货物、劳动和服务》（2005 年 7 月 21 日，№94-Ф3）规定的标准合同。

——费用报销型合同（cost-reimbursement types of contracts），是对

开发商的开支在合同限制范围内进行补偿。这种合同主要用于开销无法提前确定的时候,这是它和固定价格合同的主要区别。

——激励合同(incentive contracts),适用于鼓励超出合同履行范围的工作,例如,改善技术指标、降低开支、改善供货条件——在这种条件下供应商可以得到额外的奖励。合同激励原则可以用于固定价格合同,也可以用于费用报销型合同。

——非确定合同(indefinite-delivery contracts),购买材料或服务时存在一些暂时无法确定的条款,在此类情况下签署的合同。

除了各种承包商,美国国防部有权在不违反 FAR 要求的情况下使用自己的额外采购机制。例如,FAR 关于军用产品采购守则制定了专门补充的《国防需求的国家采购规则》(Defense Federal Acquisition Regulation Supplement,DFARS)。

此外,合同体系包括合同的区域管理,以确保美国各地区的均衡发展。区域均衡发展措施可以使地方管理机构在签订合同时给予一定的优惠(税收减免)。DARPA 经常主动利用这些优惠。例如,2012 年 7 月,和新墨西哥州签署的关于税收的特别协议[35]。

合同体系也在不断的完善过程中。2013 年 1 月美国总统签署《国防授权法(2013 财年)》(National Defense Authorization Act for Fiscal Year 2013,NDAA-2013),其中也对《国防需求的国家采购规则》进行了修改,以期提高合同质量。

DARPA 有一个专门处理合同的部门——合同管理处(Contracts Manage ment Office,CMO),它有权签署合同、许可协议、合作协议并对其实施管理。对于某项计划的实施,DARPA 一般是直接采用竞标程序,也被称为"部门间通告"(Broad Agency Announcements,BAA)。BAA 大体上相当于俄罗斯联邦法律的 №94-ФЗ,适用于国防科研与开发工作。

如果和小型企业合作,DARPA 会采用 SBIR(Small Business Innovation Research)机制——小企业研究机制,和 STTR(Small Business Technology Transfer)机制——向小企业转移技术机制。

《联邦采购规则》中详细地描述了 BAA 机制（FAR 6.102 和 35.016 节）。按照 BAA 的格式，对竞标项目的描述应当包括：

——采购方关注问题的记录；

——提案标准的选择，重要性的排序，提案的评估方法；

——提案提出的期限；

——提案准备和提出的说明。

在 BAA 专用网站上会发布正式信息。网站地址为 www.fbo.gov 或 www.grants.gov（图 1.59）。

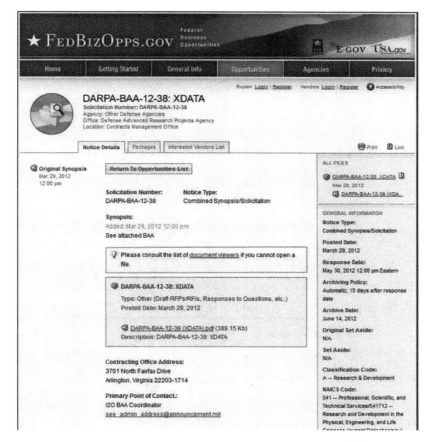

图 1.59　在 www.fbo.gov 上发布的关于比赛的信息[75]

除了合同以外，还有一些和执行方的互动形式，比如，提供许可或者签署合作协议。这些互动也可以使用科研活动通告（Research Announcements，RA）的形式（图1.60）。

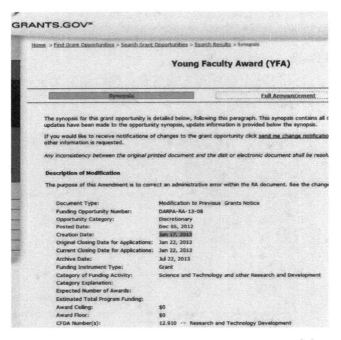

图1.60　在 www.grants.gov 网站上发布的参赛许可[76]

BAA 除了竞争机制以外，合同管理部门为了吸引投标方还会提出商业提议（Requests for Proposal，RFP）的投标机制，它在很多方面类似俄罗斯联邦法律 $No94-Ф3$ 中的报价索取。

（二）DARPA 组织的竞赛

组织和举办各种有前景的科研方向的竞赛，是一种有效搜索人才和创作团队的机制，他们将来很可能会参与 DARPA 的项目实施。

DARPA 举办的所有竞赛中最有名的就是全自动自主地面车辆赛"全球挑战"（DARPA Grand Challenge）。

早在20世纪90年代中期，美国国防部就一直积极努力，尝试创造全自动自主地面车辆，但在实践中很长一段时间都没有显著的成果。从

2002年起，决定更广泛地吸引科学家和工程技术人员，组织竞赛也是为了服务于此[77]。

2004年，DARPA组织了第一届大奖赛，一共有15个车队参加了无人驾驶汽车比赛，赛道长度200千米，奖金总额100万美元。参赛条件非常严格，禁止任何人为对车辆的操控，车辆在行驶过程中对其他参赛车辆的状况也不了解，参赛者在事先并不了解赛道的情况下进行越野比赛。整个赛段包括：柏油路、越野路段、小水障、沟渠、隧道和石头路面。这种困难的路段，不难理解，没有一辆车完成比赛。但是比赛还是达到了预期目的——参赛者提出了各种有趣的计划和实验方式，非常接近提出的目标了。

第二届比赛（2005年）要成功得多，奖金增加到了200万美元。从195个申请者中选择了22个车队参赛，最终一辆名叫Stanley的汽车获得了冠军并拿走了200万美元的奖金，该车队来自斯坦福大学（Stanford University），成绩是6小时53分钟（图1.61~图1.63）。一共有5个车队完成了比赛，其中4个车队的成绩在比赛要求的10小时以内。

图1.61　Stanley正在进行空间扫描[78]

第三届比赛是在2007年，比赛的科目变得更为复杂，甚至体现在它的名字上——"城市挑战赛"（DARPA Urban Challenge）[79]。

比赛在城市条件下进行，地点是在加利福尼亚州维克多维尔市的前

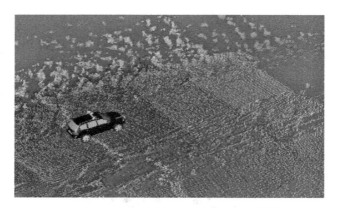

图 1.62 Stanley 在某点进行 3D 建模[78]

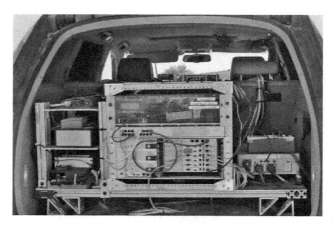

图 1.63 Stanley 在进行电子"补给"[78]

乔治空军基地（George Air Force Base in Victorville, Calif.）。为组织比赛和准备赛道 DARPA 花费了 2 000 万美元。参赛车辆必须遵守加利福尼亚州的交通规则，注意城市车流环境，避免碰撞，能够转弯、穿过十字路口、停车。赛道长度为 96.5 千米。一共收到 89 份参赛申请，从中选择了 35 个车队参赛，而进入决赛的只有 11 个车队。

最终，来自卡内基·梅隆大学（Carnegie Mellon University）的车队获得了冠军，并得到了 200 万美元的奖金，第二名是斯坦福大学的车队——得到了 100 万美元奖金，第三名（50 万美元奖金）的获得者是弗吉尼亚理工大学（Virginia Polytechnic Institute and State University）车队。

比赛还尝试了其他复杂问题的解决。2009年，DARPA在互联网40周年纪念活动中（或以互联网40周年为借口）组织举办了"网络召唤"（DARPA Network Challenge）竞赛，在比赛过程中也研究了利用互联网和社交网络的可能性，主要是如何对居民进行宣传和动员，以解决一些现实问题并评估社会信息在网络中的传播速度。

比赛运用了游戏规则。整个比赛吸引了4 000个车队和个人参加。为参赛者在美国大陆10个固定位置设置了容易被发现的红色气球（图1.64）。比赛的获胜者必须比其他参赛者更早找到10个红色气球的精确坐标，精度误差不超过1.5千米，并发布到专门网站上。

图1.64　红气球设置在容易发现的位置[80]

本次大赛也被称为 DARPA 红气球挑战赛（DARPA Red Balloon Challenge），其源于流行于 20 世纪 80 年代美国的世界末日的故事《99 个红气球》（故事的主要情节是：由于战略预警雷达的缺陷，没能识别两个孩子释放的 99 个红气球，最后导致美国核武器发生爆炸）。

存在各种解决问题的途径。例如，当红气球出现时，很多推特用户会感到惊讶并在网上发帖，对这些信息进行跟踪就会得到很多信息；此外还可以通过社交网络对红气球的出现专门发布博客，请求分享信息。

麻省理工学院（Massachusetts Institute of Technology，MIT）的团队最终获得了胜利，他们开发了一个自动化网络分布程序，得益于此，他们用了 8 小时 52 分钟 41 秒就成功获取了全部需要的信息，并获得了 4 万美元的奖金。

另一个有趣的比赛是由 DARPA 在 2011 年举办的——这次为拼图爱好者。这很有现实意义。事实上，美国陆军部队在转移或者重新部署时必须销毁大量的文件，其中也包括秘密文件。为了这一任务必须使用特殊的设备——碎纸机来将大量的文件变成碎纸片。于是问题出现了——怎样才能防止对手恢复被粉碎的文件？还有另一个任务——如何恢复美方缴获的敌方文档？

根据 Shredder Challenge[81] 比赛的规则，参赛者需要完成五个拼图，它们是被以不同方式粉碎的文件。奖金金额为 5 万美元，DARPA 希望通过比赛可以了解到，通过计算机辅助处理多长时间可以恢复这些文件。

大约有 9 000 支队伍参加了比赛。获胜的代表队花费了 600 个工时来粘贴和计算被粉碎成超过 10 000 块碎片的文件（图 1.65）。

1.4.4 项目执行流程的监督

历史表明，战略思想的出现与其真正在美军中贯彻实施之间存在着漫长的时间周期。在资助与发展先进科研项目方面，DARPA 经常面临各种风险。如果期待合理并且获得了相应的成果，其产品对美国国家安全就具有重大意义，那么这种冒险就是合理的。在某种意义上，这些成功的项目也可以掩盖巨大的开支和那些不成功的项目。

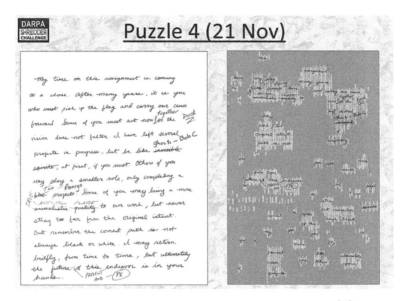

图 1.65　任务片段 № 4（左）和部分修复片段（右）[81]

当然，在这种工作结构下 DARPA 的领导的一个主要任务就是定期监督计划执行标准，以及时区分有潜力的和无效的研究计划。

在检查年度计划时，DARPA 的领导还会同时寻找一些新的先进思想，及这些先进思想的实施者。DARPA 将为此安排相应的科研计划并分配所需资金。

在计划进展的定期监测过程中，如果计划不能按期保质保量完成，其中也包括技术上无法实现的情况，那么该计划的资金将会被暂时冻结，甚至彻底终止。

下面我们以几个详细的计划为例。

（一）"鸬鹚"计划

在 1.2 节介绍过一种无人双介质（水—空气）飞行器"鸬鹚"（Cormorant）。

该计划的发展史有些奇怪。

1997 年美国海军的分析人员得出结论，无人飞行器可以更加高效地完成未来的海军作战任务。洛克希德·马丁公司（Lockheed Martin

Corporation）开发了可以从潜艇发射的双介质无人飞行器概念。

这一概念的实施始于 2005 年 5 月，当时 DARPA 和洛克希德·马丁公司签署了一份合同，主要是验证"鸬鹚"计划的关键性环节。到了 2006 年 10 月底，得到了第一批成果——论证了在一个完整周期飞行器在两种介质间操作的可能性。该论证包括全尺寸模型的"鸬鹚"无人机、完整的测试台，并容许通过战略核潜艇的弹道导弹发射井发射并回收，同时验证了远程控制系统。

尽管示范项目取得了成功，DARPA 依然做出了终止这个项目的决定，因为它具有过高的技术复杂性而难以实现。与洛克希德·马丁公司的合同没有延长，该项目的资金支持也被终止[82]。

（二）"铪弹"计划

DARPA 推出以铪异构体 Hf-178-m2 为基础开发新式核武器的计划，是基于 1999 年 1 月 25 日得克萨斯大学达拉斯分校量子电子学中心主任卡尔·B·科林斯（Carl B. Collins）在杂志 Physical Review Letters 上公布的最新科研成果。这些科研成果证实了发展新型核武器的可能性，它不在现有的核不扩散条约限制范围之内。

为了开发"铪弹"，按照科林斯的要求提供了几克 Hf-178-m2，这足以产生类似于小型核武器般强大的伽马射线，这种核裂变和核聚变反应的发生，在法律上是不算核武器的。

基于这些假设，美国国防部在 2002 年就开始为"铪弹"做准备。就像俄罗斯专家所发现的，"2003 年财政预算要保证具备年产 100 克铪的能力。专家的评估显示，在第一阶段，每克铪的生产成本是 10 亿美元（将来有望降至每克 100 万美元），而建设用于大规模加工铪的基础设施（加速器、加工厂等）还将耗资高达 300 亿～500 亿美元！新式武器的想法得到了时任国防部长的批准，他期望在 18 个月内就能得到产品的原型"[83]。

为了最终确定"铪弹"的可行性和评估为这个项目投入庞大资金的回报，DARPA 的局长 E·特瑟提出按照 S·温伯格（Sharon Weinberger）的数据由柯林斯组织一次特殊的实验。柯林斯担心实验失败，而一直没有同意。然而实验最终还是进行了，DARPA宣布，它成功了，但结果没有公布[84]。

鉴于美国开发新型核武器对俄罗斯产生的潜在威胁，俄罗斯方面也就此进行了风险分析评估。评估结果是令美国国防部失望的。正如俄罗斯物理学家E·V·特卡尔（莫斯科大学核物理研究院）指出的，创造一个"铪弹"的思路严重违背现代核物理的理论基础[85]。

"铪弹"计划的预算支持于2004年被DARPA终止[86]。

（三）微型核反应堆计划

该计划（Chip-Scale High Energy Atomic Beams）最初源于开发一种微型粒子加速器的想法：把粒子提高到一个很快的速度，以获取可控的热核反应。

为此，2009年DARPA专门拨款300万美元用于实施相关项目。

通过比较可以发现，受控热核聚变问题全球顶级科学家已经研究超过60年了，此领域最先进的计划就是国际热核聚变实验堆项目（International Thermonuclear Experimental Reactor，ITER），其造价高达130亿美元。

该计划于2010年被终止。

（四）开放式多平台操作系统

开放式多平台操作系统（OpenBSD）——该项目致力于打造现有系统中最安全、开放、干净的操作系统。OpenBSD系统的一个特点，是其开发原则对任何代码的修改都要进行专门的审查，一旦发现错误就会对所有同类代码进行全面检查，特别注重文档的安全与品质，这些特点使它成为最安全的操作系统之一。

在2001年中期，DARPA划拨特殊津贴用于OpenBSD的开发——作为开发组合式高可靠性操作系统（Composable High-Assurance Trusted Systems，CHATS）计划的一部分，其目的是开发新的信息安全系统。

虽然OpenBSD的开发取得了显著的进步，但是DARPA还是于2003年终止了资金支持，主要原因是该项目大量的工作都是由非美国人参与的，这存在着对美国国家安全的威胁。

1.4.5 项目的实施效果

从研发到应用的技术转移过程一直在通过各种途径进行。大部分技术是因为国防的需求而开发的，然而也有很多技术一开始只是为了商业目标而开发的，只是后来因开发出了新的用途而进入了军事领域。

技术从科研转移到生产通常需要相当长的时间并涉及几个阶段，各种机构都会对此产生影响：科研机构、为吸引客户而努力的公司、军方客户，当然，也包括生产厂家。这些机构之间的互动要求它们的代表要保持密切的接触，协调信息转移的技术环节，严格按照分配的角色工作。例如，如果没有技术的开发者和对该技术作战效能评估人员的参与，是无法实现将技术转化为生产这一目标的。

技术转移的类型在很大程度上决定技术转移的次序。比如新材料和新型芯片的开发，它不会马上引起军方的兴趣。首先，它需要融入一个更大的技术系统中。例如，新型材料用于制造芯片，芯片又安装于一个更大的系统设备中，这之后又安装到制造的装备中，才最终进入军队中。在本例中，在整个链条中的最重要环节之一就是芯片的制造商，它制造了未来系统的特定的组件。另一方面，复杂的武器系统计划，如"全球鹰"无人机（图1.66），本身需要特定技术，同时也是相关技术的发起者。

图1.66 RQ-4"全球鹰"——战略侦察型无人机

生产商：诺斯罗普·格鲁曼（美国）。第一架"全球鹰"于2004年装备美国空军，2006年3月第一次执行军事任务[87]。

对于 DARPA 来说，技术转移从开发阶段到实施阶段的复杂之处在于，科学实验经常伴随着风险，并且它不考虑眼前的目标，而是关注中期目标（图 1.25）。这种中期的方向并不能满足军队维护和发展现有武器装备的现实需求。DARPA 的科研和技术发展要求形成一些补充标准，这些标准是在军事实践中形成的并专门针对那些有前景的计划，此外还要注意新理论的发展，同时考虑到新兴技术出现的可能性。图 1.67 显示出了技术从研究阶段到大规模生产阶段的转移过程。

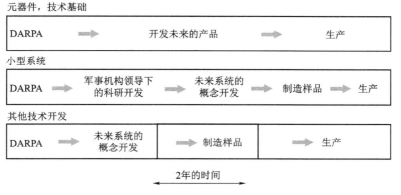

图 1.67　从 DARPA 监管的科研阶段到生产阶段技术转移示意图[8]

上述环节表现了技术转移的基本类型，DARPA 97% 的资金都投向了外面的科研机构，主要集中在大学和工业企业的研究机构中。随着时间的推移，这些投资可能会创造出新型生产力，其结果也有助于减少生产新技术产品的风险，最终目标是使科研机构为国防部开发的产品成本在可控范围之内。在这种情况下，DARPA 主要起推动作用并且提供资金方面的支持以降低风险，直到生产企业获得足够的相关经验并具备技术能力，可以独立推动技术前进。如果 DARPA 不承担大部分的风险，这些科研机构无力独自从事有风险的技术开发以及将科研成果过渡到批量生产，其结果必然会导致大量先进武器项目无法得到开发。

很明显，没有军队的需求，科研机构就不会推动新型军事技术的开发。图 1.67 中显示了 DARPA 的另一种途径，以尽量减少研究机构从科研开发阶段向大规模生产阶段的转移过程中面临的风险。在这种情况下，DARPA 的工作重点不再是对大学和工业企业的资助，而是寻找和吸引军方的潜在买家。DARPA 为此刻意分配了大量的资金并利用军事机构作为自己的代表。这些被授权的组织的责任包括签订研发合同及监督开发活动每个阶段的进展：未来系统的概念开发，开发出成熟的原型。这种做法导致军事组织内形成了强大的人力资源。这些专门培训的人员熟悉 DARPA 开发的技术，并且能够评估所进行的工作，此外，他们还能寻找军方用户以推销新开发的产品。因此，当出现潜在买家的时候，DARPA 技术转移发起人的角色也就结束了。

随着时代的发展，DARPA 一直在关注一些复杂的武器系统，比如"全球鹰"无人机。通过一系列措施，DARPA 向军方做出保证，自己所提供的先进技术具有足够的创新性和成本效益。然而，如果没有适当的规划，这些方案存在因缺乏资金而被"冻结"的风险，一般来说，从军方对某项技术感兴趣到国防部分拨资金开始生产，需要 2 年的时间（图 1.68 所示下行）。为了防止出现类似问题，DARPA 尝试和军方签署发展高技术的谅解备忘录（memorandum of agreement，MOA），例如，洛克希德·马丁公司开发的轻型一次性发射载具 SLV（Small Launch Vehicle）["猎鹰"空天战略打击系统（Force Application and Launch from Continental United States，FALCON）计划下]（图 1.68）。此外，

图 1.68 "猎鹰"高超声速技术载具 2（HTV-2）的计算机模拟图[21]

协议或者研发到应用的技术转移备忘录中的某些条款，和军方的协商甚至早在原型产品的设计阶段就开始了。

评估 DARPA 参与的技术转移项目的规模，可以通过查看使用机构名单实现（表 1.29）。它们都是国家机构或者是商业企业的代表——从事军事装备的生产或者是新装备、新技术开发的私营企业。

表 1.29　全美使用 DARPA 所开发的技术的国家机构和私营企业

国家机构	私营企业
国防部	巴特勒纪念研究所
国防商业通信办公室	BDM 联邦公司
国防电子器材供应中心	贝尔航空–德事隆公司
国防财务会计服务局	贝塔克国际有限公司
国防信息系统局	波音公司
国防情报局	BBN 技术公司
国防后勤局	博思·艾伦·汉密尔顿公司
国防测绘局	宾士域集团
国防核武器局	CACI 国际
国防部弹道导弹防御机构（BMDO）	海军分析中心
国防部副部长办公室（分管采购与技术）	Ceridian 集团
	查尔斯·斯塔克·德雷珀实验室
空军	克莱斯勒公司
第 46 试验联队（Chicken Little）	辛辛那提电子集团
空军航空系统中心/XR	海岸集团公司
空军人力系统中心	科尔特克工业公司
空军航空技术学院	计算机科学公司（CSC）
空军科学研究办公室	COMSAT 公司
空军航空航天医学院	康宁公司
空军技术应用中心	科尔塔纳公司

续表

国家机构	私营企业
阿姆斯特朗实验室-人类系统中心	克雷研究公司
空军部，航空系统中心	立体防御系统（立体公司家族成员）
空军部，第46测试队	数据通用公司
空军太空与导弹系统部	日和齐默尔曼公司
电子系统中心	数字设备公司（DEC）
国家航空情报中心	道康宁公司
菲利普斯实验室	邓肯公司
罗宾斯空军基地	力学工程公司
罗马实验室	Dyncorp 公司
美国空军学院	杜邦公司
莱特实验室	电子系统公司
	伊士曼·柯达公司
陆军	伊顿公司
阿伯丁试验场-支援活动武器研究、发展和工程中心	EDO 公司
陆军工程兵，建筑工程研究实验室	EG & G 公司
航空应用技术局	Electric Boat 公司
蓝草陆军兵站	艾默生电气公司
化学研究、开发与工程中心	ESCO 电子公司
国防财务会计服务局-宾夕法尼亚	计算机公司
国防安全服务局-华盛顿	Fibertek 公司
国防部-国防系统管理学院	Figgie 国际
国民警卫队-佐治亚	GDE 系统公司
国民警卫队-艾奥瓦	通用原子公司

续表

国家机构	私营企业
军事战略战术中继卫星项目管理处	通用电气公司
项目管理处	通用汽车公司
美国陆军装甲兵与工兵委员会	佐治亚理工研究院
美国陆军装甲兵学校	GRC 国际
美国陆军航空兵部队及司令部	GTE 公司
美国陆军通信电子司令部	哈里斯公司
美国陆军华楚卡堡情报中心	赫茨菲尔德公司
美国陆军装备司令部	惠普公司
美国陆军医学研究装备司令部	Hicks and Associates 公司
美国陆军导弹司令部	霍尼韦尔公司
美国陆军纳蒂克中心	休斯敦协会
美国陆军夜视和电子传感器局	休斯电子公司
美国陆军行为学与社会科学研究所	IBM 公司
美国陆军实验室	IIT 研究所
美国陆军科研办公室	国防分析研究所
美国陆军太空与战略防御司令部	英特尔公司
美国陆军模拟训练和装备测试司令部	Intermetrics 公司
美国陆军坦克-车辆司令部	ITT 公司
美国陆军地形工程中心	ITT 国防和电子公司
美国陆军测试测量与装备检测处	约翰·霍普金斯大学
陆军沃尔特·里德研究所	江森自控有限公司
	庄信万丰集团
海军	卡曼公司
海军航空系统司令部	科尔摩根公司

续表

国家机构	私营企业
海军航空作战中心	克鲁格国际
海军指挥、控制和海洋监视中心	Lanxide 公司
美国海军爆炸物技术处理中心	激光功率研究公司
海军设施工程处-西南分部	利顿工业公司
海军研究院	洛克希德·马丁公司
海军研究实验室	Logicon 公司
海军海上系统司令部	劳拉公司
海军水面作战中心	劳拉防御系统-东部
海军水下作战中心	M/A-Com 公司
海军人力资源研究与开发中心	马夸特公司
海军系统管理处	麻省理工学院-林肯实验室
海军研究办公室	麦克斯韦实验室
朴次茅斯海军造船厂	梅奥基金会
太空和海军作战系统司令部	麦克德莫特公司
海军陆战队	麦道公司
海军陆战队系统司令部	机械技术公司
其他机构	任务研究公司
中央情报局	MITRE 公司
商务部	Morrison-Knudsen 公司
商务部,国家标准与技术研究所	摩托罗拉公司
能源部	尼科尔斯研究公司
美国内政部地质调查局	诺登系统公司
交通运输部	诺斯罗普·格鲁曼公司
联邦调查局	OLIN 公司
联邦公路管路局	步行者系统公司

续表

国家机构	私营企业
总务管理局-信息技术服务处	太平洋山区研究室（PSR）
移民归化局	宾夕法尼亚州立大学
海事局	Perceptronics 公司
国家航空航天局埃姆斯研究中心	珀金—埃尔默公司
国家航空航天局	物理科学公司
国家标准和技术研究所	物理国际公司
国家海洋与大气管理局	PRC 公司
国家科学基金	脉冲科学公司
国家安全局	高通公司
	Questech 公司
	兰德公司
	雷神公司
	三角研究所
	罗克韦尔国际公司
	Rohr 公司
	罗尔斯·罗伊斯公司
	科学应用国际公司（SAIC）
	大西洋科学公司
	Sequa 公司
	信号技术公司
	西南研究所
	空间应用公司
	SRI 国际
	Sundstrand 公司
	Sverdrup 公司

续表

国家机构	私营企业
	Sverdrup Technology 公司
	系统规划公司（SPC）
	Tecknowledge 公司
	泰克公司
	Teledyne 公司
	Tenneco 公司
	得州仪器公司
	宇航公司
	Thiokol 公司
	泰坦系统集团
	Tracor 航天公司
	TRW 公司
	Unisys 公司
	联合防务 FMC 公司
	联合技术公司
	得克萨斯大学奥斯汀分校
	华盛顿大学
	犹他州立大学
	Varian Associates 公司
	Vitalink 公司
	W. J. Schafer Associates 公司（WJSA）
	沃特金斯·约翰逊公司
	西屋电气公司
	Wyle 实验室
	施乐公司

1.4.6 项目成果的推广

除了在开发新技术领域获得了明显的成果外，DARPA 还确立了自己吸引人的正面形象，这就是国防和安全领域先进技术研究与开发的绝对领导者。适当地报道美国军事工业的成果这也算是一种传统。В·巴登舍夫（Б. Пядышев）在著作中[88]——参考了美国学者 J·多诺万出版的《军国主义的美国》——指出，美国军工复合体是"一个庞大的军事系统和一个巨型的永久性军火商的结合。还有另外一大批人在这里拥有间接的利益，其中包括预备役军人、退伍军人、科学家、大学研究中心、国会议员、当地商人、工人、专业出版商和媒体"。

受公众意识的影响，现代科技不仅要取得有意义的技术成果，也需要目标受众对所获得成果的认可，乃至对科研机构本身的认可。因此 DARPA 的领导人特别注意对自己科研项目的目标、实现方法和成果进行对外宣传，为此甚至准备了专业而昂贵的宣传文稿和视频剪辑，非常注意形成需要的社会舆论，这种舆论不仅要在美国形成，也要在潜在对手国家形成。各种详细的宣传材料都可以在 DARPA 的网站上看到。

DARPA 的正面形象形成的要素之一，是它的公开性和关键员工——一个本领域公认的专家的可访问性。例如，2009—2012 年 DARPA 的局长里贾娜·达恩一直积极与媒体合作。她曾在"探索"频道和全国广播公司发表著名演说，她的科研项目曾经是《纽约时报》《福布斯》《华尔街日报》和其他流行出版物的文章主题。

2008 年 DARPA 50 周年之际发布了三个 10 分钟的广告，每一个都夸耀了各个阶段 DARPA 的进步与成就：1958—1975 年（形成阶段）、1975—1989 年（"冷战"阶段）和 1989 年至今（苏联解体后阶段）。广告的创作者以这种方式强调 DARPA 和苏联及俄罗斯的历史联系。

由于网络媒体的影响力越来越大，DARPA 特别注意对自己的成果在社会网络和微博上进行传播。在本书创作过程中，作者研究了 DARPA 在推特微博上的账户。两级账户是互相关联的，因为它们来自同一个主体。图 1.69 显示了 DARPA 在推特两级账户上显示的模式（即直接的联系和通过一个中间者的联系）。

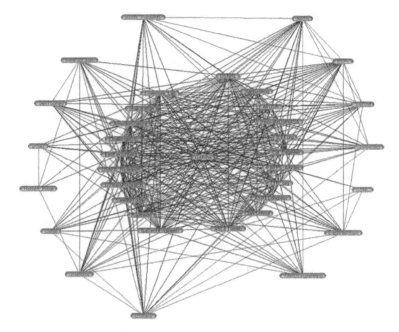

图 1.69　在推特账户上@DARPA 的直接和间接信息传播

在所有和 DARPA 相关的推特账户中，有一个账户和其他账户有着直接的联系，这个账户就是@ armedwscience（Armed with Science），它属于推特博客的网站 http：//science. dodlive. mil/，这是美国国防部的最新成果。@ armedwscience 的联络结构见图 1.70。可以设想，该账户在推特上广受欢迎并不是偶然的，它作为一个明确的工作成果，目标就是实现将 DARPA 的活动在互联网上充分展示。

存在着一系列账户，它们协助 DARPA 传播信息。例如，一条信息——发展无线电通信领域新技术竞赛，DARPA 的账户发布于 2012 年 12 月 20 日：

"@DARPA：New DARPA challenge：can you program a radio to dominate the spectrum？（DARPA 新挑战：你能编制控制无线电频谱的程序吗？）http：//go. usa. gov/g7Dj."

相同的信息@armedwscience 在 2013 年 1 月 4 日发布：

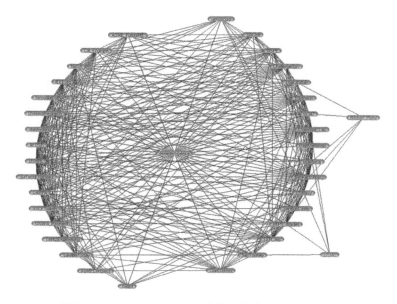

图 1.70　@armedwscience 账户上直接和间接的传播

"@armedwscience：Can you program a radio to dominate a spectrum? Because if you can @DARPA will give you up to 150k.（你能编制控制无线电频谱的程序吗？如果你能，@DARPA 会给你 15 万美元。）Srsly：http：//go.usa.gov/gFgw."

文章的最后一句完全复制了 DARPA 账户的信息。一个有趣的事实是：重复文章发布后，可以发现信息的传播并不是被操控的，也不是国防部鼓励的结果。

就在同一天，DARPA 的账户引用了账户@sciencegov 发布的消息：

"@DARPA：RT @sciencegov：Can You Program A Radio To Dominate A Spectrum? http：//1.usa.gov/XqLnXL."

就是以这种方式，DARPA 同时拥有几个信息发布源，以获得信息支持。通过调查发现，信息最初是从几个中心账户传播到受欢迎的科学类推特账户和各种新闻账户的科学版面上的（例如@armedwscience，@Livermore_lab，@NSPE 及其他）。

还存在几个这样的账户，例如 @benkerschberg 和 @ys347，信息从它们那里先传递到一些著名博客上，然后再传递到普通用户博客上——这些普通用户关注着这些著名博客。

应当指出，参与对 DARPA 工作讨论的民众来自美国社会的各个层面，既包括专业的学者和工程师，也包括那些远离科学的普通居民（图 1.71）。

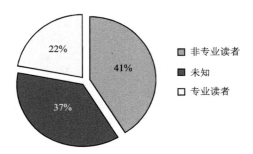

图 1.71 按科技知识水平划分的 DARPA 账号上用户和评论家的结构

在这种情况下非专业用户和评论员给 DARPA 的正面评价肯定会比专用用户和评论员的要多。或者从另一面来看，专业用户和评论员给出的"不满意"评价是非专业的两倍（图 1.72、图 1.73）。

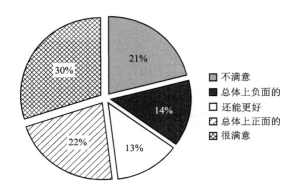

图 1.72 专业用户和评论员对 DARPA 活动的评价

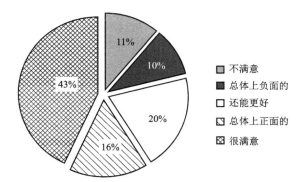

图 1.73 非专业用户和评论员对 DARPA 活动的评价

1.4.7 团队的组建（项目经理）

DARPA 项目管理的效率主要依靠程序的合理化。关键环节就是项目经理，他们参与项目的全程管理——从有前景的想法的出现到实施开发战略，再到项目完成的监控。DARPA 的一个特点是，项目经理在处理财务、技术和人力资源问题方面有很大的自由度，同时也要为他们的工作成果承担相应责任。

项目经理参与某个项目的周期，按照规定通常是 4~6 年。一般来说，在这个周期内专业人员可以最大限度地发挥自己的能力并实现最理想的成果。在这种情况下 DARPA 的项目经理是不能"成就一番事业"的，也省略了多余的个人职业发展前景方面的考虑。DARPA 的经验表明，在这种方法下，管理人员可以更有效地工作，而评价他们工作效率的标准（事实上，唯一的）就是是否成功实施了有关项目。

这种项目经理的组织工作方式可以让 DARPA 为科研项目吸引来更有效率和更有事业心的人才——无论他来自学术界还是商界。

1.4.8 DARPA 员工激励机制

DARPA 的员工组成分为两类：国家公务员（federal employees）和雇用的文职人员。

大体上 DARPA 员工的年薪是这样的：

项目经理（program manager）——14.8 万～17.1 万美元，法律顾问（attorney-advisor）——10.5 万～13.3 万美元，数据管理员（DB administrator）——9.5 万～10.3 万美元。具体则视学历、工作经验和岗位需求等有所不同。

公务员除了税后的实际工资以外，还有很吸引人的社会福利——国家公职人员的特权（含家属），共有 24 项，其中包括：

——基于 GS（General Schedule）薪资体系的基本工资；

——灵活的工作时间；

——有偿的和无偿的工作时间（取决于国家公务机关的工作繁忙程度）；

——交通支出补贴（公共交通）；

——10 天带薪假期；

——儿童社会保障；

——健康福利；

——继续教育。

DARPA 在选择工作人员时优先考虑的事项就是挑选更胜任的专业人员，并且按照工作成果和研究方向的转变，每年定期更换 25% 的学者和工程师。

为了聘用文职的专家（hires）及保证相关的待遇，每年需要拨付的资金大约 5 000 万美元。

1.5　OnPoint Technologies 基金

OnPoint Technologies 专项基金是美国陆军于 2002 年建立的，主要是为了支持高风险性的高技术项目的研发工作。

风险基金的概念基础是兰德公司于 2000 年提出的，是为保持美国的军事技术优势，支持对高技术领域中的问题和前景进行研究[89]。根据最终的文件，上述领域中存在的一个基本问题就是高技术开发的需求和有限的资金之间复杂的平衡关系。由于陆军无力为高风险项目分配足够的资源，那么就需要找到其他资金来源以解决这个问题。

最终的解决办法是，通过高技术发展风险资本融资的方案来吸引民间资本，他们可以从投入的资金和管理的资源中获取利润。

美国在商业领域利用高技术发展风险资本融资方面已经获得了相当丰富的经验。比如，Intel、DEC、Apple、Microsoft、Sun Microsystems、FedEx、Genentech 和 Netscape，它们都已经在经营中成功运用了风险资本。利用风险资本，并积极投资于高技术研究和开发的公司，比没有足够重视这些的同类公司拥有更多的技术专利。

从图 1.74 中可以看出，美国商业部门在最近 35 年中对高技术发展领域的支出增加了 4 倍，每年的增长率超过 4.5%。

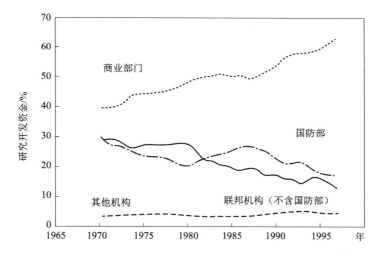

图 1.74　美国各类部门之间高技术研究与开发的开支关系[89]

需要注意的是，商业企业对高技术研究和开发的支出不再局限于技术开发阶段，所有的大型投资都投在了基础研究领域。在这种情况下，民营企业在应用研究方面花费的资金远远多于联邦机构的花费。

所有这些都促成了一个结果，那就是私人资本在高技术领域中获得了巨大的成功。出于美国陆军的利益考量必须利用它们。

任务变得复杂了，现有合同制度的框架束缚了在高技术领域取得成就。另一个问题是缺乏高端的军事人员,他们要具备相应水平从事商业开发。

陆军主导的高技术领域风险投资的理念可以解决这个问题。从事风险投资的机构提出建立专项基金,对从事高技术开发的小型公司进行股份投资。

投资必须在技术开发的初始阶段进行,当一个小公司很难找到战略投资者为其融资的时候,这种支持将有助于该公司把开发计划提升到商业上可以赢利的水平。

基金经营的利润收入可以通过股息分红和支付的利息、资本的利得收入,以及赚取收购成本和出售公司有价证券给投资人之间的差价来获得。

基金获得的收益应当经过基金领导慎重研究后,再投到新的项目中去,达到陆军自筹资金资助高技术项目研究和开发的效果。这种办法也扩大了从事高技术开发的商业企业的准入机会。

整体而言,美国陆军推出的通过风险资本为高技术发展融资的思路,其前景还是比较看好的。

存在着类似的机构。代表着中情局利益的风险投资公司 In-Q-Tel 已经成功运作了数年,它也在实行风险投资管理原则(关于 In-Q-Tel 公司的组建、工作经验我们将在下一章详细讲述)。

基于上述论点,兰德公司[89]的研究员提出设立一个专门的投资公司为美国陆军的一些创新项目服务(Army Innovation Investment Corporation, AIIC),由董事会负责管理公司,由非军人组成,任期 2~3 年,董事会的组成必须由陆军部批准。组织这个风险投资公司大约花费了 200 万美元。管理的资产规模大约 3 000 万美元。5 年之内,为实现盈亏平衡,每年管理的资产规模需要达到 1.5 亿美元。

兰德公司的建议在总体上得到了高层的认可,并于 2002 年 1 月作出了决定,成立一个军队专项的具有非营利性法律地位的公司(non-profit corporation)[90]。这种法律地位提供税收优惠的可能性,并且其收入的使用必须符合基金的发展目标——用利润促进高技术项目的进一步发展。

申请的3 000万美元,美国陆军部长已经划拨了2 500万。这笔资金来自对另一个应用研究项目的资金削减,即陆军的"研究、开发、测试和评估"项目。资金的削减并不会触及网络中心战概念下的未来作战系统(Future Combat Systems,FCS),这也是国会特别关注的。

根据相关决定,2002年组建了基金OnPoint Technologies。下面显示的是其经营活动的部分财务指标(图1.75~图1.78)。如图1.75所示,基金可以按照预期完成自己的投资项目,到2007年其资产达到了计划的目标值(1.5亿美元)并在此后一段时期稳定地保持这一水平。

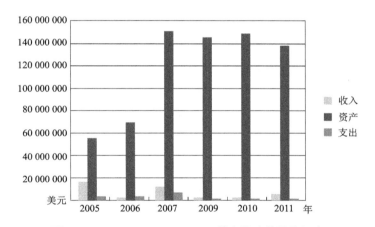

图1.75　OnPoint Technologies基金构建的投资组合

收入结构的形成依靠两个方面——出售资产,不含证券(占比大约86%),以及股息和证券利息(14%)(图1.76)。

资产的基本组成部分包括:高技术公司的原始股(占77%);已经将高技术成果在证券市场成功进行商业化的,占22%;其他只有约1%,为账户储蓄和短期投资(图1.77)。

基本开支(96%)用于项目管理,其他的4%用于行政开支。这个规模的行政开支足以体现OnPoint Technologies基金管理的效率(图1.78)。

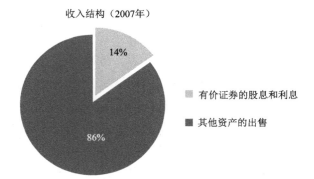

图 1.76　OnPoint Technologies 基金收入结构

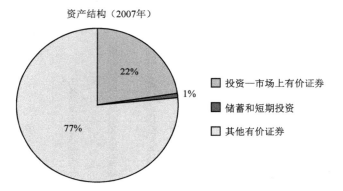

图 1.77　OnPoint Technologies 基金资产结构

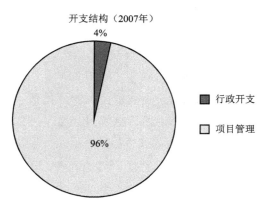

图 1.78　OnPoint Technologies 基金开支结构

下面让我们看看 OnPoint Technologies 基金投资活动的几个基本方向。

在 2009 年 7 月 OnPoint Technologies 基金和 Trust Digital 公司开始合作。Trust Digital 公司是移动设备及应用领域安全保障的领导者。OnPoint Technologies 基金扮演战略投资人的角色，基金指派代表进入了 Trust Digital 公司董事会。Trust Digital 公司成立于 2003 年，员工数量刚刚超过 30 人，公司是细分市场的领导者之一，2009 年公司设法吸引了 2 300 万美元的投资。所有这些条件都符合 OnPoint Technologies 基金的基本要求，即专注于投资不大的、年轻的、高效的公司。合作的目标是为美国陆军的地面分队使用的移动通信设备提供下一代通信安全保障系统（其中包括智能手机和平板电脑）。与 OnPoint Technologies 基金的合作提高了 Trust Digital 公司的市场吸引力，到了 2010 年，它收购了 McAfee 公司——信息安全领域的世界领导者之一。

OnPoint Technologies 基金的另一个投资目标——InVisage 公司，总部设在美国硅谷（加利福尼亚州）。这个公司因将纳米光电传感器（QuantumFilm，InVisage 自行开发）投产而著名，不同于传统的图像传感器，它是建立在硅半导体技术基础之上，成倍地提高了照相机和智能手机摄像头的动态方位和灵敏度[92]。InVisage 公司成立于 2006 年，公司规模大约 40 人。

OnPoint Technologies 基金一直积极支持太阳能的发展，投资于 Petra Solar 公司，这家公司不仅生产太阳能电池板，它还提供光伏面板进入社会电网的整合解决方案。OnPint Technologies 基金还对 Nanosolar 公司进行投资，该公司主要从事适合整合到电网的新一代光伏面板的开发。

2004 年 OnPoint Technologies 基金成为 A123 Systems 公司的战略投资人。这家公司主要研究可以显著提高锂离子电池性能的技术。如果你充分考虑到它在美国陆军中的使用规模，就会立刻认识到它的重要性。

Atraverda 公司也是一家获得 OnPoint Technologies 基金投资的公司，主要从事双相蓄电池生产技术研究，其性能大大超过了传统的铅—酸蓄电池。

2 美国情报界、In-Q-Tel 公司、高级情报研究计划署（IARPA）关注的高技术

2.1 和苏联敌对时期中情局的高技术计划

"冷战"时期与苏联的全球对抗，要求美国在高技术发展领域进行大量的投资以创造获得情报的技术手段。

美国实施了很多这样复杂的、知识密集型的昂贵方案，例如为满足中情局要求而研发的高空战略侦察机 U-2（图 2.1）、洛克希德的 A-12

图 2.1 高空战略侦察机 U-2[95]

侦察机和 SR-71 侦察机、侦察和电子情报卫星等。

从事 U-2 项目开发的是洛克希德公司的特殊部门——专门从事高技术开发的 Lockheed's Advanced Development Projects（洛克希德高级发展项目）。同样也是该单位随后开发了独特的高空高速侦察机 A-12。

1956 年 7 月 U-2 侦察机第一次对苏联实施了战略侦察，并从此成为中情局最重要的情报来源，中情局对此的评价是"巨大的技术成就"[93]。

U-2 具备当时非常出色的技术性能，其最大特点就是具备极高的飞行高度（超过 20 000 米），以保证不被击落，同时还拥有很高的续航能力。依靠出色的性能 U-2 在相当长的时间里一直保持着很高的侦察效率。甚至到了 2011—2012 年 U-2 还在执行侦察飞行任务。例如，2011 年 3 月，基于塞浦路斯协议而在利比亚设立了禁飞区。差不多同一时间，2011 年 3 月，一架 U-2 从位于韩国的基地起飞，在日本上空对地震和海啸后的情况进行了监测。2012 年，它还计划在叙利亚领土上空进行侦察飞行。

目前美国还拥有该型飞机 32 架，并且奥巴马政府向国会申请了 1 亿美元以维持该机正常飞行直至 2015 年[94]。

在 20 世纪 50 年代末至 60 年代初，随着防空系统在苏联的发展，U-2 不再是不可击落的了，美国开始着手发展性能更好的新一代侦察机。

新型高空侦察机项目被称为"A-12"（图 2.2）。新型飞机具备令人印象深刻的性能特点：超过 30 000 米的飞行高度，超过 3 马赫的飞行速度，更低的雷达探测性，机身采用了钛金属和专门设计的复合材料。

飞机的设计投入了大量的工作，但是产品的性能并没有完全达到设计要求，然而其性能依然远超当时的同类产品。在项目开发过程中建立了强大的科学和技术储备，并测试了很多用于建立现代航空工业的新型技术。但是新型技术解决方案也存在自己的不足，比如操作的复杂性和高昂的飞机成本。

图 2.2　高空战略侦察机洛克希德 A-12[96]

1966—1968 年 A-12 项目顺利完成。A-12 飞机的替代计划就是 SR-71 项目（图 2.3），它已经不再是中情局自己的项目，而是和美国空军共同开发的侦察机。

图 2.3　高空战略侦察机洛克希德 SR-71 "黑鸟"[98]

SR-71 飞机结构第一次测试了隐形技术（Stealth technology）。1976

年洛克希德公司的 SR-71A"黑鸟"高空高速侦察机创造了三项绝对世界纪录：水平飞行高度纪录——25 935.7 米；直线速度纪录——3 529.5 千米/小时；1 000 千米封闭曲线速度纪录——3 367.1 千米/小时[97]。

除了发展高空高速战略侦察机，中情局在 50—60 年代一直积极发展侦察卫星计划。

1957 年的苏联发射了第一颗人造地球卫星，这有力地促进了侦察卫星的发展。但是更大的刺激来自 1960 年，由加里·鲍尔斯驾驶的 U-2 侦察机在苏联上空被击落，由此产生了寻找以更安全方式获取情报信息的需求。

开发侦察卫星的工作之前已经展开了。例如，1956 年由美国空军主导的 Weapons System 117L（WS-117L）项目，目标是开发侦察卫星（film-readout satellite）在对地表拍照的同时，就可以立刻显示胶片内容，还可以侦察无线电信号并传回地面。随后该计划由美国空军和中情局共同执行，并被正式命名为"哨兵"（Sentry）计划。

"哨兵"计划的实施需要巨额资金和大量的时间。因此，在 1958 年，美国总统艾森豪威尔决定在 WS-117L 方案框架下，发展一个侦察卫星项目，可以使侦察卫星的照片舱从轨道返回地球，它可以显著降低成本，并在较短时间内就可以实现。

"哨兵"计划是由美国空军和中央情报局共同出资的。与此同时，中央情报局还出资开发卫星及摄影器材，而美国空军则负责运载火箭和保障系统。该项目被称为"皇冠"（Corona）计划。项目的管理委托给了中情局的 R·比塞尔（Richard Bissell），此前他曾经领导 U-2 侦察机的开发计划[99]。

为了确保"皇冠"计划的秘密性，首先（1958—1962 年）开发了工程试验卫星"发现者"（Discoverer）。

"皇冠"卫星可以对地球表面进行大面积拍摄，视角可以达到 70°，每张照片显示的幅宽达到了 15 千米×200 千米。早期照相机的分辨率为 8 米，这种精度只能对地表进行大范围拍摄，后期照相机的分辨率达到了2米。

曝光的胶片安放在一个特殊的胶囊中返回地面。胶囊首先与太空飞行器分离,然后使用降落伞降落,并用特种飞机直接在太平洋上空进行回收(图2.4)。分离的胶囊会溅落在太平洋的特定区域,在那里特种飞机会携带专用拖网进行回收。

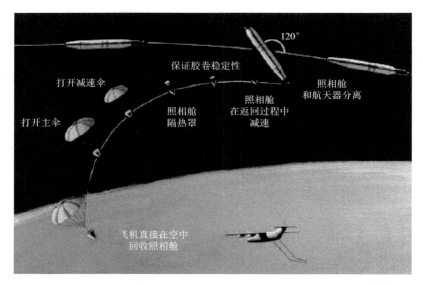

图2.4 照相侦察卫星"皇冠"拍摄的胶卷被从地球轨道上回收[100]

照相侦察系统的主要缺点是信息传递效率偏低(2～5天)。

有别于"皇冠"计划,"哨兵"计划[后期为"萨摩斯"计划(Samos Project)]可以在几个小时内更及时快速地获取情报。但其设备和胶囊式拍照系统相比,分辨率较低。第一次拍照是由实验卫星"Samos"实现的,照片质量很差,甚至无法与所拍摄的地理区域进行比对。经过不断对设备进行调试和改进,该设备开始用于侦察成像工作。随着"Samos"卫星的发射,该卫星发现了正在建造中的苏联弹道导弹核潜艇及洲际弹道导弹SS-7和SS-8的发射井。

根据最初照相侦察系统的工作经验,专业人员发现有必要区分两类侦察功能:详查(close-look)和普查(area surveillance)。普查型具有比较大的侦察幅宽（100~400千米），用于在较大的地区搜索要寻找的目标，随后再使用高分辨率的详查（幅宽10~20千米），以对目标进行详细的调查。

20世纪80年代美国最现代化的详查型侦察卫星就是KH-8[美国图像情报侦察卫星的名字Keyhole（"锁眼"）]。这些航天器，其中也包括著名的"Samos-M"，大部分发射于1966—1984年，成为美国最为广泛使用的图像情报侦察卫星（先后向轨道发射了约50颗卫星）。KH-8拍摄战略目标具有极高的分辨率（达到0.2米，是当时美国图像情报侦察设备中性能最好的）。

这些卫星的基本任务是：搜索新的苏联洲际导弹发射井；监测战略基地及反导防御系统和太空防御系统。

1967年开发出了新型光—电侦察卫星——KH-11，它可以获得高分辨率的图像（15厘米）并可以将图像近乎实时地传回地面站。这种高效率是利用一个位于高椭圆形轨道的中继卫星，通过毫米波波段（约24千兆赫）将所获取图像传到地面实现的。

光—电侦察系统在1976—1980年得到了快速发展，到80年代中期，和照相侦察技术一起成为中情局主要的技术侦察手段，参与了大量对苏联新型军事装备的侦察活动。在光—电侦察系统的支持下，美国人获得了新型战略轰炸机TU-160的照片，以及航天飞机"暴风雪"号的照片，航空母舰"海军上将N·A·库兹涅佐夫"号和其他大批军事目标的图像。

一些美国专家证实，一些重要目标的侦察照片在卫星从目标上空过顶后的40~50分钟就可以送到美国总统的办公桌上[101]。

"密达斯"（MIDAS）计划和其他计划类似，都是WS-117L项目的一部分，主要从事空间设备的开发，以检测洲际弹道导弹在主动段飞行轨迹的红外（IR）辐射。该计划在20世纪60年代末期得到进一步的发展并最终演化为弹道导弹发射预警系统IMEWS。

空间系统"IMEWS"是在70年代初推出的，主要任务是为美国最高军事、政治领导人提供早期核导弹袭击预警。有别于地面雷达，该系统在洲际弹道导弹发射阶段就可以将其捕获。

自20世纪80年代末到90年代初空间系统"IMEWS"一直是跟踪全球各种导弹发射的重要手段，进行红外频谱的普查并为美军各个层面提供快速警报——从战略到战术行动[102]。

正因如此，开发和建立复杂的技术系统以大规模收集情报信息极大地刺激了大量高技术的出现。这些技术后来广泛应用于民用领域。

有关卫星侦察所用技术的详细信息，特别是太空侦察系统的情报能力，可以通过本国专家的工作了解到[103,104]。

2.2 后苏联时期美国情报界的改革

后苏联时期美国情报界的改革一直在进行。苏联的解体使美国情报机构失去了"冷战"期间不断为行动增加预算和开支的主要依据。情报机构的改革几乎是和美国国家管理体系改革同步进行的。就像国家管理机构的改革一样，情报机构的改革也是要削减预算。因此，摆在情报机构面前的一个重要任务就是如何提高它们的活动效率，一个重要的办法就是广泛地应用高技术。

1993年美国总统克林顿和副总统戈尔开始对政府机构进行大规模改革。改革的目标是摆脱多余而过时的功能，削减低效的工作岗位并最大限度地在工作中应用现代信息技术。1993年9月初，戈尔领导下的一个委员会提交了一份报告（National Performance Review Report）[105]，内容是对国家机构工作效率的分析。报告的名称是——《组建一个工作得更好、成本更低的政府：从官僚转向效率》。

该报告设想采用20世纪90年代初期表现出很高效率的私营企业模式作为国家管理改革的样板。在这种模式下，联邦政府被看作客户，而私营企业被看作服务供应商。效率低下的联邦项目则计划关闭，国家机构的工作人员数量从1993年到2001年——削减40万，而与私营企业签署的合同数量，比1993年增加44%。

这些变化也触动了国防与安全领域。苏联解体后美国军事、政治领导人得出结论：取得全球霸权的战略目标已经实现，"冷战"时期，与苏联的全球对抗的形势要求我们的精力特别集中于军事和情报领域，"冷战"结束后，产生了一个单极世界，美国的任务只是保持赢得的领导地位。

90年代中期，人们认为新的可能的冲突将会是低强度的，而对此类军事行动的情报保障应当是综合性的。情报界面临着新的任务。例如，在总统令PDD-35[106]中，情报侦察任务按照优先等级分配。最高的优先等级是对军事行动的情报支持和对核武器扩散的情报分析与收集；第二个等级是保障对与美国敌对国家的政治、经济、军事情报的收集；第三个等级是保护美国公民应对新型跨国威胁，如毒品、恐怖主义及有组织犯罪。

总统令PDD-39[107]则是在纽约摩天大楼发生第一起恐怖袭击事件后颁布的。1993年2月26日，在一座大楼地下停车场一辆满载炸药的货车发生了爆炸，但是建筑物没有倒塌，恐怖主义被定义为犯罪行为，给美国民众的安全带来了威胁并需要情报界投入更多的注意力。

正因如此，情报侦察工作不仅具有军事影响，而且在民事领域（不直接与武装部队相关）同样具有影响。在此作用下，对军队的情报保障有所减少并将部分注意力转向了本土行动的情报保障工作。

这种情况促使人们重新审视军队和情报机构在美国政权体系中的位置和角色，开始优化结构，削减国防和情报活动开支。

根据迈克尔·赫尔曼的数据[108]，海湾战争期间发挥了巨大作用的侦察卫星到1995年只剩下了50%～75%，同时，1995年中情局计划到1997年裁减6 000名员工[109]。

这一时期已显著减少了国防部和中央情报局的预算。正如伦敦皇家军事学院研究中心的费尔南多·塞拉亚（Fernando Celaya）所述，"克林顿政府作出了美国历史上针对五角大楼和中情局最大的调整，导致这些部门蒙受了巨大的物质与人员的损失，这些'红利'都是它们依靠'冷战'和海湾战争的胜利而获得的"[110]。

兰德公司全球威胁与安全研究中心主任、著名安全问题研究专家葛里高里·特里唯尔顿（Gregory F. Treverton）教授认为，克林顿政府进行的强力机构商业化和分权改革,正确评估了国际安全领域的"新现实",更高层面的信息互动已经出现了[111]。布鲁斯·贝尔科维奇和艾伦·古德曼(Bruce Berkowitz, Allan Goodman)也持相同的观点[112],他们认为,权力下放、商业化运作并增加透明度对于情报界的转型是非常必要的。

情报界的开放对于吸引普通民众参与公开来源的情报(Open Source Intelligence, OSINT)的收集与分析具有很高的重要性。罗伯特·戴维·斯蒂尔(Robert David Steele)一直强调这点[113,114]。阿斯平—布朗委员会(Aspin-Brown Commission)的研究结论也证实了在公开来源信息的基础上收集和分析情报工作的重要性。其报告指出,80%~90%的情报信息是通过这种方式获得的[115]。

对情报界感兴趣的高技术进行未来投资,最复杂的问题在于明确军用和民用(非军用)以及政府采购和私人采购所占的比例。

即使在预算受约束的20世纪90年代,对低强度军事冲突的预测需求也有利于军事侦察活动的发展。五角大楼击败了美国中央情报局,不仅保住了对侦察—科研机构的控制,并且提高了用于此类目的的预算。

1992年制订的情报机构改革计划一直没有实现。计划提出设立国家情报总监(Director of National Intelligence, DNI)的岗位,拥有绝对预算权,他的两位副手分别负责情报侦察和情报分析[116,117]。替代方案是,这项工作由中央情报局局长负责,当然,预算被大幅度削减了。他将要完成多个岗位的工作:

(1)中央情报局局长(DCIA);

(2)中央情报总监(DCI);

(3)总统情报顾问。

值得注意的是,一些改革的批评者,其中也包括参议员丹尼尔·帕特里克·莫伊尼汉(Daniel Patrick Moynihan),甚至提出要彻底清算中情局[110]。

中央情报局局长詹姆斯·伍尔西(James Woolsey)对情报工作的改

革作出了极其重要的决策，他提出了一个庞大的计划，将信息系统和工业技术相结合并用于情报工作领域，但是这需要很大的预算成本。很明显，中情局无法完全控制用于情报侦察领域发展科学和技术的预算资金，不能像以前那样，自己开发高空战略侦察机 U-2、侦察机 A-12 和 SR-71。为了表示抗议，詹姆斯·伍尔西于 1995 年辞职离开了他的岗位。

詹姆斯·伍尔西将注意力集中于基本的高技术领域，并计划发展对情报侦察工作有益的研究方向：

——人工智能系统；

——监视和识别系统；

——卫星与无人系统。

中情局准备迎接信息革命的时代。

1996 年中情局的新局长约翰·迪奇（John Deutch）开始重组工作，以加强协调并改善工作效率。1997 年改组由他的继任者——乔治·特尼特（George Tenet）继续进行。

将高技术大规模应用于情报领域的理念是由鲁特·大卫（Dr. Ruth David）博士提出来的，她是中情局负责科学和技术的副局长，也是科技委员会的负责人（1995 年夏—1998 年 9 月）。到中情局任职之前，大卫在美国能源部"桑迪亚"国家实验室（Sandia National Laboratories）工作，从事核能的开发与系统维护工作。

应当指出的是，科学和技术委员会（Directorate on Science & Technology）是中情局最重要的部门之一，并且直接听命于中情局副局长。这个部门的职责——研究、开发和利用技术手段来收集、处理和分析情报。包括：

——技术体系的研究、开发与管理：从事各个领域的基础研究和应用研究（人工智能、流程模拟、半导体系统、通信等）；

——开发与设计管理：从事大型情报收集技术系统的开发与运营工作；

——无线电侦听的管理：运营和维护最新的设备，用于收集和分析情报；

——技术保障管理：开发并制造各种专用设备（加密手段、窃听、秘密摄影）；

——对境外广播进行信息管理：监听并对外国广播电视节目进行录制；

——国家航空航天情报破译中心。

通过对中情局应用技术设备前景的分析，1998年年初鲁特·大卫博士和她的科学和技术委员会的同事们一起得出了结论：建立于20世纪50—60年代的技术储备，其中包括著名的高空高速战略侦察机和卫星群，都无法保证现代信息流的获取，而中情局和现代IT技术之间已经出现了明显的差距[119]。

与此同时，根据评估，信息技术在未来的中长期对于情报获取具有重大的意义。由于落后于商业化的IT企业，中情局作为国家机构，无法在商业市场上竞争并吸引足够的专业人才为自己的利益服务。

为了克服这个差距，有人提出国家机关和私人机构之间采取新的合作形式——专门的风险资本融资。1998年5月中情局局长乔治·特尼特在自己的"战略规划"中正式提出了这个理念。同时也宣布，高技术项目的风险融资是情报机构实现目标的优先途径之一。

1999年建立了专门的机构，代表中情局从事高技术开发的风险融资。这是一家私营公司，叫In-Q-Tel，其活动通过与中情局的特殊协议来规范，由于美国总统当时正在执行削减国家开支的政策，In-Q-Tel公司的创建也正是中情局在日常管理中对采用信息技术必要性的一种适应性反应。

不久之后在2001年9月11日发生的事件从根本上改变了形势。所有涉及安全领域的开支都大幅地增加了。这种开支大幅增加的状况只有1957年苏联发射人造卫星后的情况可与之相比。从对突发威胁做出适当反应的必要性看，这两次事件相似之处也证明了这些事件规模的可比性。

2006年美国科学促进会（American Association for the Advancement of Science，AAAS）在一项研究中提出了一组有趣的数据（图2.5）。

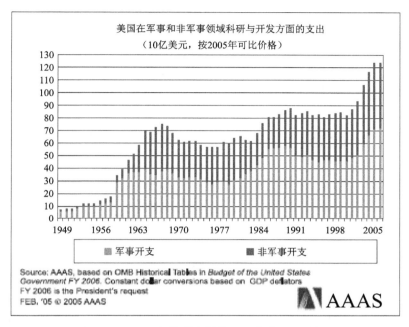

图 2.5　1957 年苏联发射第一颗人造卫星后与
2001 年"9·11"事件后研发领域支出增长动态[120]

从柱状图中可以看出，研究与开发支出的增长从苏联解体前的 1982—1985 年，一直保持到 90 年代末期。

2004 年是美国情报机构改革进程的重要一年，那年通过了标志性的《情报改革和预防恐怖主义法》（Intelligence Reform and Terrorism Prevention Act of 2004）[121]。这项美国情报机构改革的法律草案制定于 1992 年，国家情报总监（Director of National Intelligence，DNI）负责统一领导美国所有情报机构。国家情报总监由美国总统提名，得到参议院认可后，直接听命于总统。同时也禁止国家情报总监同时担任中央情报局局长或者其他情报体系的首长。与此同时建立了国家情报总监办公室。

尽管从表面看国家情报总监拥有广泛的权力，领导着所有美国的情报机构，但是其实际行动能力还是很有限的。他的情报影响力来自国防部（陆军、空军、海军、海军陆战队）的情报机构、国家地理空间情报局、国家安全局和国家侦察办公室。据有关人士分析，全部情报机构预算中的80%都不受国家情报总监监督[122]。因此，2004年法案的命运和1992年制定的情报机构改革方案的命运很相似。

从情报机构感兴趣的高技术发展角度看，2004年法律规定，在国家情报总监之下设立科技主任职务（Director of Science and Technology，S&T）。科技主任是国家情报机构科学和技术委员会负责人（Director of National Intelligence Science and Technology Committee，DNI-S&T）。这个委员会由各个情报机构的科学和技术部门的负责人组成，主要起协调作用，并对提高情报机构之间信息交流的效率提出建议。

根据该委员会的建议，2006年中情局决定建立一个专门研究机构，从事情报机构所需先进技术的研究。这个想法的原型来自国防部下属的长期成功运作的DARPA。以此类推，这个新机构的名字叫作情报高级研究计划署（Intelligence Advanced Research Projects Activity，IARPA）。

创建IARPA的意图是2006年9月在伍德罗·威尔逊国际会议中心（Woodrow Wilson International Center for Scholars）举行的会议上，由国家情报总监约翰·内格罗蓬特（John D. Negroponte）宣布的[123]。对这个主题演讲有必要做更详细的分析有两个原因。首先，他提出了利用高技术对情报机构服务情况做综合分析。其次，他指出了工作的基本方向，即利用高技术提高情报机构实现目标的可行性。约翰·内格罗蓬特的演讲综合分析引用的一些美国竞争力的数据来自报告《在若隐若现的风暴前崛起》[124]。该报告的作者强调，现代世界的特点是科学和技术潜力在加速变化，并且发现美国正在失去科技领先的地位。例如，美国34%的自然科学博士学位和56%的工程学博士学位是外国学生获得的；在韩国38%的学生获得的学位是在自然科学或者工程学领域，在法国这个数字是47%，在中国是50%，在新加坡是67%，而在美国相应的数字是15%。美国在培养自己的科技人才方面存在巨大的差距。因此，情报部门是不可能吸引足够数量的高素质的专家一起工作的。来自商界的强烈竞争更加剧了这种状况。

考虑到知识产生的过程和评估信息循环流动的规模，笔者提请注意信息在全世界呈爆炸式增长的特点：

——人类的知识基础在过去的 15 年里成指数级增加，获取信息的可能性被极大地扩展了；

——根据美国国家安全局的评估，2007 年每天的互联网流量大约相当于 647 PB 字节信息，相较而言，美国国会图书馆藏书的信息量只有 0.02 PB 字节）；

——在 2006 年全世界的移动电话用户大约是 20 亿，到了 2009 年用户数量已经接近 30 亿了（根据瑞典爱立信电信集团的资料，2010 年全世界移动电话用户规模已经接近 50 亿[125]）。

通过对高技术在全世界范围内的扩散规模和发展速度进行评估，作者判断，美国将不再是全球技术市场的领袖并且在某些细分领域也将失去自己的地位。下面一些例子将支持这一论点。例如：1990 年美国高技术产品的贸易顺差大约是 300 亿美元，而到了 2003 年已经是逆差 300 亿美元了。

报告突出讨论的问题是美国情报界面临的挑战，约翰·内格罗蓬特说，情报部门技术手段落后并无法积极主动打击恐怖活动，恐怖分子经常在他们的活动中使用最新的高技术成果，往往是特工部门都还没有装备的。

在此情况下，这些存在的问题需要专门的技术解决方案。主要体现在以下几个领域：

——目标（恐怖活动本土化，出现了一些恐怖组织和国家涉嫌大规模杀伤性武器的扩散，防御大规模杀伤性武器及网络攻击）；

——机遇（提高侦察装备的技术性能，建立基础设施并提高情报信息的技术分析能力，建立不同情报机构间的情报交流机制）。

情报机构面临问题的解决之路在于高技术的发展，约翰·内格罗蓬特认为应当更有效地利用分配给各情报机构发展高技术的资源。效率的提高可以通过将上述资源进行整合来实现。这种统一应当是所有情报机构整体上的整合。《在若隐若现的风暴前崛起》的作者为美国能源部提出的缩小在高技术领域发展差距的解决办法之一就是组建类似DARPA的机构,并称之为Advanced Research Projects Agency-Energy (ARPA-E)。

根据这一建议,约翰·内格罗蓬特提出在情报机构中创建类似于DARPA的机构,新机构主要承担以下任务:

——具备情报机构的职能;
——为机构间合作提供新的可能性;
——实现早先由于部门专业性而无法实现的创新发展;
——创造新的技术可行性。

IARPA的工作是建立在一个所有情报机构共有的投资计划基础之上。

整合整个情报界的想法是由约翰·内格罗蓬特于2006年在伍德罗·威尔逊国际会议中心演讲时提出的,很快就得到了进一步的发展。2007年4月新任国家情报总监迈克尔·麦康奈尔(John Michael "Mike" McConnell)推出了《美国情报界100天整合与合作计划》(*United States Intelligence Community 100 Day Plan for Integration and Collaboration*)(图2.6、图2.7)[127]。

图2.6 "100天计划"封面[126]

图2.7 美国情报机构的徽章[126]

"100天计划"的发展目标是要创造条件加强全美十六个情报机构的整合并扩大它们之间的合作。"100天"这个计划的名称就已经强调，转型必须在尽可能短的时间内实现。转型的结果应当成为奠定美国情报机构长期成功的基础。有意思的是，"100天计划"其实是更详细的"500天计划"的补充。俄罗斯读者可能会联想到格里高里·亚夫林斯基的"500天重组计划"，无论哪个"500天计划"最终都无果而终。

"100天计划"是情报机构改革的一个步骤。一共明确了六个情报机构整合与转型的基本领域：

——加强干部能力建设与增加情报机构专家前途的确定性；

——发展用于情报收集和分析的高技术，提高情报机构专家的工作效率；

——取得高技术应用的领导地位，并提高情报活动的质量；

——优化情报活动管理程序，从严格的、以预算为导向的战略向灵活的、动态的、以结果为导向的战略转型；

——加快美国情报机构和外国合作伙伴的情报交流，优化保密制度；

——加强国家情报总监的领导作用，明确情报机构的活动范围，优化情报机构成员的职责。

2.3 高技术项目的创业融资，In-Q-Tel 公司

2.3.1 in-Q-tel 公司的创建

高技术项目创业融资的实现依赖切实可行的具体措施。1998年5月建立了工作组，其成员包括中央情报局的几位高级官员。工作组的任务之一是分析由鲁特·大卫提出的思路，她具备商业风险融资经验并且提出计划，建立专门机构负责那些有前景的创新项目的识别、发展及商业化。

机构创建之初甚至都没有自己的正式名称，在工作文件中直接称为"企业"（The Enterprise）。工作组的一个成员苏·戈登（Sue Gordon）

在会议报告过程中提出要起一个有特点的名字，要能体现出本组织的性质，并且使这个名字在硅谷的高级知识分子中难以忘记，当时中情局正在和他们保持广泛的接触。

就这样出现了组织的新名字——In-Q-It。在这里"In"代表着情报机构的含义（来自"intelligence"——侦察），"Q"与流行的詹姆斯·邦德系列电影有关，影片中"Q"部门从事武器和高技术装备的研发，"It"代表着未来该机构的基本工作方向——信息技术（Information Technology）[127]。

中情局局长顾问、前投资银行家艾文·伯纳德·科隆盖德（Alvin Bernard "Buzzy" Krongard）一直积极参与工作组的事务，此人在创新性高技术项目的融资方面具有丰富的经验，他参与的项目包括 Microsoft、Sun Microsystems、AOL。随后，在 2001 年 5 月，A·B·科隆盖德被任命为中央情报局在该公司的执行董事。

该工作组还成功吸引到洛克希德·马丁公司前总经理诺曼·奥古斯丁（Norman Augustine）为其工作。

由于 A·B·科隆盖德和诺曼·奥古斯丁做了大量的工作，1998 年秋天工作组完成了 In-Q-It 的组建计划，它将代表中情局从事创新性高技术项目的风险融资。

工作组后续的计划和鲁特·大卫提出的理念还是有区别的，规模更小，雄心也没那么大。后续计划的实施过程中，鲁特·大卫并没有参与，她专注于情报机构的一些战略性问题的研究。1998 年 10 月她离开了中情局，并被任命为一个独立研究中心 ANSER（Analytic Services Inc.）的主任兼首席执行官，在那里继续着自己在国家安全战略领域的研究。

鲁特·大卫的理念对于美国情报机构的意义以及在保障国家安全新途径方面的贡献，部分可以通过她离开中情局科技副局长岗位后所获得的奖励来评价。例如，她被授予中情局 Distinguished Intelligence Medal 奖、中情局局长奖、美国国家安全奖、国防情报局局长奖、美国国家航空航天侦察奖。

一个有趣的细节——在 2009 年，鲁特·大卫博士以美国总统国家安全委员会成员和 ANSER 研究中心主任的身份到了莫斯科，参加了莫斯科国立大学高级经济学院的研讨会，主题为"科技企业和它们在世界上的位置"（Mapping the Global Science and Technology Enterprise）。在自己的演讲中鲁特·大卫提出了世界基础科学领域全球化的趋势，美国及西方在整体上失去了技术领先的地位，高技术领域创新中心正从发达国家向发展中国家转移。为了证明自己的说法，她还引用了 A·P·契诃夫的话："国家科学是不存在的，就像没有国家乘法表一样。"这个演说完全符合 2006 年 9 月国家情报总监约翰·内格罗蓬特在伍德罗·威尔逊国际会议中心（Woodrow Wilson International Center for Scholars）举行的会议上宣布的理念，它促成了 IARPA 的建立，其目标就是恢复美国在高技术领域的全球领导地位。因此，即使是在鲁特·大卫博士离开美国中央情报局后，她依然是高技术为美国情报机构服务理念的主要的理论家。

现在我们回到讨论的主要议题上。

创建一个专门的风险投资机构的计划于 1999 年 2 月实现了，"In-Q-It，Inc"正式成立了[128]。成立不久后公司的名字就改为 In-Q-Tel。

正如 In-Q-Tel 公司和中情局 1999 年 7 月 29 日签署的协议规定的那样，建立 In-Q-Tel 公司的目的是开发先进技术并进行科学研究，为中情局和其他美国情报机构面临的复杂问题提供可靠的解决方案。

从法律角度看，In-Q-Tel 公司注册在特拉华州，是一个非营利性（non-profit）和非股份制（non-stock）的公司，经营项目主要是慈善、科学和教育类，其中包括：

——从事和信息技术相关的科学研究；

——推动信息技术在私营企业和国家机构之间的合作机制；

——促进信息技术在公共、私营和学术部门的发展。

该公司的这种法律定位可以使它避开美国 1986 年联邦税法 501 款第三章的所得税征收。

根据与中情局签署的协议，In-Q-Tel 公司的资金主要来源于中情局，在自己的预算中也包括"刺激行动"的开支。同时，也允许从其他国家机构获取资金。例如,目前 In-Q-Tel 公司的资金来源有:国家地理空间情报局、国防情报局(DIA)、美国国土安全部和一些美国情报界的其他组织。1999 年在 In-Q-Tel 公司的预算结构中,其他机构的资金占总募集资金的比例大约是 20%,而 80% 的主要资金来自中情局。这个比例一直保持到现在。

实际上,In-Q-Tel 公司的作用还包括分配从国家机构中获取的资金,这些资金将用于开发情报机构感兴趣的技术。

2007 年 4 月,In-Q-Tel 公司和中情局签署了补充谅解备忘录,明确了投资和支出用于国内需求。根据备忘录的规定,获取的投资 10% 将划拨到一个单独账户上,并用于未来一些先进项目的投资,而中情局只有建议权,没有监督权。

有意思的是,在美国像 In-Q-Tel 公司这样的组织,通过发展高技术解决自己工作中的问题,一般是采用建立联邦科研中心(Federally Funded Research and Development Center,FFRDC)(由联邦政府提供预算)的模式。FFRDC 的活动由联邦采购条例(Federal Acquisition Regulation,FAR)监管,该条例明确规范了联邦政府购买产品和服务的程序。在该条例中 FFRDC 被明确定义为一种组织,从事开展基础研究或应用研究的开发、分析、整合、技术支持和管理。此外,条例还明确了 FFRDC 属于自主实体,它的金融活动并不总是反映在投资者的财务报表上。与此同时,联邦会计准则(FASAB)已经提供了标准,如果它被包含在联邦预算中,那么 FFRDC 的资金活动应当符合这个标准并体现在投资者的财务报表中。另一种选择——投资人和 FFRDC 之间存在协议关系。

虽然 In-Q-Tel 公司在很大程度上符合 FFRDC 的标准,但是它们之间依然存在着明显的差别,在国家政权体系中国家机构(CIA)和独立法人之间的相互关系是之前没有过的机制。具体到 In-Q-Tel 公司,从会计报告的角度看,它更接近 FFRDC,但是又存在和金融—法律冲突的地方。从另一方面看,In-Q-Tel 公司的资金严格按照联邦组织预算编列——中情局,因此 In-Q-Tel 公司经营活动的结果应当反映在中情局的资产负债表中。另外,显示的中情局预算("刺激行动"计划)中,也包括其他项目的开支（例如，工资基金、福利和中情局的行动开支）。在当时中情局和 In-Q-Tel 的关系靠 1999 年专门签署的协议来协调，这已经是属于合同关系和其他预算项目。上述冲突引发了一些针对 In-Q-Tel 的批评，并指控其违反联邦税法及利用联邦预算非法资助私营公司[129]。

2.3.2 In-Q-Tel 公司的管理结构

公司由董事会负责领导，其中包括 In-Q-Tel 创建时期的一些重要的商界和学界代表。

In-Q-Tel 的总裁兼首席执行官吉尔曼·路易（Gilman Louie），是扶持初创高技术公司方面的专家。董事会主席是金融专家李·奥尔特（Lee A. Ault）。董事会成员还包括：

——诺曼·奥古斯丁（Norman Augustine），In-Q-Tel 的投资人之一，洛克希德·马丁公司的前总经理；

——约翰·西利·布朗（John Seely Brown），施乐（Xerox）公司首席科学家兼 Xerox PARC 研究中心主席；

——迈克尔·克罗（Michael Crow），哥伦比亚大学副校长；

——史蒂芬·弗里德曼（Stephen Friedman），高盛董事局前主席；

——保罗·卡明斯基（Paul Kaminski），Technovation 公司总裁兼首席执行官，负责物资—技术保障的国防部前副部长；

——金钟勋（Jeong H. Kim），Optical Networks Group 总裁，从 2006 年起担任贝尔实验室总裁；

——约翰·麦克马洪（John McMahon），洛克希德导弹与航天公司前总裁与首席执行官，中央情报局前副局长；

——亚历克斯·曼德尔（Alex Mandl），AT＆T 公司前总裁兼首席运营官；

——威廉·佩里（William Perry），美国国防部前部长。

后来，又有几个著名的人物进入了董事会：

——In-Q-Tel 公司的创建者之一，投资银行家，从 2001 年 5 月担任中情局执行官的 A·B·科隆盖德（Alvin Bernard "Buzzy" Krongard）；

——安妮塔·琼斯（Anita K. Jones），美国国防部科技局主管，她的工作直接和 DARPA 相关联；

——大卫·耶利米（David E. Jeremiah），海军上将，参谋长联席会议前主席，早在 1995 年就提出纳米技术将从根本上改变战略平衡，其意义甚至超过核武器；

——吉姆·巴克斯代尔（Jim Barksdale），Netscape Communications 公司总裁，3Com、AT & T Wireless、FedEx、Sun Microsystems 和 Time Warner 公司董事，对外情报咨询委员会成员；

——伊丽莎白·佩特-康奈尔（Elizabeth Pat-Cornell），风险分析专家，斯坦福大学教授，对外情报委员会成员，美国国家航空航天局（NASA）顾问，美国空军科学顾问委员会成员。

In-Q-Tel 的关键性的个人和组织的结构关系见图 2.8，一个复杂的关系网示意图[130]。

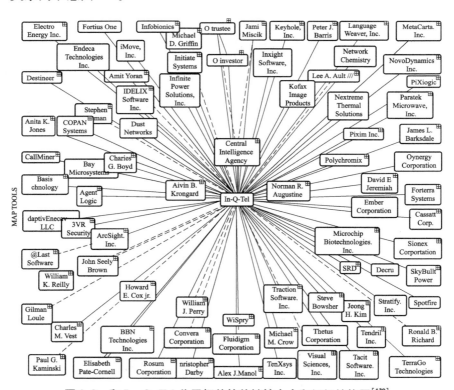

图 2.8　和 In-Q-Tel 公司相关的关键性个人和组织结构图[130]

很多有趣的资料提供了和 In-Q-Tel 关联的个人与组织与获得优先融资的高技术项目之间的比对，常常会发现一些最有前途的高技术公司是通过 In-Q-Tel 获得资助的，或者是和 In-Q-Tel 关联的个人与组织保持着密切的关系。这一点可以在本章中经常提到的 A·B·科隆盖德那里得到证实（图2.9）。

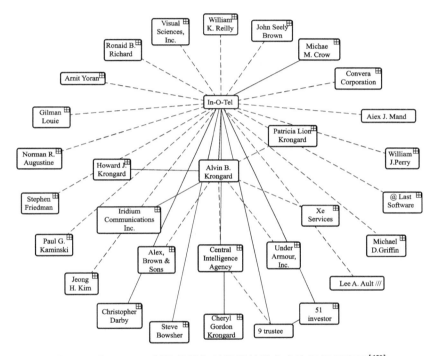

图2.9　和 A·B·科隆盖德相关的关键性个人和组织示意图[130]

很有意思的例子是下面这个关系链条：A·B·科隆盖德是 In-Q-Tel 的创始人之一，他还是中情局的执行官，同时又是铱星公司董事会成员之一（图2.10）。

"铱星"本身是一个值得单独探讨的话题。由摩托罗拉开发的铱星系统，属于低轨道多星系统 Big LEO，主要是为全球移动用户提供低速数据传输（寻呼机和传真消息，访问因特网速度为 9.6 Kb/s 和电话通信业务，速度为 2.4 Kb/s（在卫星模式和 GSM、AMPS 和 CDMA 网络移动标准下）。相对于其他移动通信卫星系统，这个系统可以实现全球覆盖，能够在几乎任何所需通信模式下进行转换［电话、传真、计算机间数据交换和个人呼叫（寻呼）］。

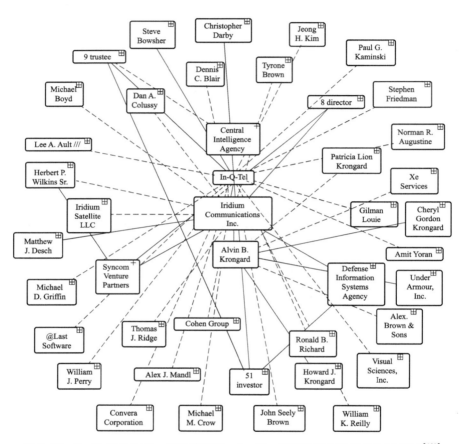

图 2.10　In-Q-Tel 公司、中央情报局、A·B·科隆盖德和铱星公司的关系[130]

铱星公司是摩托罗拉公司的子公司，市值 8 亿美元。收购是在 1993 年进行的，当时摩托罗拉公司已经拥有价值 3 亿美元的股份，其他价值 5 亿美元的股份分散在斯普林特、京瓷、Vebacom（德国）、洛克希德（卫星平台制造商）和雷神公司手中。

1997—2002 年一共发射入轨 95 颗卫星，其中国外火箭发射了 33 颗

［质子-K 火箭发射 21 颗（3 次发射），长征 CZ-2C/SD 火箭发射 10 颗（5 次发射），呼啸-KM 火箭 2 颗（1 次发射）］。

1998 年 11 月 1 日该系统正式投入运行。然而由于过高的移动通信服务价格，到 1999 年 8 月公司只拥有大约 20 000 个用户。此外，系统成本高达 57 亿美元，而得到的资金只有 44 亿美元，由于系统缺乏资金的支持（每月 4 000 万美元），对客户的服务于 1999 年秋天停止了。

破产保护程序开始于 1999 年 8 月 13 日，而在 2000 年 12 月一个私人投资集团（由 Dan Colussy 领导）组建了铱星控股公司（Iridium Holding LLC），出资 2 500 万美元收购了 Iridium LLC（铱星公司），并立刻和美国国防部签署合同，为军方用户提供服务（合同价值 7 200 万美元），合同为期 2 年并最终延长到 2007 年。

2001 年 3 月，为客户提供的服务得到了恢复。

2003 年 12 月公司用户达到了 93 000 个，2004 年 7 月——10 万，2004 年 12 月——超过 11.4 万，2005 年 12 月——14.2 万，2006 年 11 月——16.9 万，2007 年 12 月——18.3 万用户。公司收入在 2007 年第一季度达到了 5 270 万美元。

2007 年 7 月，该公司有 20.3 万用户，并在 2008 年 4 月达到 25 万用户。

2009 年 4—9 月，Iridium Holding LLC 和 Iridium Carrier Holdings LLC（贝塞斯达，马里兰州）整合改组为 Iridium Carrier Services LLC、Iridium Satellite LLC 和 Iridium Constellation LLC，之后它们被 GHL Acquisition 公司收购，和中情局关系密切的 Greenhill & Co., Inc 基金专门从事公司收购与兼并业务，它具体安排了这次收购。此次合并得到了公司董事会的批准，也得到了所有铱星股东的认可。合并后，GHL Acquisition 公司改名为 Iridium Communications，这就是目前铱星系统的运营商。

GHL Acquisition 公司目前并没有参与公司的运营，Iridium Communications 公司（麦克莱恩，弗吉尼亚州）是 Iridium Holding LLC 的子公司并是铱星系统的运营商，而摩托罗拉公司今天还持有 Iridium

Communications 公司 18%的股份。

2005 年 Iridium Communications 公司开始筹划发射下一代卫星[131]。

铱星系统最终还是依赖私营资本在运作，该计划最终避免了类似于其他移动卫星通信项目可悲的命运，这些项目在 20 世纪 90 年代末期先后被终止了。国防部在 2000 年公开的资助并不是该计划最重要的救星，当时它使用该系统在太平洋地区为海军的移动用户提供服务，中情局也采用该系统用于在全球范围内和自己的工作人员保持通信。

铱星系统在 1998 年 11 月投入运营时，摩托罗拉公司已经投入了 60 亿美元，而在 2000 年 Iridium Communications 公司破产并被和国防部有关的私营公司买走，价格只有象征性的 2 500 万美元（650 万美元现金加 1 850 万美元的有价证券）。Iridium 的资产包括 66 颗卫星、地面站网络、房地产和知识产权，购买价格还不到原来价格的 0.5%。高效的商业行动！

据有关人士分析，铱星公司本质上是"中情局的私人卫星公司"[132]。

2.3.2.1 In-Q-Tel 公司员工激励机制

根据 MFTI 的调查数据，In-Q-Tel 一共有 35 名员工（另一说 55 名员工）。

员工的工作方向分为四个基本领域：

——远期规划；

——业务活动；

——创业计划；

——组织—技术活动。

为了吸引高技能人才从私营部门和国家机构进入 In-Q-Tel 的管理层，公司董事会还提供特别的补偿支付，并为董事会主席和管理委员会主席提供额外的现金补偿。

In-Q-Tel 公司雇员的薪酬由三部分组成：基本工资（Base Salary），年终奖（Annual Cash Bonus），长期雇员投资计划（Long-term Employee Investment Program），相应地公司会代为员工投资。

执行总裁（Chief Executive Officer）的基本工资按照同类的大型咨询公司的水平确定，比如 Mercer HR Consulting、Watson Wyatt 及 Pricewaterhouse Coopers；四个主要部门的基本薪酬主要参考高技术部门、非营利组织、政府承包商和风险投资公司。行政和技术人员的基本工资（包括行政主管）大约相当于这四个部门平均工资的 75%，而非技术雇员——大约 60% 的水平。

每年的年终奖基于公司的整体业绩、部门的情况和个人表现。奖金数额根据专门文件"奖励计划"（In-Q-Tel's Compensation Plan）来确定。该文件详细说明了公司、部门及个人表现的确定方法，按照该文件对部门和个人表现进行评估。每年的评估结果由中情局认可的人力资源委员会（Human Resources Committee）确认。奖金数额取决于部门和个人的评估指标。执行总裁可以得到其基本工资的 50% 左右的奖金，部门经理及其副手可以得到基本工资的 40% 左右的奖金，其他员工根据岗位职责可以得到基本工资的 2.5%～25% 的奖金。

长期雇员投资计划保障了 In-Q-Tel 公司在和其他高技术风投公司的竞争过程中可以吸引到足够的优秀人才。在私人风投公司，员工不仅有基本工资，还会获得他们参与公司投资的分红。In-Q-Tel 公司也采纳了该战略[133,136]。

2.3.3　In-Q-Tel 公司商业模式

2.3.3.1　高技术项目的创业融资，模型概述

私营公司的创业融资概念在美国的兴起始于 20 世纪 50 年代。这种融资方式特别适合高技术创新项目。

70—80 年代硅谷在信息、电信、生物技术等领域的创业融资奠定了它们进一步发展的基础。今天那些大型公司，如 Microsoft、Intel、Apple Computers、Compaq、Lotus、Sun Microsystems 在很多方面归功于风险投资。风险投资在 2000 年前后达到了创纪录的水平，当时的美国高技术项目投资达到了近 900 亿美元的水平[134]。

风险投资存在几种基本模式[135]。

传统的（私人）风险资本模式是由私人或者一些商业伙伴一起主

动建立一个创业基金，着眼于融资项目及高新产品在市场上的前景。为了这个目的，基金可能会创建一个专门的公司或参与它的建立。这种有前途的创新性项目投资也伴随着很高的风险。这种模式的重点是获取盈利。

风险资本融资企业的（战略）模式有别于上面的模式。它不是私人的，而是企业资本，并且资本通常是在项目融资符合公司的主要战略方向的情况下使用。这种类型的创业公司通常以母公司下面的子公司形式存在，并对一些风险性较高的战略项目具有融资能力。在这些拥有自己风险机构的公司中间，你会发现一些很大的公司，如 IBM、西门子、DoCoMo 公司、摩托罗拉、微软、杜邦、得州仪器和英特尔。这种模式的主要目标是，除了收回投资，还要寻找、创造和引进新的技术，创造新的就业机会和扩张业务。

国家创业模式主要用于以下情况，即这个有前景的风险融资项目有益于国家安全或者可以应用于国家级系统计划中。国家创业投资重点是寻找、开发和引进新的技术。这种融资可以是直接投资于公司股票的形式，例如，在美国按照这个原则中情局专门投资成立了 In-Q-Tel 公司，陆军有 OnPoint Technologies 公司、国家地理空间情报局有 Rosettex Venture Fund 公司、NASA—Red Planet Capital 公司。国家参与风险投资也可以是间接的、引导性的，包括提供一些国家关注的研究方向和技术的信息，以及可能会影响到后续投资决策的信息。比如美国海军的 VCs @Sea 公司和国防部的 Defense Venture Catalyst Initiative（DeVenCI）公司。

2.3.3.2 "Q-程序"

国家影响的商业模式表现为这类专门机构，如中情局，与私人投资同样向高技术项目提供扶持，可以将这种形式称为"Q-程序"[136]。如图 2.11 所示，这种模式主要涉及四个参与方。中情局完全控制着整个吸引投资的过程[119]。

协调中心（In-Q-Tel Interface Center，QIC）扮演中情局和 In-Q-Tel 之间桥梁的角色。由 QIC 在中情局和 In-Q-Tel 之间起连接作用，很

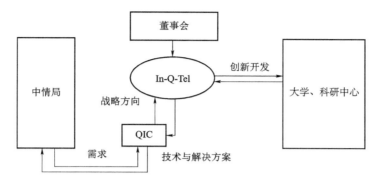

图 2.11　中情局对投资计划的监督[136]

大程度上是出于保密制度的需要。QIC 在这个层面起缓冲的作用。中情局的战略需求通过 QIC 传递到 In-Q-Tel，它再与商业机构、大学、国家科研中心合作，开发中情局所关注的高技术项目。QIC 有十三位专职的中情局官员，他们有权了解任何 In-Q-Tel 签署协议的信息，并作为中情局的代表批准这些协议的执行。

为 In-Q-Tel 开发的"Q-程序"用于创业项目的规划与管理（图 2.12）[136]。这个过程是互动的并且为 In-Q-Tel 和 QIC 的联合行动提供了程序，以便所有的项目参与方可以在项目实施的各个阶段进行必要的配合。

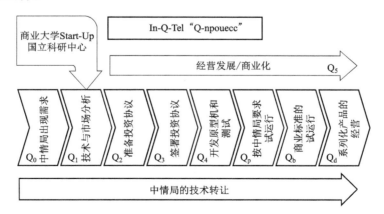

图 2.12　"Q-程序"[136]

下面我们看看"Q-程序"的详细内容。

Q_0——中情局出现需求

在这个阶段需要明确中情局的战略需求。基本上这个任务被分配给了 QIC。明确中情局对高技术的战略需求需要对情况进行分析，其中也包括了解主要的创新企业、商业公司、科研机构的研究方向。与此同时，和中情局内部潜在的采购方/需求方协调，以明确它们现实和潜在的需求。

下一步对产生的问题排序并评估解决问题的可行性。在此情况下部分限制性问题或者相关技术持有者不希望受到保密技术的限制，或者缺乏适当的知识产权保护模式，这些都是可以消除的。而另一些问题是属于跨机构的问题。对其余问题要进行归纳并按领域合并。

此外，QIC 和先进信息技术部（Advanced Information Technology Office）及情报部门的负责人对它们进行分类并明确优先开发的等级。

他们的工作成果会被送到中情局，在那里会检查所有提供的资料并确认有前景的领域的清单。In-Q-Tel 会为审核技术的可行性提供评估服务。最后审核通过的清单也要包括在中情局和 In-Q-Tel 的合同里。

Q_1——技术与市场分析

在此阶段主要进行项目的商业潜力调查。事实上，要对商业利益和技术可行性进行协调，开展对企业潜在市场的研究，预测其在不断变化的市场条件下的商业前景。

技术主要在三个方面考虑：

——对市场的总体调研；

——研究和特定公司签署合同的可能性；

——考虑情况，以确保技术在未来也会满足中情局的需要。

不同于传统的风险投资公司，当务之急不是商业上的成功，而在于项目对美国中央情报局的重要性。

Q_2——准备投资协议

保障中情局利益的协议，在 Q_0 阶段实现，技术所具备的商业潜力和潜在投资者的利益在 Q_1 阶段明确。

Q_2 阶段主要探讨未来投资协议的法律、技术和投资环节，明确对投资公司的选择，这里注意力主要集中于大型证券投资商。

在一些初步工作完成后要开始和选定的投资商准备投资协议本身。特别重要的是，投资的结果应当不仅仅考虑资本的收益率，获得中情局需要的最终产品才是重中之重。

Q_3——签署投资协议

这个阶段最重要的部分，除了签署投资协议，还有满足所有参与各方期待的最终协议、对商业效益的风险评估所提出的技术解决方案进行验证及对中情局所提要求的满足程度。

Q_4——开发原型机和测试

这一阶段最重要的就是在模拟实际操作（战斗）应用的环境中对原型进行测试，开发的技术可以在现实的任务需求中检验。根据实际测试的结果，可以对测试过程中暴露出来的不足进行改进和完善。

Q_p——按中情局要求试运行

这个阶段在很多方面类似于 Q_4，只是不是对原型的测试，而是对少量最终成型产品的试用版进行测试。正如在 Q_4 阶段，在产品的试用过程中对所有的技术开发和发展环节进行检查，确定调整的可行性及技术变化以满足中情局的现实需求。

Q_5——商业化

开发技术的商业活力对中情局是非常重要的，因为它可以显著降低产品的成本。在某种程度上由于投资人的参与，中情局的投入就可以减少。投资人的参与极其重要，因为情报机构往往需要的是专用产品，和高价值的系列化的商业产品有着很大不同。

商业化可以摆脱那种排他性。后续的经营（包括技术支持）一样有着很大的意义，如果产品可以实现系列化，那么成本也会显著低于那些专用产品的成本。

考虑到商业化的重要性，就可以理解产品商业属性的确定过程和需要满足情报机构需求的特殊性贯穿在"Q-程序"的大部分过程中。

Q_b——最终用户的试运行

这一步骤和 Q_5 阶段是非常相似的,但它是为了开发产品的最终用户。优化也是为各类客户按照商业价值的标准进行的。

Q_d——系列化产品的经营

系列化产品的运营符合中情局的利益,也符合商业用户的利益。

对比"Q-程序"的各个阶段和 DARPA 开发技术的生命周期,可以得出结论,它们的工作程序几乎是完全一致的——不同的也许在实验阶段和其后的系列化运营,In-Q-Tel 公司表现得更加明显。

2.3.3.3 中情局技术需求的构成

中央情报局的技术需求结构是在 QIC 决定的。根据这些要求,In-Q-Tel 公司形成自己的技术发展方向——优先课题清单,并以此为依据和该领域的高技术公司签署投资协议。

在 In-Q-Tel 公司参与后,这个高级研究合作组织最大的成果之一就是极高的决策速度与效率。特别是在中情局内部分析研究的过程,In-Q-Tel 公司出现以前,这个过程异常漫长。例如,仅仅是在工位上安装一台电脑,就需要 100 多个审核签字。

In-Q-Tel 公司的灵活性和随着中情局需求的动态变化不断调整投资结构的能力是非常出色的,通过图 2.13～图 2.16 就可以清楚地看到。

在某种程度上 In-Q-Tel 公司的成立就是为了提高中情局使用信息技术的效率,同样 In-Q-Tel 公司的兴趣方向从一开始就集中于信息技术并一直没有离开这个范围。"信息"作为 In-Q-Tel 公司的特点一直保持到现在。

中情局最近一段时间最著名的信息技术发展计划,就是 In-Q-Tel 公司和互联网巨人"谷歌"的子公司 Google Ventures 共同投资 Recorded Future 公司开发互联网信息监控项目。监控是实时进行的,系统可以描绘出事件的信息肖像,确定关键的个人、组织和他们之间存在的关系,再经过后续分析后,可以建立事态发展的动态模型并提供预测评估。系统的信息源来自网站、博客及推特账户的在线服务。

图 2.13 In-Q-Tel 公司 1999 年的技术活动架构

分析人士认为，中情局的这些投资开发说明，中情局的最终目标是实现全球监控，获取的不仅是传统的侦察目标的情报，还包括公民的个人隐私，其中也包括公民在社交网络上发布的信息。2011 年维基解密的创始人朱利安·阿桑奇在接受俄罗斯电视台英语频道"今日俄罗斯"采访时证实，Facebook、谷歌和雅虎是"有史以来最可怕的间谍机器"，所有的信息都从它们的信息库转给了中情局。

中情局还对谷歌公司的另一个项目有着浓厚的兴趣——谷歌地球，它是利用 EarthViewer 3D 软件由 Keyhole 公司开发的。这是一家专门从事绘图软件开发的公司，它于 2004 年被谷歌收购了。有必要回顾一下，"Keyhole"——也是当年中情局使用的侦察卫星的名字，而 Keyhole 公司开发的 EarthViewer 3D 软件，恰恰是 In-Q-Tel 公司投资的（关于"Keyhole"太空计划参见前面的章节）。

图 2.14　In-Q-Tel 公司 2009 年的技术活动架构

中情局从互联网获取信息的兴趣并不仅仅限于和 Recorded Future 公司的合作。和其他在这个方向上有前景的项目的合作，正有条不紊地展开。

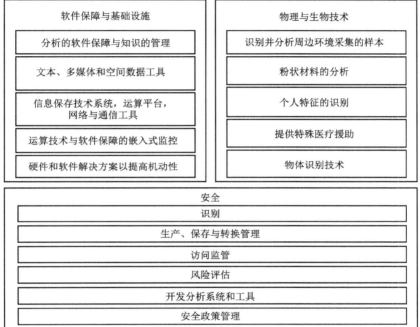

图 2.15 In-Q-Tel 公司 2010 年的技术活动架构

例如，2011 年 3 月 In-Q-Tel 公司扶持了一家名为 Fetch Technologies 的技术公司，它的基本研究方向——开发人工智能系统，可以将从互联网上获得的海量信息整合并进行综合分析。在该公司最新技术成果的帮助下，已经可以获取数以百万计网站上的实时信息。

In-Q-Tel 公司另一个积极发展的互联网技术研究方向就是信息安全，其中也包括用于云计算（Cloud Computing）的软件应用程序的安全性。云计算在解决大任务量工作时具有明显的优势——保障运算程序服务软件和基础设备实现了物理分离。这个优势的另一面是相应的保障软件和数据的高脆弱性，以及数据保有者将数据存放于不可信的环境之中。

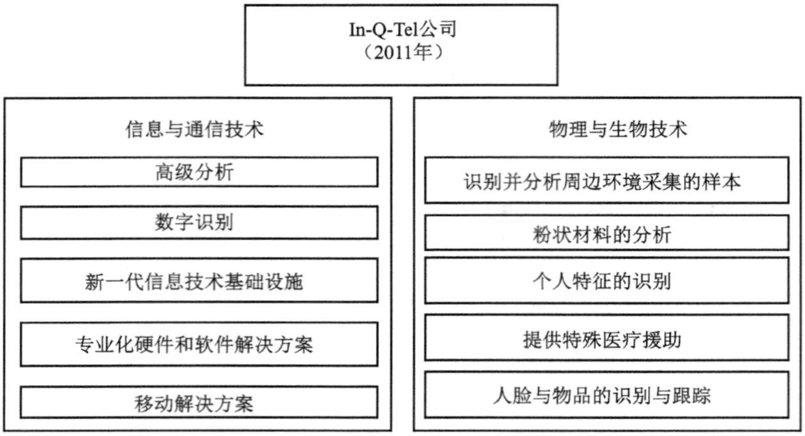

```
                        In-Q-Tel 公司
                         （2011年）
   ┌─────────────────────────┐   ┌─────────────────────────┐
   │     信息与通信技术        │   │     物理与生物技术        │
   ├─────────────────────────┤   ├─────────────────────────┤
   │       高级分析           │   │  识别并分析周边环境采集的样本  │
   ├─────────────────────────┤   ├─────────────────────────┤
   │       数字识别           │   │      粉状材料的分析       │
   ├─────────────────────────┤   ├─────────────────────────┤
   │   新一代信息技术基础设施   │   │      个人特征的识别       │
   ├─────────────────────────┤   ├─────────────────────────┤
   │   专业化硬件和软件解决方案  │   │     提供特殊医疗援助      │
   ├─────────────────────────┤   ├─────────────────────────┤
   │      移动解决方案         │   │    人脸与物品的识别与跟踪   │
   └─────────────────────────┘   └─────────────────────────┘
```

图2.16　In-Q-Tel 公司2011年的技术活动架构

In-Q-Tel 公司还资助了一些其他涉及网络安全的项目开发，并对一种被称为"零-日"（zero-day）的网络攻击技术——利用一种新近发现的以前没有被公布的漏洞对信息进行破坏——特别感兴趣，这种病毒暂时无法被删除或者阻止其复制（"零-日"的称呼也是由此而来，也就是"以前不为所知，第一次出现的威胁"）。开发出应对这种攻击的办法需要一定的时间，在此期间，恶意软件可以无限制地扰乱大量计算机的正常工作。正是如此，证实了"零-日"攻击特殊的危害性。

In-Q-Tel 公司还投入精力和研究以应对"网络僵尸"（botnet）——利用计算机系统在不知情的网络用户计算机上安装恶意软件（"僵尸"），允许黑客在计算机主人不知情的情况下，使用其计算机以达到自己的目的。

中情局的兴趣不仅仅是关注互联网技术的发展，还将很大部分注意力集中在图像识别手段和视频监控数据的智能管理系统（Intelligent Video Management System，IVMS）上，它可以将非结构化的视频信号转化为结构化的信息，以方便后续的分析和保存。这些研究与开发无论是对美国的国内安全，还是对中情局都具有重大意义，可以通过图像实现对人的搜索、识别和鉴定。在这些识别技术的支持下，行动中通过识别特定人物的图像，就可以用摄像机发现他的存在，这些获取的信息可以是实时状态的，也可以是回溯检索的视频档案。

In-Q-Tel 公司支持了 IT 领域很多项目的发展。In-Q-Tel 公司在信息技术领域的成功经验使中情局增大了自己感兴趣的技术范围，并由此扩散到了其他有前景的高技术领域。

最近在物理学和生物学领域的进步引起了中情局的极大兴趣，首先就是涉及反恐行动的技术，其中包括爆炸物、有害化学品和生物制品的识别（图 2.15、图 2.16）。

In-Q-Tel 公司非常关注能源获取技术，由于现在的技术系统存在大量的嵌入式设计，这种新型技术可以为嵌入系统的传感器提供能源供应，以提高传感器的自主性和生命周期。

薄膜电池生产技术广泛应用于微电子领域。这个方向的商业化开发成果的期待是基于这样一个事实，最近这些年在世界市场上，应用于各种嵌入式系统中的电能转化装置（太阳能、机械能、热能、电磁能）一直在稳步增长，其转化成电流后用于驱动各种嵌入式系统中的内置式传感器。这种转化装置是重要的元素，正是依赖它存储汇集能量并为用户端提供不间断的电能。这种蓄电装置的市场规模是每年 20 亿～100 亿美元[137]。

In-Q-Tel 公司一个非常有趣的研究方向是它开发了一个纳米技术平台，目标是以此为基础和细分市场上的领先公司进行合作，像从事国防与安全领域光电技术、计算技术、纳米光电、生物技术的公司。这种办法可以使我们对上述领域中存在的一些根本性问题找到新的解决方案，它的有效性是基于一些行业内公司已经获得必要的纳米技术并具备在自己的领域内有效利用的经验。

很难想象 In-Q-Tel 公司会支持利用生物技术获取能源这类想法。在这个方向的实验过程中获得了有趣的结果，利用化合物的定向选择和特殊蛋白质的构建，可以让有机和无机粒子起到催化中心的作用，然后得到噬菌体，再形成具有所需性质的合成材料，用这种材料制造的电极可以生产高容量大功率的蓄电池，它可以制造成任何形状，和传统电池相比有着巨大的优势。

In-Q-Tel 公司非常重视生物技术的发展。在这个领域提供了广泛的支持——从人类个体的基因结构到基因表达分析和准备 DNA 测序基因库。公开的基本工作方向——加快研发速度和提高实验准确度，减少试剂费用和人工操作成本。

中情局对生物技术的兴趣显而易见。在此我们不做详细的分析，只是举一个例子——*Civil Georgia* 杂志刊登的文章（2011 年 3 月 19 日）《格鲁吉亚和美国在第比利斯建立生物实验室》称："格鲁吉亚和美国政府代表 3 月 18 日在第比利斯为'公共卫生中央委托实验室'举行了揭牌仪式，这个实验室的建立花费了 1 亿美元，实验室的用途是根据政府方面的要求，对人和动物传染病及流行病学的情况建立一套集中监控系统。按照格鲁吉亚官方代表的话说，实验室'不会用于生物武器的研究'。"这里不需要注释。

高技术一直吸引着中情局的注意力。相应地，In-Q-Tel 公司的注意力并不仅仅局限于上面描述的科研方向。其实，还有很多例子对一些高技术开发项目进行了更详细的描述，在其开发过程中的不同阶段都得到了 In-Q-Tel 公司大力扶持。完整的开发名单将包括多达几百个项目的名字。

2.3.3.4　in-Q-tel 公司高技术项目的实例

（一）对网络来源信息进行分析的人工智能系统

人工智能系统的开发，可以整合并系统地分析从互联网获取的海量信息，Fetch Technologies 公司成立于 1999 年[138]，它是专门从事这个领域研究的。

2011 年 3 月中情局通过 In-Q-Tel 公司和 Fetch Technologies 公司签署了投资协议，但是对 Fetch Technologies 公司开发项目感兴趣的不仅仅是中情局，还有美国国防部，它和 Fetch Technologies 公司的联系通过 DARPA。以这个公司为例可以很清楚地看到在美国情报机构、权力机构和从事信息技术的大公司之间存在着紧密的联系。除了正式的联系外，它们之间还存在着非职业性的个人层面的联系。在所有这些机构中工作着数量有限的高层次专家，他们在国家机构和私人企业之间的"迁徙"，有助于安全保障。

例如，2008 年麦克·霍洛维茨（Mike Horowitz）来到了 Fetch Technologies 公司——他是谷歌 Picasa 的主要开发者之一（一种流行的图像处理软件）。Picasa 软件可以允许图像绑定到特定坐标上，而"谷歌地球"恰恰需要这种技术。回顾一下，"谷歌地球"的源出处正是中央情报局。除了"谷歌地球"，Picasa 软件还集成了一些流行的互联网工具——博客、G-mail 和 YouTube。正是通过这种形式，谷歌 Picasa 的一个主要开发者进入了 Fetch Technologies 公司，并具备了对海量的信息进行综合分析的可能。毫不奇怪，美国中央情报局通过 In-Q-Tel 公司，而国防部通过 DARPA 充分利用了出现的各种机会。

下面我们详细地看看 Fetch Technologies 公司开发的一个产品[139]。Fetch Live Access（FLA）这个产品可以让你对收到的大容量数据进行实时分析，并将这些数据转化为用户方便使用的格式。根据专家的估算，Fetch Live Access 软件可以监控 5 亿个网页，并获取超过 40 亿个单位的信息。

该产品的商业化版本针对的是普通用户，他们只需要在信息源选择名单中按照自己的特定要求进行筛选，Fetch Live Access 软件可以对网页实现自动监控，并对上一次查看网页以来的信息变化情况进行记录，并将数据转换成客户选择的格式（图 2.17）。

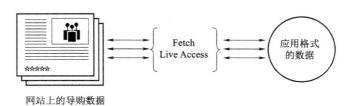

图 2.17　FLA 的工作示意图[139]

Fetch Live Access 软件的技术构成包含四个基本要素（图 2.18）：

（1）网站的分析——在这个阶段主要分析网站的结构和主要内容，明确客户对网站感兴趣的信息元素，发现信息的区域、需要的信息内容、明确信息获取的规则和程序。

（2）数据检索——使用特殊的算法可以优化过程，并且可以通过并行处理提高获取信息的速度。信息的获取可以是实时的或者根据提前设定的时间。在这一过程中还要对信息进行检查和过滤。

（3）数据转换——对客户选定的不同类别的信息进行标准化并整合到一个统一的格式中去（图 2.19）。

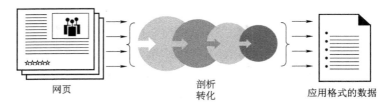

图 2.18　FLA 的基本技术元素[139]

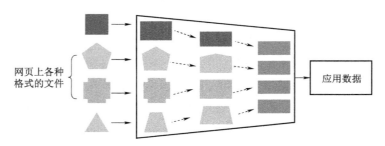

图 2.19　将数据转换为 FLA[139]

（4）监控——有必要提高所获情报的质量，因此必须对海量的信息进行检查，找到错误，监控情报的准确度和完整性，在必要时，对所获情报进行二次筛选。

正是通过这种方式，应用 Fetch Live Access 软件高质量地收集来自海量源头的各种信息。有了汇总后的信息，就可以进行复杂的多变量分析工作。

（二）视频信息智能管理系统

3VR Security 公司建立于 2002 年，主要从事视频信息智能管理系统（Intelligent Video Management System，IVMS）的开发，它可以将非结构化的信息转换为结构化的，以利于进一步的分析和保存[140]。

该公司的创始人史蒂文·罗素（Stephen Russell）从众多龙头公司，像 Inktomi Corporation、BEA Systems、IBM、Apple、USWeb 和 TiVo，吸

引了大批专家（上面曾经提到从事安全领域研究的高级专家在国有和私营机构之间的"迁徙"）。这些专家共同努力的结果，就是开发出一系列的产品，保障了公司市场领袖的地位：

——3VR SmartRecorders，混合型数字视频摄像机，就是建立在 3VR SmartSearch 的技术基础上，可以将原始的视频材料转化为结构性的信息；

——用于视频监控资料分析的软件，可以识别人脸、汽车号牌、跟踪观察目标的动态变化；

——3VR Data Integration Platform，系统集成平台，可以和其他系统一起进行视频信息的采集与处理，主要用于安全领域，包括门禁系统、数据传输系统、商场 POS 系统。

3VR 平台的实际应用主要是识别和监视移动的人脸，并和数据库中的资料进行比对，如图 2.20～图 2.24 所示。

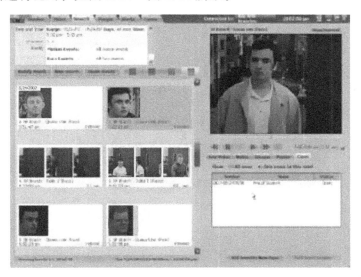

图 2.20　分析仪器的一体化控制面板[141]

大容量视频信息采集与处理领域的发展出现了明显的机会，这立刻吸引了 In-Q-Tel 公司的注意力，2005 年它和 3VR Security 公司签署战略合作协议，共同开发并使智能视频数据管理系统更加现代化。

图 2.21　外观[142]

人的发现和识别

图 2.22　对明确目标的搜索与识别[143]

（三）应对"零-日"的漏洞攻击

FireEye 公司[144]成立于 2004 年，是网络安全领域的领导者。该公司一直对应付"零-日"和"网络僵尸"的攻击怀有很大的兴趣。

这个问题的规模可以从下面的例子中看出，2010 年美国联邦调查局的工作人员发现，由于黑客的原因全世界 50 万台计算机被 Mega-D 病毒感染。根据联邦调查局的评估，全世界计算机中 32% 的垃圾邮件是感染了这种病毒所致。此前，在 2009 年，FireEye 公司的专家还化解了自身计算机上携带的"僵尸"病毒 Mega-D。

按照史蒂文·罗素自己对公司所开发的技术的评价，这些技术可用

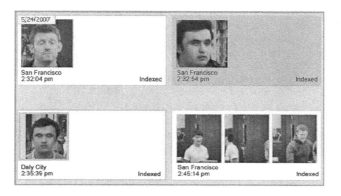

图 2.23 对移动人员面部识别的监控[143]

图 2.24 数据库中该人的基本识别数据[143]

于在互联网上对视频网站，如 YouTube 或者 Vimeo 一类所发布的视频进行搜索，这为美国情报机构在全世界范围内收集和处理视频资料提供了广阔的前景（图 2.25）。

公司一个很有前景的开发项目——FireEye Malware Protection System（MPS，恶意软件防护系统），它的基本原则是：

——为防止攻击采用动态的防御措施：通过对网络协议和应用程序的分析，对恶意代码进行自动分析并识别恶意代码的复制（利用未知漏洞）；

——拦截实时入侵的企图：防止恶意代码将窃取的信息拷贝到恶意的服务器上并在目标系统里安装额外的软件；

图 2.25 视频文件[143]

——设置装置以监控网络输入与输出流量（多种网络协议）：实时关联，对恶意代码进行分析；

——系统地积累现存的各种威胁的信息并开发在本地网络中对它们的防御方法；

——降低误报的比例，以及对攻击的漏报（1、2 类识别错误）。

2009 年 In-Q-Tel 公司和 FireEye 公司签署战略投资协议，联合开发应对网络威胁的防护手段——这一方向不仅是美国情报机构优先考虑的，而且所有的美国政府机构都是如此。

（四）互联网行为分析技术

Silver Tail Systems 公司[145]成立于 2008 年，专门从事电子商务网站的系统安全研发。公司的技术基础——互联网行为（启发式）的实时分析，应用的范围包括计算机犯罪。

2010 年 10 月 In-Q-Tel 公司和 Silver Tail Systems 公司签署了投资协定。

行为分析的实质是，安全系统对电子商务用户某些类型的行为和战略在标准软件操作模式下进行自定义，和标准模式之间出现的偏差被认为是潜在的威胁，可以对其进行实时跟踪并组织有效的应对（图 2.26）。

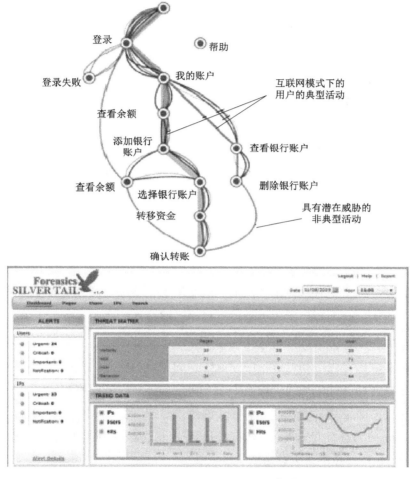

图 2.26　网络行为的实时分析[145]

传统的在信息技术领域的犯罪一般是窃取登录密码、信用卡账号、个人信息、传播恶意软件/病毒，等等。安全系统的开发者就是以某种方式和这些犯罪现象做斗争。

但是还存在另一种类型的网络犯罪（正在积极发展的）——欺诈，其利用了合法的电子商务系统和金融机构的网站。例如，在商业银行网站上大规模注册账号，以便将非法收入合法化或者得到新开账户的刺激奖励。直接禁止这种行为对于银行来说，既低效，也不合适，可能会导致诚信客户的流失并给银行声誉带来负面影响。

开发基于行为分析的研究项目对于打击此类犯罪将更有效。

（五）"云"计算的安全

在计算机安全这个市场上，Veracode公司[146]是"云"计算软件领域的领袖之一。"云"计算——这是分布式计算技术，其中信息和处理手段存储于远程服务器中并通过互联网服务提供给用户。

网络"云"的主要威胁来自"云"公司开发软件的代码，它们通常由第三方开发，这些软件中经常包括开源式的代码，甚至直接将软件开发外包，在此情况下无法对其进行足够的安全测试以找出存在的漏洞。

Veracode公司开发的SecurityReview软件，可以保证在恢复代码（Reverse Code Engineering，RCE）的基础上，采用二进制对软件进行分析，而无须访问源代码。为了恢复代码，综合性地使用了软件工具，如反汇编程序、将机器代码转化为汇编程序、反编译程序、将汇编代码转换为高级语言程序和分析程序完成过程的调试。

综合性软件工具的管理集中在一块信息屏上，可以监控软件工具的工作，按照结果的重要性排序并实施决策支持（图2.27）。

In-Q-Tel公司对Veracode公司的投资是2008年6月完成的。

（六）将手写文本转换为电子格式

Adapx公司[148]1999年成立于华盛顿州的西雅图。公司专门从事软件开发，可以将纸质文件中的手写文字、图纸或地图转化为数字形式的Microsoft Office、PDF、SharePoint、ArcGIS和AutoCAD格式。公司开发的Capturx装置是综合性的，包括专门的数字笔、无线接口和软件（图2.28）。

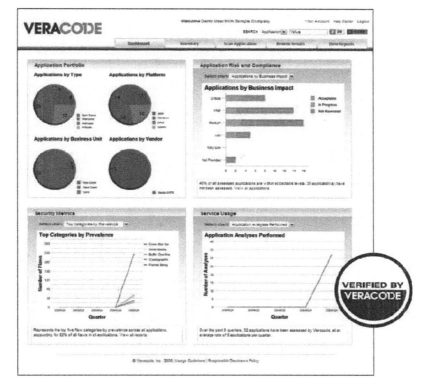

图 2.27　风险管控的统一门户[147]

图 2.28　将手写文本转换成数字形式[148]

　　Adapx 公司目前正在从事混合技术领域的研究——语音识别、图像识别、手写识别——为不同的计算机系统开发统一的用户界面。这项工作是和 DARPA 合作进行的。

　　In-Q-Tel 和 Adapx 公司的合作始于 2008 年 7 月。

(七) 无线传感器网络的供电

另一项中央情报局非常感兴趣的技术就是通过嵌入式供电系统为其他技术系统供电，这种技术可以保障系统中嵌入式传感器的正常工作。同样，也可以用于组织传感器与控制系统间信息的自动交换，保障对所有技术系统的功能进行远程监控。

这种嵌入式供电技术是非常重要的，特别是对于组建无线传感器网络。对无线传感器网络（Wireless Sensor Network，WSN）通常理解为将分布式系统整合在一个传感器、微处理器、供电系统和射频收发器上，通过无线信道实现连接。在网络内部这样的装置可以是固定的，也可以是相对移动的，它不会在整体上破坏网络的拓扑结构。无线传感器网络可以整合设定技术参数的测量功能和自然实体，对测量结果进行预处理并传输数据，以进行进一步的分析。

这些技术对于获取情报信息特别重要，但是在非军事领域它同样具有价值。民用无线传感器的应用范围很广，包括工业、建筑、交通、医药和环境保护等领域，这些技术对于 In-Q-Tel 公司来说，有着广阔的商业化前景。

无线网络技术在全球正获得越来越重要的地位。伴随着那些著名的无线技术，如 Wi-Fi 和 Bluetooth，无线网络技术正在迅速地发展。市场分析显示（图 2.29），短期之内，无线传感器网络技术在所有领域内都

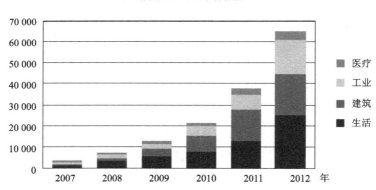

无线传感器网络的市场容量

图 2.29 无线传感器网络的市场潜力研究[149]

会稳定地增长，在消费类电子和工业领域增长速度将尤为惊人。

无线传感器网络技术的应用范围正在日益扩大。该技术在传统领域的应用，主要是在工业领域——监控生产过程，在交通领域——管理货物流通，在建筑领域——监控建筑物和桥梁的状态，在环境保护领域——监控周边环境状况，而国防与安全领域对无线传感器网络技术的重视程度远超上述传统领域，已经具备经验利用无线传感器网络技术搜索放射性物质[150]和在城市条件下对狙击手定位[151]。

无线传感器网络的发展必须开发自主电源技术。在这个领域有前景的研究方向之一，就是将周边环境中各种振荡物体的机械能转化为直流电。这种技术是为无线网络供电的关键，它可以有效提高无线网络的性能，比如自主性、耐久性、寿命。

当前，无线传感器网络的供电是利用蓄电池，而蓄电池是需要充电和更换的，这就极大限制了它在难以到达的地方使用的可能性，当然也就限制了情报的获取。

无线传感器网络供电设备的市场前景见图 2.29、图 2.30，通过对比可以看出，对供电设备的需求增长是和无线传感器网络市场的增长同步的。如图 2.30 所示，蓄电池和固定电源转换装置在这个市场上将会出现显著增长。

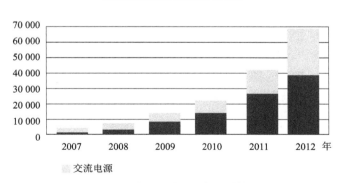

图 2.30　无线传感器网络电源的市场潜力研究[149]

下面的例子可以作为 In-Q-Tel 公司实施先进技术商业化的成功案例。2007 年 5 月 In-Q-Tel 公司和 AdaptivEnergy 公司签署投资合作协议，共同开发无线传感器网络供电设备。Joule Thief 系列产品是由 AdaptivEnergy 公司开发的，它可以随机使用周边环境中来源不同的能源（汽车、机械、桥梁、建筑、散步的人、风、流水、开合门等），将机械能转化为电能。这个装置的工作原理来自压电效应（RLP 技术，加强型 Laminated Piezo——超强多层压电），相比于其他压电技术它可以获得很高的压电变形速度，由此产生较大的电能。此外，压电强度的提高也会显著增加整个装置的使用寿命。整体而言，由于使用了 RLP 技术，Joule Thief 系列产品即使是在十分恶劣的条件和环境下，也比同类产品更可靠、更有工作效率。

机械能转化为直流电并用于无线传感器网络的示意图见图 2.31。

典型的无线传感器单元结合了三个功能：

——传感器接收周边环境的相关信息；

——微处理器负责处理相关的信息；

——发送器负责将收到的信息通过相邻节点的无线网络发送出去。

对于我们所讨论的装置最重要的就是终端对供电功率的要求。当微处理器、传感器和射频收发信机集成在同一个单晶芯片上时，就可以实现效率最大化。而对功率的需求可以通过包括低功率模式下的优化来实现。在这种体制下，微处理器包括低功率模式和工作状态下的再次激活模式，高效的电源管理由微处理器程序实施控制。

另一个关键性的要求就是高效利用周边环境中存在的可以有效利用的振荡能量。必须考虑到，在很多情况下机械能量源的振荡频率在周边环境中是会经常改变的，虽然部分振荡具有周期性特征，但是总体而言，它们是随机的。例如，汽车运动所产生的振荡，就属于随机振荡。在这种情况下在很宽的频谱范围内存在着各种不同振幅的振荡，影响频谱的因素包括车辆种类、运动速度、道路条件和车辆能量转化装置的状况，等等。

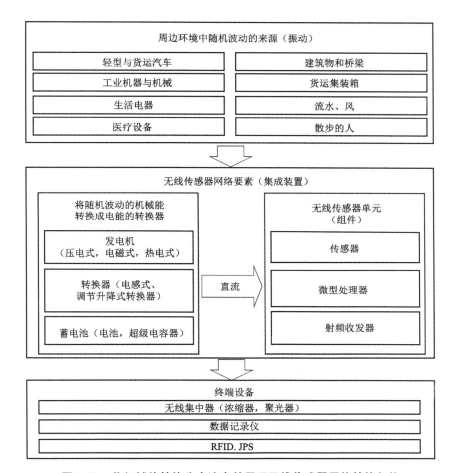

图 2.31　将机械能转换为直流电并用于无线传感器网络转换架构

图 2.32 显示了在不同类型车辆上设置能量转化装置后的实时数据（轿车、面包车和轻型货车）[152]。虽然从整体上看，振荡显得没有规律和混乱，但还是可以明确一些基本来源（例如，来自悬挂和轮胎的振荡）。

图 2.33 显示的就是我们讨论的设备外观 [Joule Thief Random Vibe Module（JTRA-e5mini）]。

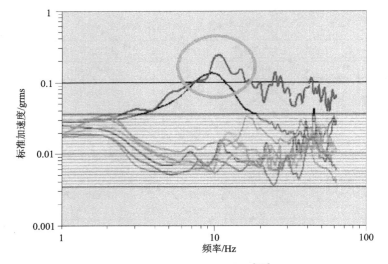

图 2.32　实际的振荡范围[152]

图 2.33　设备外观[152]

（八）薄膜电池设备

Infinite Power Solutions 公司[153]是微电子领域中设计和制造薄膜电

池的领袖。

近年来，在世界市场上将周边环境中的能源（太阳能、机械能、热能、电磁能）转化为电能，并为各类内置式微电子系统供电的装置取得了显著的增长。这种转化器的重要组成部分就是收集汇聚的能量并为最终用户提供不间断能量的装置。

LITE★STAR 微型蓄电池的性能远远超过其他公司的同类产品，并且可以用于手机、笔记本电脑、有源射频标签和可植入医疗装置、智能卡、生物识别传感器、无线传感器网络等领域。

而这种研究在国防和安全领域的用途是：

——可以用于引信和自毁装置；

——可以用于"未来战士"的装备、个人通信装备；

——可以用于多功能头盔、外骨骼；

——可以用于内存设备和数据备份系统中的实时计时器。

2006 年 9 月 In-Q-Tel 公司和 Infinite Power Solutions 公司签署战略投资协议，同年 11 月就拨款 3 470 万美元用于提高微型电池 LITE★STAR（图 2.34、图 2.35）的产量，并同时开始了下一代产品的设计工作。

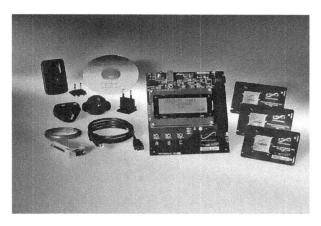

图 2.34　微型嵌入式薄膜蓄电池 THINERGY 系列产品[155]

这种合作的成果之一就是开发了 THINERGY 微能源电池（Micro Energy Cells，MEC）——超薄高性能电池，在整个使用寿命周期可以承

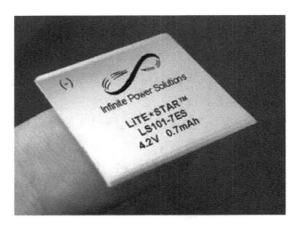

图 2.35 LITE★STAR 微型蓄电池尺寸对比[156]

受 10 000 次的充电/放电循环，可以承受几十万次的局部充电/放电循环并可以保存电能长达数年。根据生产商提供的数据，将电池充到满容量的 90% 约需 8 分钟。电池的工作温度范围是 $-40℃\sim 85℃$。

据报道，2010 年 11 月 THINERGY 微能源蓄电池成功地在西科斯基 MH-60S 直升机上进行了飞行中的无线数据传输实验。该无线传感器网络包括应力计、加速度传感器和角速度传感器。实验是应美国海军航空兵部队的要求进行的[154]。

这种蓄电池的最重要的优点是它的环保性，相比普通的蓄电池，它在生产过程中使用低毒性的材料。此外，由于不存在电解液，所以也没有爆炸的风险。

THINERGY 微能源蓄电池的生产工艺应用了真空沉积技术在电池的无机材料表面镀膜。阴极是基于锂钴氧化物（$LiCoO_2$），使用磷酸锂 LiPON（Lithium Phosphorus Oxy-Nitride）作为固定电解质，而阳极采用金属锂（Li）。它们共同形成 4.2 伏的电池，整个电池包括外壳的总厚度为 170 微米。

（九）电源管理模块

Nextreme Thermal Solutions 公司[157]专门从事电信、电子、航空航天领域的散热管理模块和省电模块的设计和开发，当然，在国防与安全领域也是必不可少的。该公司是 2004 年从主要从事薄膜热电材料商业化的 RTI International 公司分离出来的一个部门单独成立的。

目前商业机会主要体现在三个基本方向上：

——OptoCooler Family，家庭用光电散热器，主要用于光电装置的散热和温度监控，比如应用于半导体领域的光电放大器、激光二极管和发光二极管以及电信领域（图 2.36、图 2.37）；

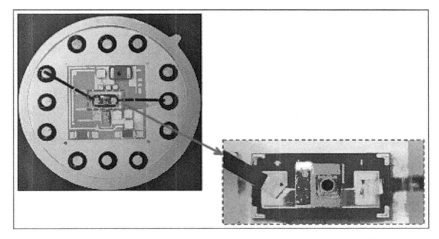

图 2.36　内置于二极管中的微型模块 OptoCooler UPF4[157]

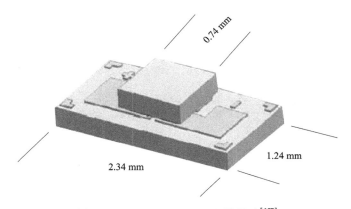

图 2.37　OptoCooler UPF4 的尺寸[157]

——Embedded thermoelectric cooler（eTEC），内置式热电散热器，主要用于高性能互补型金属氧化物半导体芯片、射频—光电元器件和 DNA 分析芯片的散热与温度控制；

——Miniature thin-film thermoelectric generator（eTEG），微型薄膜热电发生器，用于散热和处理热电转换过程中额外的电能。

In-Q-Tel 公司与 Nextreme Thermal Solutions 公司的合作始于 2005 年 10 月。

（十）生物电池

Cambrios Technologies 公司成立于 2002 年，最初叫 Semzyme 公司，2004 年 8 月改用如今的名称。该公司的创始人安吉拉·贝尔彻（Angela M. Belcher）是麻省理工学院教授，从事材料科学和生物技术领域的研究。另一个创始人伊夫林·L·胡教授（Evelyn L. Hu）来自哈佛大学，是生物—纳米技术专家。成立这家公司的目的是实施科研成果的商业化。

该公司一切设计和开发的基础都来自安吉拉·贝尔彻的研究。利用基因修改后的 M13 噬菌体具备化学选择性特点，可以和有机物与无机物结合，其中也包括金属和半导体（图 2.38）。

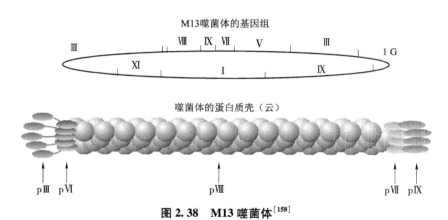

图 2.38 M13 噬菌体[158]

M13 噬菌体是一个单链环状 DNA，长度约 7 000 个核酸。外壳由主蛋白 pⅧ 和编码的表面蛋白 pⅢ、pⅥ、pⅦ 和 pⅧ 包裹。编码的表面蛋

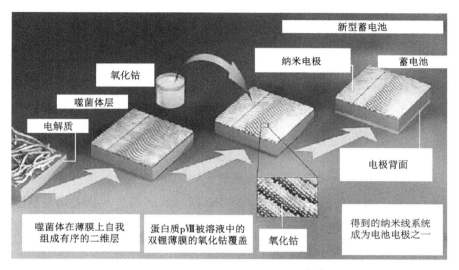

图 2.39 锂离子电池电极的合成[159]

白可以由不同类型的蛋白组成并具有不同的化学性质。由于这些组合物和蛋白质的结构具有定向选择特性，可以像催化中心那样对有机与无机颗粒核化，就可以得到噬菌体，即合成所需的材料。

下面我们以锂离子电池电极的合成为例详细了解一下整个过程（图2.39、图2.40）。在噬菌体繁殖过程中，在专门的化学环境下合成一种特殊的蛋白质，它可以有选择性地和钴离子结合，在固体高分子电解质层沉积噬菌体、氧化钴，以此保障离子和电解液的循环交换。

这种方式得到的电极和传统的氧化钴电极相比有着明显的优

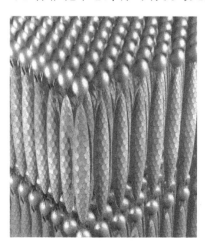

图2.40 三维液晶是由大量M13噬菌体（梭状）和无机纳米晶体（球状）结合组成的一种有序的自我组织结构[159]

势——通过形成松散多孔的表面拥有了较大的面积,进而提供了高比电容和电池电源。此外,由于电极之间的距离很小,还可以保障快速充电和放电。利用这种技术电池可以做成任意形状,意义重大。其明显的优点是制造成本低、安全、环保(制造过程不使用有害的化学试剂),并且制造电池的材料也是非毒性的。

Cambrios Technologies 公司和 In-Q-Tel 公司的合作始于 2004 年 12 月,当时 In-Q-Tel 公司拨款 900 万美元支持开发电子原材料。2005 年继续支持了该项目的开发,并拨款 1 200 万美元用于后续研究。

Cambrios Technologies 公司的研究不仅吸引了中情局的注意力,美国国防部也表现出了浓厚的兴趣,2010 年 4 月国防部和该公司签署了价值 1 400 万美元的合同,在 ClearOhm 的基础上开发轻便、灵活、经济、高效的太阳能电池。

(十一)Arcxis Biotechnologies DNA 的分析

使用常规技术做 DNA 分析往往受灵敏度和选择性的局限。作为一项规则,灵敏度可能会导致选择性成本的增加,反之亦然。Arcxis Biotechnologies 作为一家私营公司主要从事生物医学设备的开发,Tentacle Probes 技术可以整合分析的灵敏度和选择性,使它成为同类产品中最有效的。

Tentacle Probes 的技术基础是其探针的设计——带有荧光信标的 DNA 片段用于和专门研制的 DNA 分子杂交,可以识别和它互补的核苷酸序列。荧光信标被用于实时分析,并且可以确定样品的 DNA 数量(图 2.41)[160]。Tentacle Probes 技术在对抗生物恐怖袭击[161]的斗争中开创了新的可能性,并且可以应用于特种行动中。中情局毫不掩饰对该技术的兴趣,2009 年 3 月它通过 In-Q-Tel 公司和 Arcxis Biotechnologies 公司签署了投资协议。它们的合作很成功,2010 年 2 月又签署了新的协议,显著地拓宽了合作范围。

(十二)FEBIT 集团 DNA 结构的研究

FEBIT 集团专门从事基因工程和 DNA 结构研究工作。基因组研究面临的最大问题在于,它是由多达 32 亿对核苷酸碱基构成的。基因组这种高度的复杂性导致难以对其包含的信息进行系统性分析(图 2.42)。

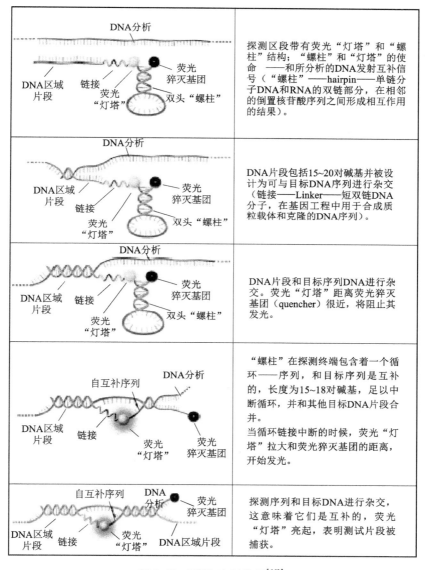

图 2.41 DNA 实时分析[160]

为了克服这种困难，FEBIT 集团已开发出独特的技术，可以显著提高研究工作的效率。

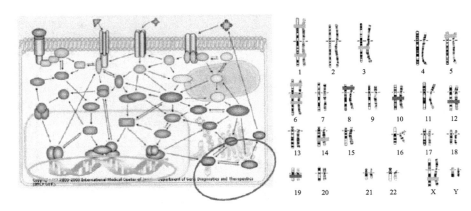

图 2.42 基因组中核苷酸碱基对的划分问题[162]

FEBIT 集团包括以下公司：

——Febit 公司，总部设在列克星敦（美国，马萨诸塞州），在 DNA 分析和合成领域提供全方位的产品和服务，主要服务地区包括美国、加拿大和南美。

——Febit holding GmbH 公司，位于海德堡（德国），是战略整合和行政中心，协调 FEBIT 集团其他三家公司的活动。

——Febit biomed GmbH 公司，也位于海德堡，专门从事欧洲地区的 DNA 技术开发与销售；公司的产品主要用于科研机构和诊断机构的临床试验以及制药行业；公司开发的 Geniom 技术提供了一种多功能工具，可以用于微型基因芯片的分析，实现生物芯片样品加载过程自动化、主动杂交及对它们进行实时或者特定时间的分析。生物芯片技术甚至允许创建合成基因。

——Febit synbio GmbH 公司，位于海德堡，是技术和服务供应商，主要从事生物合成及相关学科领域的研究。

FEBIT 集团与 In-Q-Tel 的合作始于 2008 年 11 月，当时双方签署协议共同开发柔性、高敏感度、全自动化的平台，用于对已知的和新发现的病原体进行综合性检测与分类。

2009 年 3 月 FEBIT 集团的 DNA 芯片 HybSelect 正式投产。这项设计

被 The Scientist[163] 杂志评选为年度十大创新技术之一。

DNA 芯片（DNA microarray）技术——应用于分子生物学和基因工程领域 DNA 序列组的同步测定、基因表达谱的研究和基因突变的测定（图 2.43、图 2.44）。尤其是这种技术可以使确定某种特定疾病发展的基因组片段成为可能。

图 2.43 微型芯片 HybSelect 的特点是具备大量基因片段的分析能力，以进行下一步的处理[162]

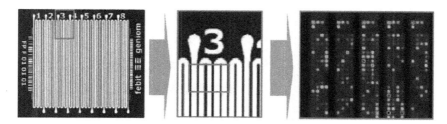

图 2.44 取样探测器在微流体生物芯片内部捕获的带有标志的杂交 DNA[162]

FEBIT 集团采用双向经营模式获得自己的发展。客户可以直接访问 FEBIT，进行 DNA 片段的分析，也可以购买 HybSelect 技术独立进行实验。为了加快实验过程还可以采用 Geniom Biochip 分析仪进行分析，它是为了配合 HybSelect 技术而开发的，也可以使用 Geniom RT Analyzer 多功能分析仪，对基因芯片进行分析。

（十三）生物分析和基因实验系统

Fluidigm 公司主要从事生物分析和基因实验系统的开发与生产。Fluidigm 公司的技术基础主要建立在微流体芯片的独特性能上，可以对聚合酶的链式反应方式进行多参数的实时分析，具备更高的灵敏度和功能性。

微流体芯片的工作原理是基于毛细管电泳效应。芯片本身是由硅材料制造的，类似于硅材料制造的普通芯片。芯片结构包括复杂的微观聚合物通道系统，测试液体可以在毛细管力的作用下通过该通道。

公司开发的技术可以应用于各种研究领域——从个人的基因结构到基因表达分析以及 DNA 测序时基因组库的准备。Fluidigm 的技术的主要优点在于提高了实验的速度和准确度，降低了试剂成本并减少了测序时的人工操作环节。Fluidigm 平台另一个突出的优势体现在可以使用任何生产商制造的试剂盒。因此，2010 年 10 月 Roche 公司和 Fluidigm 公司宣布，将在市场上联合推广 Fluidigm Access Array 平台与 GS Junior 或者 GS FLX 测序系统[164]。

该公司基本的产品线包括：

——BioMark 系统：用于基因表达分析、SNP-基因分型、确定每类基因的复制数量（Copy Number Variants，CNV）、准备 DNA 测序时的基因组库；

——Fluidigm EP1 系统：利用聚合酶的链式反应法和"终点"法，专门用于实时的遗传分析，进行高效基因分型和基因复制的分析；

——TOPAZ 系统：用于蛋白质结晶，建立各种生物有机系统运作的分子机制（图 2.45～图 2.47）。

2004 年 11 月 In-Q-Tel 公司与 Fluidigm 公司签署投资协议，为其提供了大量的资金。

（十四）用于遗传研究的便携式设备

IntegenX 公司成立于 2003 年 7 月，最初叫 Microchip Biotechnologies, Inc.（MBI）。公司位于加利福尼亚州，专门从事便携式遗传研究设备的开发、制造及销售。IntegenX 公司的特点是专注于分析样本设备的制

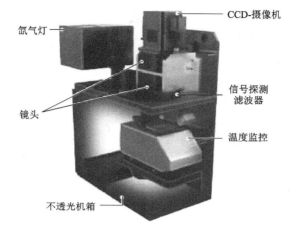

图 2.45 BioMark 系统的外观和内部结构[165]

图 2.46 TOPAZ 蛋白质结晶系统[166]

造。通常这种实验设备的制造过程复杂而昂贵。研究人员被迫采用手工操作或使用大型而昂贵的自动化系统。此外，使用现代化分析手段需要消耗的原料高达 10^9 L，而传统方式也要消耗 10^2 L。这导致昂贵的材料和试剂产生不必要的浪费。

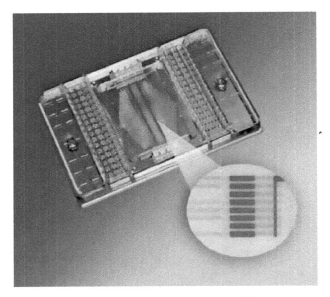

图 2.47 TOPAZ 8.96 筛分芯片[167]

IntegenX 公司开发出了 Microscale On-chip Valves（MOVe）技术，旨在简化预处理、样品制备、样品分析的程序，并将所有这些程序整合在一块芯片上。基于该项技术，人们可以对空气和水中存在的生化毒素和其他危险病原体进行实时的连续采样（图 2.48、图 2.49）。

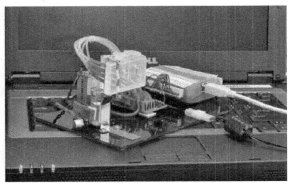

图 2.48 微型毒素分析模块[168]

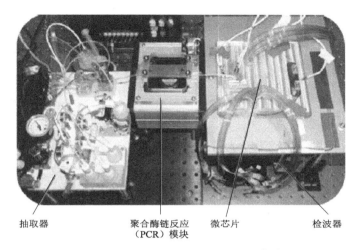

图 2.49　用于生物识别的集成平台[168]

（图中标注：抽取器、聚合酶链反应（PCR）模块、微芯片、检波器）

IntegenX 公司在 MOVe 技术的基础上开发了阿波罗（Apollo）系列平台：

——Apollo 100 系统：用于提高 DNA 样本测序准备过程的效率；

——Apollo 200 系统：DNA 鉴定样本制备集成系统，保障 DNA 样本资料的自动化处理；

——Apollo 300 系统：提供 DNA 测序库的一体化与自动化解决方案。

——Apollo 324 系统：该公司最新开发成果，2010 年 11 月推出，提供 Apollo 300 系统的后续解决方案。

IntegenX 公司开发的产品引起了美国强力部门的注意。2010 年 10 月该公司获得了美国国防部的合同[169]，合同的主要内容是开发转基因和新的病原体检测系统，以减少对军人健康的威胁。合同价值 1 500 万美元。此前，2006 年美国国防部已经通过陆军埃奇伍德化学和生物中心（Army Edgewood Chemical and Biological Center，ECBC）为 IntegenX 公司（当时还叫 Microchip Biotechnologies，Inc.）拨款 100 万美元用于分析研究。同样是在 2006 年，DARPA 与美国军工企业诺思罗普·格鲁曼公司签订合同，开发便携式系统，以检测生物战剂，包括细菌、病毒和毒素。执行该合同的合作方之一就是 Microchip Biotechnologies，Inc.。

中情局对上述技术领域都充满了兴趣，2006 年它通过 In-Q-Tel 公司向 IntegenX 公司投资 450 万美元以支持其研发项目。投资非常成功，2009 年 In-Q-Tel 公司与 RONA Syndicates 公司及其他投资方共向 IntegenX 公司追加投资 1 810 万美元。

（十五）自适应光学技术

LensVector 公司专门从事自适应光学技术开发，以实现动态调焦控制。传统上为解决这个问题，在照相机镜头上使用复杂的、工作寿命较短的机械聚焦系统。传统方法之外还存在着被称为"液体透镜"（liquid lens）的技术——它可以根据电流的变化调整透镜焦距（图 2.50）。

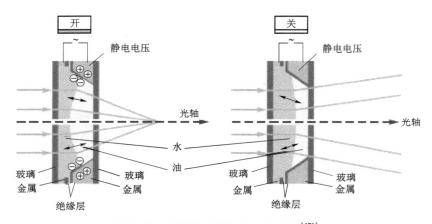

图 2.50 "液体透镜"的工作原理[170]

"液体透镜"的工作原理是：水或其他电解质与另一种介质（油）混合后放置在两块玻璃基板之间，由于油的疏水性，它不会和水混合，但可在水中形成特殊的表层。在金属壳体提供的弱电压作用下，这种特殊表层构成的电解质可以改变自身的形状，从而改变透镜的光学性质。因此，通过改变电压，就可以改变整个光学装置的焦距。它不需要任何机械部件，可以显著降低器件功耗，提高透镜的变焦能力和镜头的寿命。

全球领先的电子和光学设备制造商都在积极地引进"液体透镜"

技术。三星电子就是LensVector公司的投资人之一，2010年年底在美国获得了"液体透镜"镜头专利[171]。

不久，"液体透镜"技术得到了进一步的发展，LensVector公司开发出了LensVector AutoFocus（LVAF）技术，不再使用液体对焦，而是利用固体板来实现，它的折射率和"液体透镜"大体相当（图2.51、图2.52）。

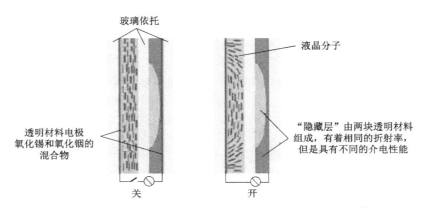

图2.51 LensVector AutoFocus（LVAF）的工作原理[170]

LensVector AutoFocus（LVAF）技术的基础在于"隐藏层"（Hidden Layer）具备的特殊性能。它由两块一样的透明材料组成，具备相同的折射率和不同的介电性能。正常状态下，光可以透过这些材料不发生折射，但是当在两块平板电极之间出现电压的时候，两块介电材料的性能出现分化，液晶层分子指向性发生变化，进而引起光束焦距的改变。

LensVector AutoFocus 技术具备

图2.52 LensVector AutoFocus（LVAF）的尺寸对比[172]

极大的商业潜力。世界领先的摄影器材和电子产品制造商和零售商，如三星电子、三井集团和柯达公司已经投入超过 5 000 万美元用于支持 LensVector 公司在这一领域的研发。据专家介绍，2010 年大约 16% 的手机都装有 LensVector AutoFocus 自动变焦摄像头。

2010 年 5 月中情局通过 In-Q-Tel 公司和 LensVector 公司签署投资协议，划拨资金以开发符合美国情报机构需要的特种设备。

（十六）量子点

Nanosys 公司成立于 2001 年，公司的主要目标是实现纳米技术的商业化。

Nanosys 公司在光电领域最新的科研成果就是 QuantumRail LED 技术，通过应用量子点（Quantum Dot，QD）该技术可以显著扩展现有液晶显示器的颜色范围和颜色深度，并提高它们工作的能源效率。量子点——这是一个半导体纳米晶体，具有在特定方位内发出亮光的属性。如果将其集成至液晶显示器的背光 LED 上，就可以更加均匀地将白光散布到整个屏幕的表面，由此可以显著提高图像的质量。因此，如果说应用于笔记本电脑和移动电话上的液晶显示屏可以达到国家电视标准委员会（1953；National Television System Committee，NTSC）确立的标准的 60%～70%，那么在应用了 QuantumRail LED 技术后，不仅百分之百符合该技术标准的要求，而且一些参数（例如，基本颜色的色彩饱和度：红、绿和蓝）甚至超过它（图 2.53）。

该技术的商业前景得到了液晶显示器市场巨头 LG 和三星电子的认可，2010 年它们分别和 Nanosys 公司签署协议，进行产品的联合开发和生产（图 2.54）。

除了液晶显示器，Nanosys 公司还在开发基于 SiNANOde 技术的锂离子蓄电池，它可以显著提高电池容量（至 40%）。

中情局对 Nanosys 公司产生兴趣是在 2003 年，In-Q-Tel 公司随即与其签署了投资协议。

图 2.53 量子点在溶液中和附着在细微的头发上[173]

图 2.54 LG 屏幕的样本[174]

2.4 高级情报研究计划署（IARPA）对高技术项目的资金支持

通过 In-Q-Tel 公司资助有前景的高技术项目进行研究，受益人主要是美国的情报机构。这种方式存在着不足，原因就是该公司复杂的法律地位，形式上它是私人的，却又从联邦预算直接获取资金支持，造成了明显的法律冲突。

规模的增长和情报机构面临挑战性质的变化，要求增加拨款用于有针对性的研究，这又导致需要建立专门的机构来从事该项目的研究。

可以成功完成此类任务的机构已经存在，这就是高级研究计划局——DARPA，由国防部组建于 1958 年。以其经验为基础，同样可以为解决情报机构面临的任务提供借鉴。

2007 年 1 月国家情报总监办公室（Office of the Director of National

Intelligence，ODNI）正式通知美国国会组建 IARPA——专门服务美国情报机构的特殊组织（图 2.55）。同年 5 月，在美国国会情报常设委员会提交的报告中已经考虑了为 IARPA 解决资金的问题[175]。除了资金问题，报告中还考虑了 IARPA 的职能和领导，并指出了解决该问题过程中存在的不足。

图 2.55　IARPA 的标志

IARPA 的职能运作方向和领导选拔问题于 2008 年 1 月得到解决。第一任局长为丽莎·波特（Lisa Porter），她此前曾就职于 DARPA 和 NASA。在丽莎·波特被正式任命前由蒂姆·墨菲博士（Dr. Tim Murphy）代理署长一职。

值得注意的是波特博士的学术兴趣范围，包括核物理、等离子体物理、太阳物理、材料性能的数字建模、爆炸物探测等。在 NASA 工作期间，波特主持开发了高超声速巡航导弹 X-51A 的开发工作，其最大飞行速度约 7 000 千米/小时，该导弹是在"全球快速打击"概念下发展起来的（图 2.56）。在 IARPA，波特还打算推进生物技术与信息技术领域的研究。

很明显，这些兴趣不能不在研究方向上得到体现，IARPA 后来都给予了支持。目前 IARPA 的研究主要集中于三个方向：

——smart collection（智能获取）：提高获取情报质量方面的研究；

图 2.56　X-51A Waverider[176]

——incisive analysis（深度分析）：提高分析各种大容量信息的能力，还要考虑到社会文化和语言因素；

——safe & secure operations（安全和安全操作）：旨在打击新型网络威胁，确保情报的机密性、信息的完整性，从事量子密码和量子计算领域的研究。

2.5　高级情报研究计划署（IARPA）高技术项目实例

智能化的情报获取技术和情报分析技术（Data Mining）一直是情报机构关注的重点，也是 IARPA 的优先工作方向之一。对于"Data

Mining"这个术语有着不同的解读:"数据的智能分析""数据挖掘""数据的深入研究""数据提取""在资料库获取知识"。所有这些定义,在实质上是描述排序和对原始数据抽象化分层的过程——而这个过程,无论是在科学领域还是情报收集领域都是一样的。

数据智能分析的基础是建立在多种分类方法、概念、模拟和预测的综合运用基础之上的,包括神经网络的建设、发展规划、遗传算法以及联想记忆算法。作为一种分析工具可以作为统计方法使用,如关联性分析、因子分析、回归分析、方差分析和判别分析、时间序列分析等。

在美国,数据智能分析,其中包括情报机构关注的及反恐斗争需要的,都受《机密数据保护法(2017)》(*Personal Data Privacy and Security Act of* 2007)的管辖,为此,情报机构的领导人被迫定期向国会报告在这一领域进行的工作[178]。

2011年8月IARPA署长丽莎·波特就数据智能分析问题进行了总体性说明(图2.57)[177]。在这份报告提出的方案中,阐述了数据智能分析过程中存在的基本问题——在数据输入的非结构化阵列中信息的识别问题(图2.58)。

图 2.57　IARPA 署长丽莎·波特的报告,通过合理的途径对数据进行理性的分析[177]

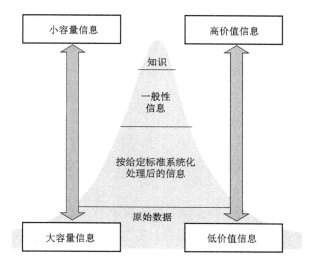

图 2.58　从数据源对非结构性阵列知识的识别[177]

如同 IARPA 的实验所证明的，传统的关键词搜索或者更复杂的内容分析办法并不是最有效的，需要更复杂的方法。

数据智能分析恰好可以满足这一需要，但是它的使用受《机密数据保护法（2017）》的限制，因此情报机构经常运用复杂的修辞反复地向国会报告，以获得数据收集的许可，但是这个方法只适用于"局部"情况[179]。下面我们详细地看几个 IARPA 正在执行的项目。

（一）Knowledge Discovery and Dissemination（KDD，知识的探索与传播）项目

为了准备高质量的情报分析材料，需要从公开的（公共的）和非公开的（特殊的）途径收集大量的信息，比如新闻、技术期刊和报告、地理空间数据、信息机构的数据库、内部报告、社会网络等。所有这些信息来自各种不同的机构，不同的术语、格式、数据模型和上下文，使得难以甚至无法对它们进行共同分析。

如果使用有限的、非大量的、多格式的信息，那么数据集显示的问题在统一模型下，很多时候是需要专门的分析工具来解决的。但如果原

始数据集非常大而且内容丰富，其内容随着时间而变化或者出现新的数据集，那么它们需要和已有的数据集成，对其进行系统化和分析就需要新的途径。这种新途径的开发就是知识的探索与传播（KDD）项目的目标。为此有必要解决两个关键性的问题（构建一个连贯的数据模型和开发新的分析算法）。

（二）Tangram 项目

该项目包括开发集成了 KDD 的新系统。项目的目标——对已知的恐怖活动模式，为快速识别其危险性提供分析支持并在对可疑情况分析后提供预警。

在我们观察的一些学科领域中已经出现了一些显著的成就，展现了商业方面的有效性，但是要开发一个真正有效的分析工具，必须克服对信息质量和完整性的依赖。

（三）Video Analysis and Content Extraction（VACE，视频分析与内容提取）项目

该项目的重点是开发新算法，以实现对互联网视频与监控摄像头视频分析的正规化和自动化。为此，首先就需要完善目标识别方法，对目标动态进行稳定的识别和跟踪，生成并分析其行为模式及从整体上对内容的背景情况进行评估。此外，还面临着视频资料检索和场景快速搜索的任务。一个有前景的领域是将 VACE 系统和网络摄像机集成，从而实现对事态的实时监控。

（四）Automated Low-Level Analysis and Description of Diverse Intelligence Video（ALADDIN，多种智能视频的自动化低级别分析与描述）项目

该项目的目标是实现视频信息分析自动化。在此情况下数字多媒体文件（片长2~5分钟的视频剪辑）更具备优势，它可以包含视频、音频信息，并对数据进行设定（例如日期和时间、摄像机类型、摄像机分辨率）。情报机构做分析既要鉴别普通民众上传到互联网上的众多的视频剪辑，也要鉴别恐怖分子和恐怖组织上传的视频剪辑，以此作为有价值的情报来源。

（五）Integrated Cognitive-Neuroscience Architectures for Understanding Sensemaking（ICArUS，综合认知神经科学体系结构的解释和建构）项目

该项目的核心是开发神经认知网络架构，发展将非结构化数据转换为形式化语言描述的方法，为后续的智能化分析打下基础。

（六）Metaphor Program（"隐喻"计划）

该计划启动于2010年7月19日，目标是开发一套新的系统，从包含多种语言的数据库中识别出语言的修辞（典型语言模式），如伊朗式波斯语、俄语、墨西哥式西班牙语和美式英语。

系统会为这些典型的语言模式做出含义确切的"标签"，并建立"隐喻词库"。然后对语音流量（谈话、演讲）进行分析时，分析员就可以将该语音和数据库资料进行比对，以预测发言者的意图，识别出对国家安全构成的潜在威胁。

"隐喻"计划的实施分为两个阶段（图2.59）。在第一阶段主要是开发和测试隐喻自动识别、描述和"分类"的技术方法。而第二阶段主要是调整文化的相似之处和具体实例之间相矛盾的地方。

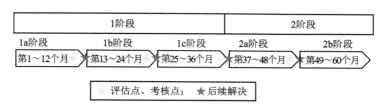

图2.59 "隐喻"计划架构[180]

如同前面所指出的，对隐喻的分析和具体案例的研究一共选择了四种语言，这就还会涉及四种文化，在计划进行的两个阶段对所有语言和文化的研究需要平行进行。

我们详细地看看"隐喻"分析算法（图2.60）。

隐喻表达的来源（例如，"生命的度过——不是在田野里漫步"）——从环境中得来。来源通常是个体并且直接涉及个人的身体和生活经验。

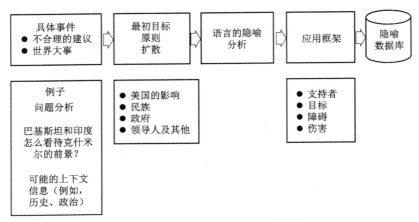

图 2.60 "隐喻"分析阶段[180]

隐喻表达的目标——特定社会或族群的思想环境，这是需要加以分析的隐喻空间。分析的目标通常是精神/情绪状态、社会发展状况、个人经验及生活经历。

目标和来源之间的关系是由可持续原则来确定的，由此确立数据库信息增长的程序。

借喻——短语，其中一个词被其他词替代，指其他物体（或者现象）和原来的词有着这样或者那样的联系（空间的、时间的及其他），由另一个词来表达它的意思。在此情况下替换的词起比喻的作用。例如，"所有的旗帜都会来我们这做客"。在某些语言中借喻和比喻是同时使用的。

每一个具体的执行者都在组建和发展自己的借喻数据库（知识库），最终所有的数据库会合并为一个整体并不断更新和发展。

对于具体案例需要执行以下步骤：

——识别和收集相关的文字资料；

——应用方法（第一阶段的开发）；

——研究并明确其应用范围；

——更新隐喻数据库。

总体来说，此计划的基本目标是"对不同文化的信仰及其代表的世界观进行识别"。

（七）Quantum Computer Science Program（量子计算可行性研究计划）

该计划是由 IARPA 于 2010 年 4 月 26 日正式发起的，主要目标是对建立量子计算机和开发量子算法所需资源进行评估。

和传统计算机相比，量子计算机具有极高的运算速度和良好的发展前景。人们对量子计算机的开发一直保持着很高的兴趣。为此人们不断努力尝试开发高级算法，以适应量子计算机，同时也在研究新的物理技术，以使量子计算机的开发成为可能。相对而言，对量子计算科学方面关注较少。

要在现有计算机上应用量子算法，必须首先建立一个量子计算模型，该模型支持现有的技术。在这个程序中最重要的就是循环量子模型，其应用时表现类似于逻辑单元的序列，工作于叠加的量子系统中，即所谓的"量子位"。

如图 2.61 所示，量子计算可行性研究计划包括两个阶段，为期四年。第一阶段 12 个月，第二阶段 36 个月。

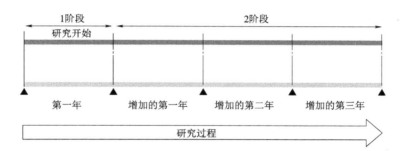

图 2.61　量子计算研究计划的架构[181]

在现有量子计算机上应用量子算法的途径之一，是量子物理实验通过传统计算机来控制。如图 2.62 所示，实验装置包括几个部分。

量子位是由量子比特组成的，而量子力学的属性可用于完成运算。传统的控制与检测系统用于监控量子位的状态。传统计算机在实时状态下发送量子位运行指令序列，同时还要配合电子工作（图 2.63）。

量子计算的主要"问题"：

——现有的对于容错计算必不可少的纠错协议需要大笔的开支，根本无利可图；

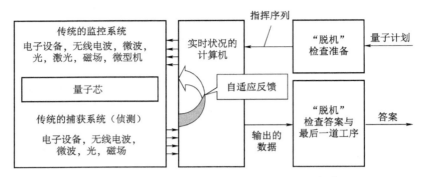

图 2.62　传统计算机控制下的量子物理实验[181]

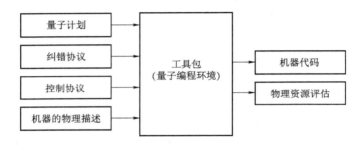

图 2.63　量子编程环境[181]

——程序运作的精确度还不够高；

——没有自动化程序开发工具，开发并推介量子计算软件将非常复杂，缺乏足够数量的计算机用来测试并运行新的量子计算软件；

——用于算法实施的大量技术还没有研究透彻（其中也包括物理角度）。

解决问题的基本方法：

——开发新的或改进现有的容错纠错协议；

——开发新的或改进现有的控制协议，减少错误并提高计算精确度；

——开发通用的量子编程工具。

3 美国国土安全部和国土安全高级研究计划署（HSARPA）关注的高技术

3.1 HSARPA——美国国土安全部的高级研究机构

2001年9月11日发生恐怖袭击后，美国国内出现了呼声，要求组建一个全新的机构，负责保障美国国内安全及协调各部门的工作（包括预防恐怖主义威胁及应对自然灾害的后果等）。

新机构的组建非常迅速，2002年11月国会通过一项法律，正式宣布组建美国国土安全部（Department of Homeland Security，DHS）[182]。新部合并了22个分散在各个单位的部门并拥有超过17万名职员[183]。

国土安全部下辖的科技委员会负责协调技术的研究与开发工作，包括协调之前一些独立单位的工作关系。此外，为了便于管理，能源部、国防部、农业部（食品安全计划）向该部门移交了一些研究项目。

2002年夏天，在组建国土安全部法案的国会辩论过程中，曾经有人建议成立专门机构，从事国土安全方面的研究。在辩论过程中，部分众议院议员建议就已经达成的法律文案增加补充条款。其中，纽约州代表史蒂夫·以色列（Steve Israel）提议组建咨询委员会，由科技部副部长领导，处理关于科研方面的一些重大建议，这些建议对国家安全具有潜在重大意义。林恩·伍尔西（Lynn Woolsey），来自加利福尼亚州的美国众议院议员，提出建立由联邦预算支持的科学实验中心，其活动将包括一些关键性基础设施的建模和漏洞识别，搜索替代方案，以提高安全性。来自得克萨斯州的众议员理查德·阿尔米（Richard Armey）发出倡议，组建信息技术交流中心，专注于解决涉及国土安全领域的一些重大问题。

2002年8月美国科学促进会（American Association for the Advancement of Science，AAAS）组织专家进行成立国土安全部法律起草和法案通过方面的研究，对整个过程进行了分析并总结了对法案的补充[184]。在该研究中发现，实现上述修正和补充的办法之一就是组建国土安全部下属的专门机构——SARPA（Security Advanced Research Projects Agency），从事面向国土安全领域的高技术研究。而国防部下属的DARPA作为现成的例子，可以提供相当宝贵的经验。

SARPA的任务是组织和资助国土安全领域需要的高风险技术的研究与开发，以及这些技术的转让与商业化。资助必须通过SARPA下属的专项基金国土安全技术研究开发基金（Fund for Research and Development of Homeland Security Technologies）拨付。

几乎没有任何改变（不考虑名称中出现的字母"H"），这些建议就补充进了2002年11月通过的《国土安全法（2002）》（Homeland Security Act of 2002）最终文本中。依照该法规定，国土安全高级研究计划署（Homeland Security Advanced Research Projects Agency，HSARPA）隶属于科技委员会，负责国土安全部科学与技术方面的工作[182]。HSARPA署长由国土安全部部长任命并直接接受主管科技的副部长（Under Secretary for Science and Technology）领导。

HSARPA的基本活动方向是：

——支持基础研究与应用研究，开发用于保障国土安全的新型技术；

——一些关键性技术的开发与实施；

——加速技术的开发与实施，旨在消除内部安全存在的漏洞。

HSARPA对这些领域的投资主要是通过有针对性的资助进行，与政府机构和商业组织签署协议，这其中包括联邦政府资助的大学、私营企业、国家实验室、科研中心（Federally Funded Research and Development Center，FFRDC）。根据现有资料[185]，在 2004 财年 HSARPA 的预算高达 3.5 亿美元，占科技委员会预算总额的一半。

科技委员会工作初期，由于很多部门来自其他的机构，组织问题比较复杂，在重新整合时不可避免地牵扯到各个部门的利益，因此，各个部门实际上还是保留了一些自主权。

科技委员会工作中存在着一个基本问题，就是干部问题。它直接影响了 HSARPA 的活动。2004 年年初，在科技委员会工作展开初期，在总部的工作人员才刚刚超过 200 人，而其中的一半多还要为解决具体事务经常出差。

在这一发展阶段，科技委员会的活动主要集中在以下几个技术领域：

——生物安全；

——化学安全；

——爆炸物防护；

——放射性及核安全。

此外，还划分了四个补充的实用研究方向，和上述四个一起构成全部的科研方向：

——威胁与漏洞的评估；

——标准化；

——威胁的预测；

——快速建模（模拟）。

科技委员会在其形成期间的组织架构，如图 3.1 所示。

在我们所做观察期间，科技委员会的工作变得更加复杂了，因为一些项目还是国土安全部成立前其他机构移交过来的。这些项目主要集中在工程系统部门。当时部分计划还有私营部门参与实施，无论其创新性还是先进性如何，全部分配给了 HSARPA。尽管 HSARPA 是比照 DARPA 创建的，目标是资助高技术项目的开发，局领导也利用该机构从事一些风险程度比较适中的普通投资。

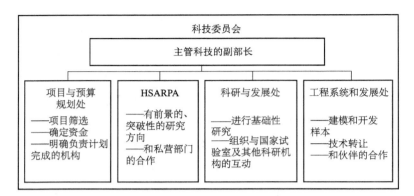

图 3.1 HSARPA 在美国国土安全部科技委员会
组织架构中的位置（2003 年的状态）

总体上，在委员会内每个项目的完成情况、资金使用情况及项目效果的评估是在部门内部进行的。实际上每个部门都像独立法人一样运作。这导致管理失控和资金"滥用"事件频发，当资金支持提供给机构的时候，与此相关，依靠谁能获取资金，就出现了所谓的"利益冲突"。

美国国会研究了这个局面，对科技委员会的工作表达了不满，并导致负责人辞职。

2006 年任命了新的主管科技的副部长——海军上将杰伊·M·科恩（Admiral Jay M. Cohen）。他对科技委员会进行了重大改组，组建了技术处，负责对所有项目从潜在的前景到真正实现进行全周期管理（图 3.2）。技术处按照项目研究的对象组织对应的安排：爆炸物、化学和生物安全、海洋与陆地边境的保护及其他。职能部门在项目进行的每个阶段都有相应的对接。

此外，对以前分散的项目管理流程重新进行了统一规划，对项目进展情况执行统一的报告格式，建立了一个数据库来跟踪项目的进展并开始执行更严格的预算[186]。杰伊·M·科恩充分利用了他曾经在海军研究局（Office of Naval Research，ONR）工作期间积累的科技管理经验，成功实现了改组。

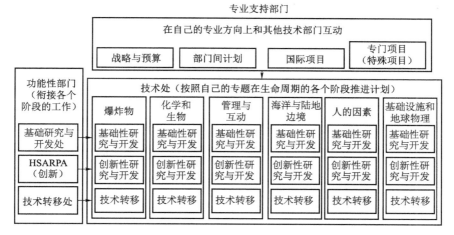

图 3.2　HSARPA 在国土安全部科技委员会内的组织及作用（2006 年的状态）

这次改组也触及了 HSARPA。HSARPA 将非核心工作全部剥离，专注于最初提出的目标——高技术项目的开发，以期获取最大红利[187,188]。重组的结果有效提高了研究与开发的效率及管理水平。

技术部门开始实行个人责任制，部门领导负责整个项目的进程并进行日常监督。此外，他还必须掌握同类项目在美国国内和国外的进展情况。技术处的每一个项目都有专门的项目经理负责，他是该处的工作人员，负责项目的执行过程、资金使用、中期目标的确立与实施。

除了技术处，委员会机构中还有一些其他部门，为技术部门提供支持和保障，并对其工作实施监督。

必要的功能性支持主要来自三个部门：

——基础研究与开发处；

——HSARPA（创新）；

——技术转移处。

基础研究与开发处负责分配基础性和长期性科研项目（最长可以达到 8 年），并负责协调与国家实验室及科研中心的合作。该处有专门的人员负责和技术处的具体项目对接。

HSARPA 重点扶持高风险的项目，这些项目要在 1～3 年内达到验证概念的水平，或者在 2~5 年内达到制造出样机的水平。

技术转移处的活动主要有两个方向：第一，处于实施后期阶段的项目，如果在 3 年以内可以成功完成，将被转交给感兴趣的下属机构或者其他机构。第二，联邦或者地方的快速反应部门感兴趣的，能在 1 年内完成的项目。

负责提供专项扶持的下属机构，其任务是：

——定期向委员会负责人和其他部门通报该研究项目国内外同行的进展情况；

——确保保密制度的执行；

——制定规划，执行预算，监督资金使用并发布报告。

随后几年，科技委员会不断调整，变得更加复杂了。从图 3.3 可以看出，截止到 2011 年年底，包括 HSARPA 在内的科技委员会所有的技术单位如下：

——海洋与陆地边境安全处（开发新型技术，以提高海洋边境及水道的安全，同时不妨碍人员与货物的正常流通）；

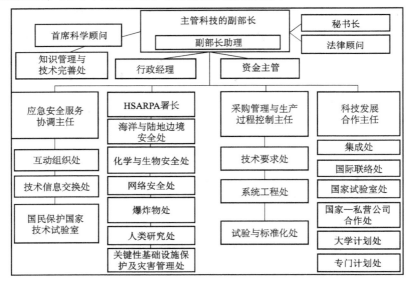

图 3.3　HSARPA 在美国国土安全部科技委员会
组织架构中的位置（2011 年 12 月）

——化学与生物安全处（提高国家应对化学和生物武器袭击的能力，对威胁提供早期识别、局势监控、研究对策）；

——网络安全处；

——爆炸物处（开发新技术，以检测、销毁或降低常规爆炸物的破坏性，这些爆炸物常被用于对公交系统、民用航空、公用设施及关键性基础设施的恐怖袭击）；

——人类研究处（开发个人识别系统，研究技术发展条件下人的能力的整合，从事社会工程和公共意识的管理）；

——关键性基础设施保护和灾害管理处（重点是面向对经济发展和社会稳定极其重要的关键性基础设施，识别并最大限度地减少缺陷）。

3.2　美国国土安全部高级研究项目的资金支持

对预算结构的分析显示出以下两个有趣的特点。2013年与2012年相比，国土安全部很多项目的预算遭到了削减。在此背景下，科技发展预算却得到了爆炸式的增长。这突显了美国政府对涉及国家安全的长期科技规划非常重视（表3.1）。

表 3.1　美国国土安全部 2011—2013 年预算结构[189]

千美元

	2011年	2012年	2013年	2013年与2012年的差额	2013年与2012年的差额比/%
边境与海关警卫	11 245 410	11 737 569	11 979 454	241 885	+2
移民与海关警察	5 805 420	5 862 453	5 644 061	−218 392	−4
交通安全管理	7 687 552	7 841 019	7 644 585	−196 434	−3
河岸与海岸警卫	10 193 685	10 348 886	9 966 651	−382 235	−4

续表

	2011 年	2012 年	2013 年	2013 年与 2012 年的差额	2013 年与 2012 年的差额比/%
秘密服务	1 755 299	1 911 617	1 850 863	-60 754	-3
护法机构联邦培训中心	270 832	271 413	258 324	-13 089	-5
联邦紧急状态管理局	7 073 862	11 549 247	1 065 904	-889 743	-8
科技理事会	827 578	668 000	831 472	163 472	+24
核材料监控管理局	341 744	290 000	327 977	37 977	+13

下面让我们详细看看科技委员会内部的开支构成（表 3.2）。

表 3.2　科技委员会 2011—2013 年开支结构

千美元

年　份	2011	2012	2013
行政开支	140 918	135 000	138 008
评估、改善效率并推广技术	47 080	54 154	47 984
综合性实验室	140 000	176 500	127 432
研究、开发、集成	459 690	265 783	478 048
和大学的合作	39 890	36 563	40 000
总计	827 578	668 000	831 472

研究、开发与创新资金分配给以下基本方向：

——生物防御：1.354 亿美元（比 2012 年多 5 800 万美元），用于发展诊断和识别方法，并防御人为（恐怖袭击）或者天然的生物威胁；

——爆炸物：1.197 亿美元（比 2012 年多 4 400 万美元），用于发展交通安全技术和其他关键性基础设施的保护技术；

——网络安全：6 450 万美元（比 2012 年多 1 810 万美元），用于对互联网基础设施的研究，保护个人隐私和机密的数据、软件以及发展网络安全教育；

——为快速反应部门提供支持：4 930 万美元（比 2012 年多 2 320 万美元），用于保障通信系统的兼容性和数据交换、移动通信保障以及防护性的改进；

——跨学科项目：1 500 万美元；

——边境安全、化学品安全、反恐斗争和信息交流：9 410 万美元。

3.3 资金支持项目实例

（一）生物与农业安全国家实验室综合项目

NBAF 项目（Agro-Defense Research and Assessment Project，农业防御研究和评估项目）是在普拉姆岛建设一个具有四级安全防护水平的生物实验室（Plum Island Animal Disease Center，普拉姆岛动物疾病中心）。2013 年的预算资金大约 1 000 万美元。

该项目的目标是，加快堪萨斯州立大学进行的针对非洲猪瘟和传统猪瘟的研究进度。这项工作的意义是基于对现实恐怖威胁进行的分析、输入美国本土的动物量增加的趋势，以及人畜共患病的全球扩散加剧的趋势。

（二）GLANSER（Geospatial Location Accountability and Navigation System for Emergency Responders，紧急救援人员地理空间定位及导航系统）项目

该项目计划开发一套紧凑型导航装置，保障其在密闭的空间里也能正常工作，比如倒塌的建筑物内、地下设施或者天然洞穴内。装置由微波电台、蓄电池和导航设备组成，可以和车辆上的基站进行信息交换，并以图形形式显示封闭区域内的所有运动信息。主要用于火灾和救援服务，以消除紧急状况和自然灾害的后果。2013 年该项目的预算资金为 200 万美元。

（三）Resilient Electric Grid（可复原电网）项目

保护关键性基础设施电网的项目是为应对自然灾害或恐怖袭击造成的连锁反应。该项目包括开发新型具有独特性能的电缆，比如利用高温超导材料制造的电缆，它可以有效应对电网紧急情况下的供电负荷。2013年该项目的预算是850万美元。

（四）Cyber Leap Ahead Technologies（网络飞跃技术）项目

Cyber Leap Ahead Technologies 项目是为了识别和应对未来10年可能出现的网络威胁。2013年的预算为360万美元。该项目的实施符合国家综合网络安全倡议（Comprehensive National Cybersecurity Initiative）。该项目还计划开发新技术，以保障在网络攻击或出现故障等紧急情况下计算机系统的稳定性和容错性。

（五）Homemade Explosives Characterization（自制爆炸物的特征）项目

Homemade Explosives（HME）Characterization 项目主要是为了加强对自制爆炸物的探测与识别，提高探测率与识别率。2013年的预算为1 000万美元。

（六）Portable Explosives Detection（便携式爆炸物检测）项目

Portable Explosives Detection 项目是开发便携式爆炸物探测设备，2013年预算为510万美元。目标是开发一种新型装置，可以在非接触条件下扫描乘客、行李及其他货物，以识别爆炸物的痕迹。

（七）Next Generation Passenger Check Point（下一代旅客安检）项目

Next Generation Passenger Check Point 项目是为机场开发新一代检测设备（2013年预算为2 050万美元）。该项目致力于为机场安检系统开发一套新的构架，使用X射线技术、图像分析技术，以捕获爆炸物痕迹、扫描鞋、分析瓶装液体等。

（八）Rapid Biodetection（快速生物检测）项目

Rapid Biodetection 项目主要是开发可以对病毒或者细菌性病原体感染进行快速准确诊断的医疗设备，以便患者及时地服用必要的抗生素或抗病毒药物。采用这种设备有助于降低疾病在人群中的传播规模和持续时间。该项目的预算为 1 500 万美元。

（九）Technology Foraging（技术觅食）项目

该项目旨在对商业机构开发的用于国家安全领域的技术进行识别和应用。该项目的预算为 300 万美元。

3.4 关键性基础设施和关键资源

对于关键性基础设施和关键资源美国国土安全部的领导人有自己的理解，这就是现实的或者是虚拟的网络和基础设施系统，它们对于美国有着极其重要的意义，它们的失效或毁坏会对国家经济安全和社会公众健康带来灾难性后果（图 3.4）[190]。

对关键性基础设施保护的政策分析文献，主要集中在一些专业出版物上[191]。

如同在国家基础设施保护计划（The National Infrastructure Protection Plan，NIPP）中阐述的那样[193]，加强关键性基础设施和关键资源的保护，对美国国家安全、公众健康与安全、经济活力以及维护美国的生活方式有着重大意义。关键性基础设施的破坏不仅影响国家的正常运转，而且会产生连带效应，其影响将远远超过对目标本身的破坏。恐怖袭击、自然或者人为的灾害、技术灾难都可能会导致大规模的人员伤亡、财产损失，造成毁灭性的经济后果，破坏公众意识，引发公众恐慌。使用大规模杀伤性武器对关键性基础设施的攻击，更可能对公众造成有害的生理和心理后果。

在关键性基础设施和关键资源的保护系统中，美国国土安全部是其中最基本和主要的环节。在国土安全部机构内所有工作重点都集中于两个部门——国家防护计划局和科技委员会。与此同时，基础设施的网络空间和信息交流的防护由两个部门之外的部门单独负责，该部门专门从事网络空间的防护。

科技委员会高风险创新性的项目由 HSARPA 的网络安全处负责。网络安全和网络空间重要基础设施的安全将在后面讨论，先看看重要基

图3.4 关键性基础设施[192]

础设施所包含的各个领域。在由美国国土安全部制定的官方文件中，一共将18个行业列为关键性基础设施和关键资源：

① 农业与食品行业；

② 信贷—金融与银行系统；

③ 化学工业；

④ 人员集中的大型商业目标；

⑤ 通信；

⑥ 重要工业品的生产；

⑦ 水坝和堤岸；

⑧ 军事工业综合体；

⑨ 抢险服务和应急救助服务；

⑩ 能源；

⑪ 政府建筑；

⑫ 医疗卫生系统；

⑬ 信息技术；

⑭ 历史古迹和民族自豪感的标志；

⑮ 核反应堆、核材料和核废料；

⑯ 邮局；

⑰ 交通运输系统；

⑱ 水资源。

每个行业都制订了单独的基础设施保护计划，归属于国家基础设施保护计划——NIPP。

农业和食品生产安全保护计划。该计划制定了详细的分类办法，对基础设施所包含的所有元素进行系统化分类。按照这个分类办法，需要考虑整个农业生产体系安全问题，包括生产、动物饲料的运输、畜产品、农产品、种子、化肥和其他相关的原材料。同样，还要划分食品整个生命周期的生产和配送系统，从加工和包装到仓储、配送、零售、餐饮服务企业、连锁餐饮或者家庭消费[194]。

关键性基础设施信贷—金融与银行系统保护计划。根据数据的评估，该行业占美国国内生产总值的 8%，是全球经济的基础。这种行业的地位决定了它对美国国家安全的重要意义。恐怖组织也非常重视这个行业，它作为一种标志性的目标，经常出现在恐怖组织的袭击目录中。

对这个行业构成威胁的主要有恐怖袭击、大规模停电、自然灾害、大规模流感爆发等。

整个行业内部划分为四大块基础业务：储蓄和支付系统及产品、信贷和流动性、投资产品、风险保险。该行业的基础设施规模庞大——超过 17 000 家储蓄机构，提供超过 15 000 种投资产品，超过 8 500 种风险保险以及数以千计的信贷和金融机构。

为了评估重要基础设施每个元素的重要程度，一般要分析以下因素：

——该基础设施的行业依赖度；

——该基础设施是否存在替代性供应商；

——该基础设施所提供服务的社会需求程度；

——该基础设施遭破坏后对信贷—金融与银行系统的潜在影响；

——该基础设施遭破坏后对经济造成的潜在连锁效应；

——该基础设施现实威胁的严重程度[195]。

重要的化学工业基础设施保护计划。该计划需要将对单个目标相应的保护措施整合到国家层面的统一保护体系中。

在美国有几十万个单位涉及化学品的生产、仓储、运输和使用，从最初的石油加工厂到最终的药品销售商店。重要的基础设施主要集中于四个领域：生产企业、交通运输系统、仓储和终端用户。

国土安全部科技委员会保护该领域基础设施的工作集中于：

——对有毒化学品运输实施监督；

——减少化学排放；

——研发新型高效消毒方法；

——降低某些化学品发生爆炸的风险[196]。

商业目标保护计划。该行业的特点是具有很大的人流量。该行业一共划分为八个领域。

① 传媒业。包括影像媒体（电影和电视）、平面媒体（报纸、杂志和书籍）和广播（电台）。

② 娱乐产业。包括赌场，以及与其相关的酒店、会展中心、展览馆和购物中心等。

③ 住宿部门（度假村、汽车旅馆、酒店）。

④ 在开放环境下的娱乐活动（游乐园、交易会、展览会、动物园等）。

⑤ 社会活动场所（会议中心、音乐厅、体育馆、运动场、电影院、文化遗产）。

⑥ 写字楼、公寓。

⑦ 零售业分支机构（商业中心、超市）。

⑧ 体育设施。

对以上对象的重要性进行评估，按照以下标准：

——位置（是否邻近人口稠密区、政府大楼及其他）；

——规模和用途（高度、面积、楼层、客房、套房、公共空间、展览/贸易面积）；

——使用率（写字楼出租率、体育赛事观众数量及其他）；

——用途（例如，办公楼、体育场馆、宾馆、游乐场等）；

——功能（国家体育赛事、政治党派会议等）；

——设施的状况，它的所有者和参观者[197]。

通信保障计划。不仅包括有线通信、无线通信、卫星通信、有线广播，还包括无线路由手段和有线电视网。

有线通信包括基础的电话网络——公用电话网络和企业的局域电话网络。此外，还包括互联网专用设施和海底电缆。

无线通信包括移动电话、寻呼、高频无线电、非授权无线网络和其他商业和公共无线电网络，包括执法机构网络、公共安全网络和陆地移动无线电系统[198]。

重要工业品的生产。按照对它们的保护计划，分为以下几个基本的功能领域：冶金行业、加工工业和机器制造业、能源装备制造业、交通工具制造业、重型装备制造业[199]。

水坝和堤岸保护计划。划分为以下几个重要部分：

——水库和灌溉系统：保障工业用水、公用设施用水、农业用水和休闲娱乐行业用水；

——水力发电：占美国一次能源供应的7%，同时也占可再生能源的70%；

——水力发电的备用设施：可以保证紧急状况下产生4 316 MW的"额外"发电量；

——内河航运系统：美国水运系统的重要组成部分，一共包含236个闸室；

——水坝和堤岸还具备重要的防洪功能；

——堤岸还可以用于存储工业废弃物[200]。

军事工业综合体。作为极其重要的基础设施，其保护计划按照不同行业进行分组：

航空工业：

——固定翼飞机制造；

——旋转翼飞机和可变翼飞机制造；

——无人机制造。

船舶制造业：

——水面舰艇制造；

——潜艇制造；

——水下无人潜航器制造。

战斗装备和地面车辆的生产（履带式和轮式）：

——作战车辆；

——战术装备；

——无人地面车辆。

电子工业：

——电子战装备；

——自动化指挥、通信和侦察系统；

——机载电子设备。

单兵装备的生产：

——单兵防化和防生物战系统；

——军装和单兵装备；

——单兵口粮和急救包。

构造原件与材料：

——铸造和锻造产品；

——复合材料；

——装甲板和陶瓷装甲；

——贵金属和稀土金属。

弹药和打击手段：

——战术导弹；

——战略导弹；

——空对空导弹；

——空对地导弹；

——反导防御系统；

——地对空导弹；

——地对地导弹；

——精确制导弹药；

——炮弹和子弹。

航天工业：

——运载火箭和发射平台；

——卫星。

汽车制造业：

——飞机和汽车的传动与变速装置；

——柴油发动机、涡轮发动机和喷气式发动机；

——液压系统；

——轴承；

——用于生产核武器的设备和生产贫铀弹药的设备[201]。

抢险服务和应急救助服务。包括以下几个部分：

——执法机构；

——消防和事故救援；

——急救服务；

——紧急状态下的管理与协调；

——公共服务[202]。

能源领域的重要基础设施。按能源类型分类：

电能

按照来源（生成）：

——火电厂（以煤炭、天然气、燃油为原料）；

——核电站；

——水电站；

——可再生能源。

按照传输：

——变电站；

——线路；

——控制中心。

按照分配：

——变电站；

——线路；

——控制中心；管理系统；电力销售市场。

石油开采与石油加工

按石油开采与运输：

——陆上油田；

——海上油田；

——终端；

——运输；

——储油罐。

按石油加工：

——炼油厂；

——终端；

——运输；

——存储；

——管理系统；

——石油产品销售市场。

天然气

开采：

——陆上气田；

——海上气田；

加工；

运输；

存储；

分配；

液化天然气厂；

管理系统；

天然气销售市场[203]。

医疗卫生系统。该系统工作着超过 13 万人，占美国国内生产总值的 16.2%（2.2 万亿美元）（2010 年数据）。医疗卫生系统是一个极其复杂具有多重架构并包含大量不同所有制企业的庞大系统。因此医疗卫生系统的防护主要侧重于对系统内所有机构的协调和统一。

总体上医疗卫生系统的防护一共划分为四个活动方向：

——在发生自然灾害或者恐怖袭击导致供水供电系统遭到破坏后，及时提供不间断的基本医疗服务和紧急医疗救助；

——人力资源保障，为职工提供劳动保护，避免产生危害职工身体健康并限制其履行职责能力的一些活动；

——对重要实体进行保护；

——保护信息系统，信息系统的中断可能导致无法提供医疗服务[204]。

信息技术领域的关键性基础设施保护计划。主要集中于对本地和全球信息网络的保障与恢复：

——提供对于国家安全、经济安全及公众健康必需的或者重要的信息产品与服务；

——对事件控制与管理提供保障；

——提供域名；

——确保对机密数据的管理功能；

——提供互联网内容、信息和通信服务；

——提供互联网路由、接入及 IT 服务的链接[205]。

历史古迹与民族自豪感标志的保护计划。在这一领域关键性因素包括：

一些有纪念意义的历史纪念碑和具有民族象征的历史古迹：

——建筑物；

——纪念碑；

——其他古迹、标志和象征。

自然文化遗产和象征：

——公园；

——历史遗迹。

有纪念性的和具有民族象征的历史文献：

——历史文献和具有民族象征的文献；

——历史文物和具有民族象征的文物[206]。

"核反应堆、核材料和核废料"保护计划。包括以下细分内容：

核电站：

——压水堆；

——压水堆的冷却。

研究、测试和培训用反应堆：

——政府的研究和试验堆；

——院校的研究和教学用堆；

——私营的研究与测试用堆。

退役核反应堆：

——关闭的反应堆；

——其他停用的核设施。

核循环装置：

——铀矿的开采；

——铀矿的粉碎和筛选；

——矿石的提炼；

——核燃料的生产。

核材料的运输：

——低危险的放射性材料运输；

——高危险的放射性材料运输。

放射性材料：

——使用放射性材料的医疗设备；

——使用放射性材料的实验装置；

——曝光用装置。

放射源的生产与分布：

——需要使用放射源的设备制造；

——放射源的生产；

——放射源的进口；

——放射源的分布。

核废料：

——低放射性废料；

——天然的放射性材料的积累；

——乏燃料的加工和存储；

——核废料的加工和存储；

——高放射性废弃物的存储和深埋[207]。

交通运输系统的保护计划。作为重要的基础设施之一，交通运输系统包括六个相互关联的子系统——航空运输业、汽车运输业、船舶运输业、铁路运输业、管道运输业和公共交通运输业，其中也包括铁路客运。正是这些运输方式保障了整个国家人们正常的旅行，保障了食品、水、药品、燃料和其他商品的供应,而正是这些商品对公民健康与安全、经济的正常发展起着至关重要的作用。

该计划包括以下细分内容:

——航空运输业(包括飞机、空中交通管制系统,以及大约450个商业机场和19 000个小型机场,其中包括混合使用的机场、直升机机场、短跑道机场、水上飞机基地);

——铁路货物运输(包括七大干线铁路和数以百计的支线铁路,总长度超过20万千米,130万节货运车皮,大约20 000辆牵引机车,根据国防部的评估,大约50 000千米的铁路对美军的军事动员和军事后勤运输具有战略意义);

——公路与道路运输企业(包括超过600万千米的道路和相关基础设施,60万座桥梁和隧道,还有交通工具,包括汽车、校车、摩托车和所有类型的货运汽车、拖挂车和休闲用车辆);

——海运基础设施(包括所有类型的船舶、15万千米的海岸线、360个港口、超过15 000千米的内河航道、340万平方千米的专属经济区和港口基础设施);

——客运[包括公交线路及其相应的设施、无轨电车、单轨列车、地铁和城市轻轨、铁路客运系统(包括近郊火车和长途客运)];

——管道运输(遍布全国的几十万千米管道运输网络、转运网络和终端、超过3 000个管道网络运营商)[208]。

3.5 网络安全和关键性网络基础设施的安全

在美国最早关于关键性基础设施的研究就是从网络安全问题开始的,这项研究的背景值得特别关注。部分问题在S·V·卡尔布克的工作中进行了研究[190]。

网络安全——主要包括在网络环境下预防破坏,禁止未经授权的使用或操作,并在必要时恢复电子信息和通信系统以及其中所包含的信息,确保其机密性、完整性和可用性。网络安全包括信息网络,有线、无线、卫星通信系统,公共安全响应点(Public Safety Answering Points,

PSAP）以及"911"服务[193]。

网络空间——信息和通信技术基础设施相互依存的网络，包括互联网、电信网络、计算机系统和网络，以及企业和其他机构使用的嵌入式处理器和控制器[209]。

很多不同的部门都在从事这个领域的研究与开发，其中也不难发现DARPA、国土安全部科技委员会（包括HSARPA）、能源部、中情局（包括IARPA）、国家标准化技术研究所（National Institute of Standards and Technology，NIST）、国家安全局（National Security Agency，NSA）、美国国家科学基金会（National Science Foundation，NSF）、美国国防部研究机构。

为了提高它们的工作效率，2011年12月美国国家科学技术委员会（US National Science and Technology Council）制订了一个关于网络安全的联邦科研工作战略计划[210]。在这份文件中规范了在网络安全领域的研究和开发工作，并为美国政府机构提供了一个优先考虑的互相关联的系统。

优先考虑的四个方向：

——促进变革（使用新的方法来理解威胁的根本原因，以创造网络安全领域的新机会）；

——科学基础的发展（新的科学规律的发现、假说的验证、科学实验、数据收集方式的标准化、制定统一的标准的术语和分析方法）；

——提高实验效果（采用新的办法加强国有部门和私营部门之间的合作，加强国际合作，和别国优先项目进行互动）；

——注重实际结果（对科学实验结果中出现的新技术和成果进行引进并加强研究）。

国土安全部也对网络安全和网络空间基础设施的安全划分了自己的方向：

——对信息领域重要基础设施脆弱性的识别（其中包括互联网数据交换终端、域名系统、卫星信号地面接收站、海底通信电缆或者电力电缆登陆终端站、监控系统、关键性工业和运输管理系统，它们支持重要功能的实现并提供服务）；

——制定网络管理技术文件和业务文件，编写使用手册；

——在各种不同系统中，从区域层面、国家层面、国际层面评估风险等级并预测破坏性事件的影响；

——通过使用网络安全标准以及各种自愿守则有效地进行风险管理；

——情况监控；

——对重点基础设施的技术漏洞进行自动化和标准化识别[211]。

网络空间可以对组成基础架构的每个元素进行分类，并根据人员数量将这些元素从架构中分离，这也可能是造成安全隐患的原因（图 3.5）。

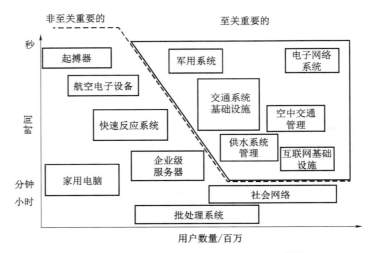

图 3.5　重要网络空间基础设施分析实例[212]

信息架构的元素非常重要，会导致安全性能的极大破坏，特别是从受害方数量这个角度看。这类系统包括输电网、互联网、区域交通系统，等等。也有一些破坏类型会对某些小规模用户群造成比较严重的后果，但是不具有整个社会的广泛性。比如：医疗设备、独立的交通系统、家用电脑。

时间——是另一个重要的评估标准，在一定时间范围内，基础架构的元素可以在没有严重后果的情况下从架构中剥离。对于某些系统来说，这种剥离只要持续一瞬间就可能造成严重的后果，而对另外一些系统来说持续几分钟甚至数小时都不会造成严重后果。

4 美国能源部和先进能源研究计划署（ARPA-E）关注的高技术

4.1 先进能源研究计划署（ARPA-E）在美国能源部的位置

美国能源部在整体上负责美国的能源与核安全，包括能源生产、核武器制造、核反应堆的制造、放射性废弃物的加工与处理、防止核武器与核技术扩散工作。

美国能源部重要的活动方向之一，就是在高技术领域组织科学研究与实验。

在美国能源部，以开发有前景的突破性技术为目标，支持高风险研究的关键性机构就是先进能源研究计划署（Advanced Research Projects Agency—Energy，ARPA-E）（图4.1）。

ARPA-E 成立于 2007 年，主要任务是提高能源安全和经济安全，强化电力保障，对能源进行存储和利用[213]。

2005 年，早在 ARPA-E 成立之前就有一个国会议员小组最先提出建议，根据该建议，美国国家科学院（United States National Academy of Sciences）、国家工程院（National Academy of Engineering）和医学研究所（Institute of Medicine）被要求明确一些最急迫的问题，以保持美国

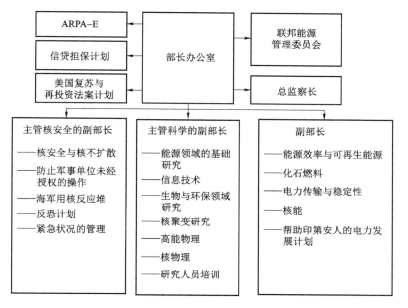

图 4.1 ARPA-E 在美国能源部组织机构中的位置

在全球科学和技术领域领先的地位。

这些科研机构的工作成果就是 2006 年的著名报告《在迫在眉睫的风暴前升华》[124]。为了保持美国在科技领域的优势地位，该报告的建议之一就是在能源部成立专门机构，目标是在能源领域支持先进技术的研究与开发，并支持高风险的研发项目。新的机构被建议参考国防部的 DARPA，相应的名称也类似——ARPA—Energy（ARPA-E）。

国家科学院的建议在整体上得到了批准，2007 年组建 ARPA-E 的想法得到了立法支持。于是，在《美国竞争力法（2007）》（America COMPETES Act of 2007）[214]中正式确立了组建 ARPA-E 的目标：

——通过发展能源技术改善美国经济和能源安全，减少能源进口，减少能源排放，包括温室气体排放，提高所有部门的能源效率；

——保持美国在先进能源技术领域的优势地位。

为实现这些目标，必须大力扶持基础科学和应用科学领域的先进研究项目，加快科学发现和有前景的发明从技术创新阶段向工业化生产阶段的转化。

4.2 ARPA-E 的工作架构

ARPA-E 本身并不从事科研开发工作，它的角色定位于资金支持和行政工作，科研开发工作由国家实验室、大学、各类企业以及非营利性组织来从事。其 2010 年的资金结构见图 4.2。

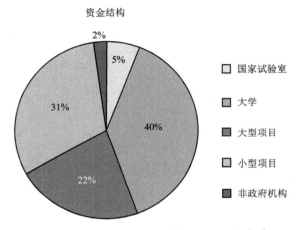

图 4.2　ARPA-E 的资金结构（2010 年）[215]

ARPA-E 组织工作是基于矩阵的原则（图 4.3）。综合能源系统处（Integrated Energy System Office）针对基础性战略领域的主题制定专门的发展规划：

——发电；
——电力基础设施；
——最终用户的用电效率；
——电力节约；
——电能传输。

应用科学与技术处（Applied Science and Technology Office）提供项目融资，并为高风险项目的商业化提供帮助，这些高风险项目正好处于应用科学与实际需求的交叉点。项目得到支持后，在后续阶段可能会整

计划 \ 项目		应用科学与技术处				
		化学与生物	热处理	电子设备与科学	信息技术	营销
综合能源系统处	发电	IMPACCT	IMPACCT	ADEPT, GRIDS, BAA		
	电力基础设施			ADEPT, GRIDS	GRID 安全优化	
	最终用户的用电效率		BEETIT		系统集成	BAA
	电力节约	BAA	BAA	BAA		
	电能传输	电燃料	BAA	BEEST, BAA		

阴影单元格——ARPA-E符合2012年规划机制的扶持方向

项目：

IMPACCT——创新性材料与降低二氧化碳含量的工艺流程

GRIDS——变电站错峰设备

BAA——部门间通知，招标程序

ADEPT——先进的配电技术

BEEST——先进交通系统的蓄电池

BEETIT——通过创新性空间系统提高建筑物能源效率

图 4.3　项目—计划的矩阵式结构[216]

合进电力基础设施中。

项目覆盖以下几个领域：

——化学与生物学的研究与技术开发；

——和温度变化相关的实验、技术开发及设备研制；

——和电子与材料相关的实验、技术开发及设备研制；

——和信息科学相关的实验、技术开发及设备研制；

——市场营销和决策支持领域的研究。

整个项目按照独立的分项目进行分割，并形成矩阵式结构。

有专门的人员——项目主管负责管理项目，在项目下形成多元化的方案组合。项目经理直接对接项目的执行方，提供协作，解决技术问题并对项目进程实施管控。为确保质量，项目经理会从全世界范围内邀请知名学者和工程技术人员，这些专家在科学、工程和商业的各个领域中具有相当丰富的项目实施经验。项目经理监督项目的任期一般不超过3年。

4.2.1 项目管理

ARPA-E对有潜力的项目的挑选原则是，一般选择处于发展早期阶段的项目。在此条件下对有前景的高风险项目提供融资，这些项目往往因过大的风险而无法获得私人投资或者其他来源的投资。

除了为项目提供融资服务以外，ARPA-E的专家从项目的开始阶段就和项目执行方保持着积极的联系，协助组织项目流程——从概念阶段到产品的出现。正是因为采取了这种方式，ARPA-E才做到了对项目的整个生命周期进行把控。

多元化方案组合专注于当前现实问题的解决，可以显著加快创新速度。提供资金并在技术和组织方面给予全方位的支持，这有助于加快商业化速度，使之成为私人和政府投资方感兴趣的项目，并使项目达到市场化规模。

ARPA-E的部分项目管理流程和常规的创新项目管理流程相比有自己的特殊性。这些特殊性，首先就体现在开发的速度和项目实施的整体方向性上。对于ARPA-E来说，一个典型的周期是从推出理念到全面实施仅仅需要6~8个月，从而对新的技术进步、地缘政治变化与挑战作出快速的反应（图4.4）。

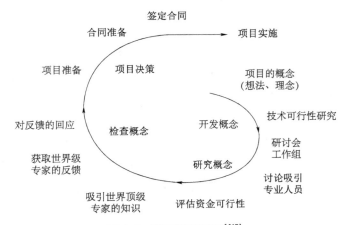

图4.4 项目管理流程[217]

管理流程的前两个阶段（概念的开发和详细的研究）旨在为实质性投资做准备。

流程始于概念的提出，是整个项目开发的基础，例如开发新型蓄电池（BEEST 项目），或者美国南方各州推出的建筑物节能降温技术（BEETIT 项目）。另外，概念性的想法还要从技术可行性或者潜在的技术可行性角度去看待。这时候需要从能源部的其他部门引入专家，通过研讨会、工作组或者其他方式搞清楚现有的科学技术储备并明确现在的科学技术问题，这些对于实现要达到的目标是必不可少的。这种途径可以部分地避免多部门工作中的冗余和重复劳动，从而降低单个项目的开支，并在整体上提高能源部的效率。

在第三个阶段应用了专门为 ARPA-E 开发的检查流程，由专家对概念复核、评估，使最终选择的方案可以在技术改造和技术创新方面发挥最大潜力。所有的审查和评估都是由具有世界一流水准的学者和工程师、技术部门负责人、专业人士负责的，他们都具备丰富的经验和专业的知识。为此 ARPA-E 与数十位世界各个领域的顶尖技术专家保持着密切的接触。专家们会在几周之内给出自己的结论和建议，在此基础上 ARPA-E 准备最终报告。概念的验证过程还提供了一种补充的可能性，这也是 ARPA-E 引以为傲的——为申请人提供了可能性，他们可以了解评审结果，对专家们的评估提出自己的答案甚至反对意见。ARPA-E 的这一创新在技术部门中广受欢迎，并被建议推广到所有能源部组织的科研和应用研究项目中。

第四个阶段，项目的验收，包括准备和进行合同谈判，一般只需要 2~3 个月的时间，这样的效率在国家机构中是很少见的。快速的准备和合同内容的确立——是创新项目管理过程中保障效率的关键性条件之一，成为 ARPA-E 项目管理中的一大特点。

4.2.2 能源部对高级研发的内部协调

ARPA-E 和基础科学研究部门以及应用研究部门保持着密切的合作，这可以在能源部内部避免重复性研究并构建比较均衡的科研结构。

此外，ARPA-E 也一直积极和外部的科研机构建立合作关系，以实现技术转让和应用推广。在能源部进行内部的技术协调时，同时和其他对该技术感兴趣的外部机构保持着密切的沟通，从少量购买到大规模的国家采购谈判持续进行着。图 4.5 显示了技术发展的各个阶段，从基础研究到应用推广。

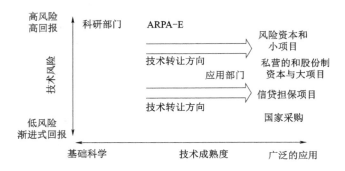

图 4.5　技术发展方向示意图[217]

为了便于高层协调，ARPA-E 的领导人启动了高级顾问小组的工作——该顾问小组的成员来自多个部门的主管，包括学术部门、化石燃料部门、原子能部门、能源效率与可再生能源部门、供电和输电部门以及能源部的其他高层领导。该小组的工作目标就是信息交流，以避免重复劳动并促进能源部所有项目之间的协调与合作。

在高层领导以下，ARPA-E 的项目经理和监管部门的同事一起协调项目具体的开发活动。

4.3　ARPA-E 项目的资金

ARPA-E 的预算是从能源部单独划拨的，通过专门的能源转型加速基金（Energy Transformation Acceleration Fund）来拨付。此外，2012 年又增加了一个新的预算资金来源——无线创新基金（Wireless Innovation Fund）（表 4.1）。

按照 ARPA-E 的矩阵式组织结构，预算沿着两个方向进行分配。

表 4.1　资金的两个来源

千美元

年　份	2009	2011	2012
能源转型加速基金			
项目	377 556	273 400	521 943
项目管理	11 300	26 566	28 068
总计	388 856	299 966	550 011
无线创新基金			
	—	—	100 000
总计	388 856	299 966	650 011

第一个方向，项目资金（ARPA-E Projects），包括对高技术项目的资金支持和后续商业化方面的支持，特别是那些出于创新科学与实际需求交叉点的项目。另一些得到支持的项目是因为其以后可以整合进能源基础设施当中去。

第二个方向（Program Direction，程序方向），ARPA-E 研究方向的组织人事支持，包括吸引高素质的专业人才（项目主管）、支付技术服务费用、采购信息技术及支付租赁和其他相关费用。

为了给 ARPA-E 筹资，根据《美国竞争力法（2007）》（America COMPETES Act of 2007）的规定，2008 年计划拨款 3 亿美元[214]。但是 ARPA-E 的资金到位实际上是在 2009 年，根据美国经济复苏方案[218]，拨款达到了近 4 亿美元，而且是一次性拨付，有针对性地用于支持关键性的创新项目（表 4.2）。

表 4.2　ARPA-E 2009—2011 年的预算

千美元

年　份	2009	2010	2011
优先级的项目资金			
决策支持/建设	4 993	0	30 000
材料/建设	9 505	0	0
热处理/建设	35 000	0	0

续表

年份	2009	2010	2011
材料/交通	62 678	0	0
热处理/交通	5 195	0	0
材料/二氧化碳	3 895	0	0
化学与生物学/二氧化碳	42 251	0	0
材料/能源	0	0	35 000
热处理/能源	4 716	0	30 000
信息技术/传输过程	0	0	30 000
电子元器件/传输过程	44 910	0	0
材料/可再生能源	54 477	0	30 000
化学与生物学/可再生能源	0	0	30 000
材料/合成燃料	5 993	0	0
化学与生物学/合成燃料	65 865	0	0
材料/水资源与农业	2 031	0	0
热处理/水资源与农业	0	0	30 000
化学与生物学/水资源与农业	36 047	0	30 000
新计划,"创业"	0	0	20 745
小企业计划	0	0	7 655
ARPA-E 计划总计	377 556	0	273 400
组织人事支持			
总部的内容			
员工的工资与奖金	7 900	0	7 916
差旅费	500	0	1 000
支持服务	14 900	0	15 650
其他附带支出	3 000	0	2 000
ARPA-E 项目部门总计	26 300	0	26 566
ARPA-E 总计	388 856	0	299 966

相应地，在 2010 年没有给 ARPA-E 拨款，在这一阶段继续使用 2009 年拨付的资金。根据 111-358 法案，ARPA-E 的项目资金从 2011 年开始进入正常预算拨付阶段[219]。

值得注意的是，ARPA-E 资金的使用是根据"技术指标"原则实施的，具体情况可以参考 DARPA 的预算管理部分。按照这一原则，制定预算时需要明确所有的技术问题，以及解决这些问题所需要的资金。

接下来，我们看看 ARPA-E 主要资助活动的特点（表 4.3）。

表 4.3 ARPA-E 2012 年基本活动方向的开支

千美元

相关项目	2012 年
发电	130 000
电力基础设施	80 000
最终用户的用电效率	105 000
节电	60 000
输电	115 000
新项目"创业公司"	17 329
小项目计划	14 614
ARPA-E 项目	521 943

4.3.1 发电

ARPA-E 长期投资于发电技术。这些投资的目标是实现技术解决方案的多元化，以降低传统发电和可再生能源发电的成本。

投资主要集中于两个方向：

——传统能源发电，以及太阳能、风能、天然气、"清洁煤"等等，平均成本是 5~6 美分/(千瓦·时)；

——开发集成系统，以提高供电、供暖和空调的使用效率。

减少使用传统能源、不可再生能源，优先发展可再生能源技术具有重大意义。重点关注天然气的使用，它占据美国能源消耗的 25%，而且是清洁的、低碳的能源。

传统利用太阳能的方式，比如太阳能光伏电池发电，得到了大量来自联邦和私人的投资。尽管如此，高性能、低成本的电池依然有待开发。ARPA-E尝试着用全新的方式利用太阳能，比如，设想将太阳能转化为化学能，将来再通过催化剂释放出来。这种新技术有别于传统的太阳能电池，可以将太阳能存储并在需要的时候使用，而不仅仅是在白天使用。

4.3.2 能源基础设施

美国绝大部分能源网络是几十年前建设的，基础设施陈旧并且经常超负荷运转，容易受到拉闸限电的威胁或其他安全问题的影响。

目前已经出现了智能化能源网络（Smart Grid），它是一个和信息网络类似的能源系统。智能电力系统包括负荷自动控制系统、电力设备工作状态监视系统、能源基础设施的通信设备。低功耗能源和可再生能源需要集成进电力分销网络中，例如，风能和太阳能因为它们的间歇性而难以使用。

ARPA-E还在投资开发新一代的技术，以提高电力传输的安全性、稳定性和可靠性。此外，该技术在全球范围内进行推广，将给美国创造新的就业机会，进而促进美国的经济繁荣。

4.3.3 最终用户的用电使用效率

节能技术无论对商业楼宇还是居民住宅都有着重要的意义，ARPA-E同样特别予以关注。

在这一领域，降低能源消耗、减少温室气体排放存在着大量机会。在美国，楼宇耗电占全国能源消耗的40%，而同期的工业用电——刚刚超过30%。这些数据清楚地表明建筑节能的重要性。

ARPA-E重点投资于建筑楼宇节能技术领域，其中包括照明技术、能量消耗监控技术、供暖系统、通风—空调系统，以及将照明、空调等集成在统一的系统中（开发"智能"楼宇系统）。

ARPA-E的目标是扶持那些有前景的节能技术，通过这些技术的推广使建筑业和工业更有效地节约能源、减少消耗。

4.3.4 节能

在美国，能源消耗主要集中于三个行业：建筑、交通运输和工业。其中建筑业大约占 40%，交通运输业大约占 28%，工业大约占 32%。

建筑业和交通运输业的能源使用者是最终用户。而工业部门的能源消耗属于间接性的，能源首先用于产品和原料的生产，而之后作为消费品应用于建筑行业和交通运输行业。工业部门的能源消耗被嵌入材料和产品中。工业部门能源消耗的降低是非常重要的，可以给节能减排带来显著效果，并在最终产品的成本中降低能源消耗所占比重。ARPA-E 在这个方向上的工作集中在被称为"内置效率"的计划中，它旨在通过降低生产过程中的能耗，减少能源消耗总量。

"内置效率"计划另一个重点关注的方向是农业、能源、天然气生产及其他领域的节水技术。在生产过程中无限制地用水会导致饮用水的枯竭，而水的补偿性再生产同样会消耗大量的能源。在这个方向的节能是利用低能耗技术生产饮用水和可重复使用的工业用水来实现的。作为此类技术的实例，ARPA-E 正在发展新型技术，它是基于碳纳米管，使用高技术滤膜来淡化海水，是一个低能耗项目。

4.3.5 能源运输

美国政府优先的活动方向之——减少对外国能源供应的依赖。交通运输部门占据了美国石油产品消耗的 70%，同时也占北美大陆二氧化碳排放的 30%。减少燃料使用，同时也减少二氧化碳的排放，可以通过为车辆开发更节能的内燃机和电动机并优化驾驶员的驾驶策略来实现。

ARPA-E 主要侧重于建立一个多元化技术解决方案，通过高效地利用能源减少美国对石油的依赖。例如，它建议：

——开发新型蓄电池，使电动汽车在 500~800 千米的行驶距离上有着比内燃机动力车辆更好的经济性。在没有国家补贴的情况下电动汽车在市场上有着更加出色的竞争能力。

——促进新型能源可持续性、竞争性的市场发展。这些新能源是基于天然气、二氧化碳和氢的混合物的车辆燃料，生产它们所消耗的资源比生物燃料所需资源低 5～10 倍，这对于横跨大陆的公路运输和航空运输来说前景广阔，这些行业普遍认为电气化也不是高效的解决办法。

——利用信息技术，通过防止交通拥堵来减少油耗，以及优化利用现有交通资源。

——促进新型高效能源和发动机的开发，它们的效率比现有类型能源和广泛使用的发动机更高。

5 高技术在 NASA

5.1 美国国家航天战略

20世纪中叶苏联和美国之间的全球对抗是促进两个国家在太空领域大力发展的主要原因。太空探索为实现全球霸权提供了新的可能性。太空的独特价值取决于它为开发而投入的资源规模。

创建国家航空航天局（National Aeronautics and Space Administration，NASA）的直接原因就是1958年夏天苏联发射了第一颗人造地球卫星。回想一下，也是这颗卫星的发射催生了国防高级研究计划局。

NASA 成立后，DARPA 一些涉及空间研究的项目转交给了这个新成立的机构。在这种情况下美国的太空活动被分为两部分：军用部分和民用部分。NASA 负责民用部分项目，而军用部分项目留在了国防部。然而 NASA 一直积极地参与着美国军事航空航天技术的开发工作。

随着"冷战"的结束和苏联的解体，太空的对抗失去了自己的现实性。美国对自己的太空政策进行了调整，它体现在1982—2010年不同版本的国家空间政策文件中（1982版、1988版、1989版、1996版、2006版和2010版）[220—225]。

最新版的国家太空政策（2010版）侧重于对太空活动的认知，它就像经济增长引擎，保障着人们生活质量的提高，保障着安全水平、周边的环境和信息流量的增长。因此，空间活动最重要的组成部分就是促进高技术和高新制造业的发展。

下面来看看 2010 版国家太空政策的基本原则和目标。

责任原则。美国敦促所有参与太空探索和利用外层空间的国家采取负责任的态度，协调努力，防止意外事故、误解和不信任。美国最重要的国家利益就是可持续地发展及稳定自由地利用外层空间。太空活动展示给所有参与方的应该是开放性和意图的透明度，提高公众对政府目标的理解。

商业化原则。航天部门的商业化对于太空活动是必不可少的。美国将努力增加航天部门的商业活动，这将有助于增加美国的全球竞争力，保持美国在这一领域的领导地位。

"和平目的"原则。所有国家都有以和平为目的的、符合国际法的从事外太空活动的权利。"和平目的"不排除利用宇宙空间开展活动，以确保国家安全。

权利平等原则。任何国家不得对太空和天体提出主权索求。所有国家的太空系统都有不受干涉地利用外层空间的权利。对别国空间系统进行有针对性的干扰，包括其地面设施，将被视为对国家主权的侵犯。

平权力量保障原则。美国将采取多种措施确保所有参与方负责任地利用太空。按照自卫权不可被剥夺的原则，美国保留对别国干扰其太空活动，或者攻击其太空系统及地面基础设施作出反应的权利。如果威慑不起作用，美国准备动用武力来保护自己的利益。

按照上述原则，美国已经为自己确定了如下目标：

——促进美国工业在全球市场的竞争力，帮助完善卫星制造业，拓宽卫星服务范围，提高卫星在轨数量；

——扩大在各个空间领域的国际互利合作，提高太空利用的经济效益，支持外太空活动的和平性质，促进太空领域的信息共享；

——提高稳定利用外太空的基础是：制定措施，以实现安全的、负责任的太空活动；收集和分享信息，以防止太空中飞行器发生碰撞；对关键性太空系统、配套基础设施及相互依存的空间和信息系统进行保护；减少近地轨道太空垃圾的污染；

——提高基本功能的稳定性和遭受破坏后恢复的能力（由于敌对行为或者其他的生态的、电子的或者是机械的原因），这些功能主要依赖军用、民用、科研以及商业航天器及其配套的基础设施来实现；

——支持创新性技术和高技术产业的发展，促进对太阳系以及太阳系以外宇宙的研究；

——提高对地球和太阳遥感观测效率，这对于预测天气、了解全球气候变化、识别近地空间的情况、自然资源的管理、处理紧急状况和开展救援、重建工作是必不可少的。

5.2 美国航空航天工业管理机构

美国航空航天工业管理系统是一个具有多层组织机构的综合体。在它的顶层是国家最高军事、政治领导人，包括总统、总统办事机构与国会。下一层则是核心的联邦各部和相应的执行机构（图5.1）。

在最高层面负责解决概念——政治性和战略性问题，制定纲领性文件。行政和预算管理局通过副总统办公室负责管理航空航天工业、科技政策建议、国家安全建议和行政预算管理。航空航天工业的法律监管和预算资金由国会负责。

航空航天工业的实际管理部门是国防部，它负责军事领域，而美国国家航空航天局主要负责民用部分。除了国防部和NASA以外，参与解决航空航天工业问题的部门还有交通运输部、商务部、能源部、中情局、联邦通信委员会及其他机构。

国防部和NASA在某些领域保持着密切的合作，共同执行航空航天武器系统技术和保障手段的开发与技术采购项目。这些项目的管理机制类似于DARPA。DARPA的项目管理由局长负责，局长由国防部长任命，并由负责采购、技术，以及材料和技术保障的国防部副部长和国防试验与开发部主任直接领导。航空航天武器系统，其技术和保障手段的采购管理由负责采购的空军部长助理负责（Assistant Secretary of the Air Force（Acquisition）），并直接听命于负责采购、技术，以及材料和技术保障的国防部副部长。

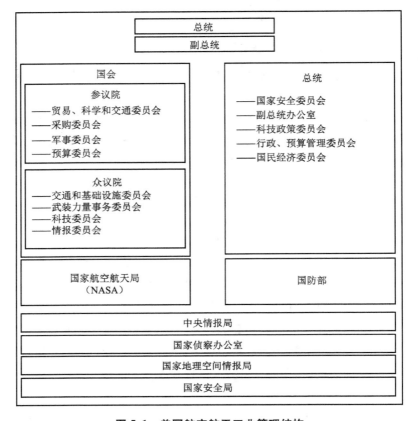

图 5.1 美国航空航天工业管理结构

根据现有数据[226]，很多使用太空系统的机构都为太空活动提供了预算和资金：国家侦察办公室（NRO）、国家安全太空办公室（National Security Space Office，NSSO）、国家地理空间情报局（NGA），这些部门都依赖在轨飞行器的帮助实现侦察和国家安全领域的活动。一些军事机构同样在空间系统的研究与开发中起了关键性的作用。此类机构包括美国空军科学研究实验室（AFRL），美国海军科学研究实验室（NRL）和 DARPA。

在所有联邦机构中 NASA 对航空航天的科研与开发起主要作用。美国国家航空航天局是国家机构，担负着组织研究和技术开发工作的职能，以确保美国在航空航天领域的主导地位。NASA 的组织结构被设计为保障对美国所有领域经济活动的支持，它们都在以这种或者那种方式对国家航空航天产业的未来发展保持着影响。

虽然在政府构架内 NASA 在形式上是局，但是实际上（根据这些指标，如资金、任务规模和员工数量）它更像一个部。从形式上，NASA 从属于副总统的管辖。NASA 的预算由美国国会单独批准。

5.2.1　NASA 的组织架构

NASA 的组织架构由管理机关（包括局长直接领导的几个部门、副局长、局长助理等）、几个部门（负责航空研究、基础科学实验）、载人航天中心和十个专业研究中心组成（图 5.2）。

NASA 的管理机关位于华盛顿特区，执行传统的机构使命——组织和其他机构的互动，其中也包括政府，参与预算的起草和批准，进行远期规划并监督太空计划的实施。

美国航空航天局顾问委员会（NASA Advisory Council，NAC）主要负责对一些重大计划和项目为局长提供咨询和建议。委员会下设九个分委会——审计、财务与分析、太空商业化、教育与公共关系、实验、信息技术与基础设施、科学、太空飞行管理，以及技术和创新。各分委会定期召开会议贯穿全年。航空委员会结构见图 5.3。

航空部门的职权由 NASA 局长助理负责，其主要任务包括制定发展战略、规划，执行涉及航空航天技术的航空计划和实验项目、实验结果的评估，以及对埃姆斯中心、兰利中心、格伦中心和德莱顿飞行研究中心的管理。航空管理部门的负责人同样需要在自己的职权范围内负责和国会，以及其他政府机构、监督委员会、工业部门、大学等机构保持紧密的联系。

NASA 科学实验中心隶属于航空管理部门，负责航空计划的实施与管理，参与战略计划的起草并对未来的科研工作和实验设备提出要求。航空管理部门的工作依赖上述四个科研中心，它们每一个都具备自己独立的技术研究领域。在某些方面，其数量、任务方向、各科研中心的专

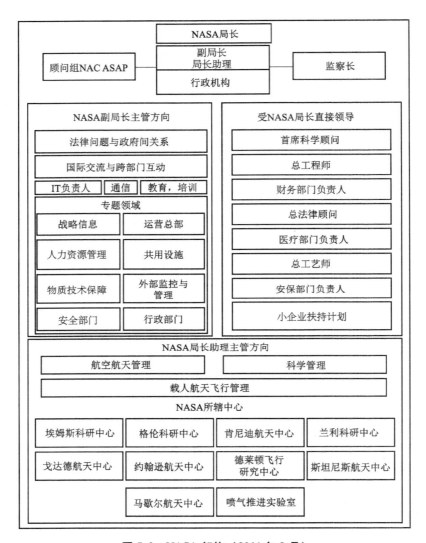

图5.2 NASA架构（2011年9月）

业化分工、NASA机构的航空部分，让人想起苏联航空科研机构。

NASA科学任务理事会（Science Mission Directorate，SMD）由NASA局长助理（负责科学）任负责人（Associate Administrator for NASA's Science Mission Directorate）。该机构的研究方向包括：

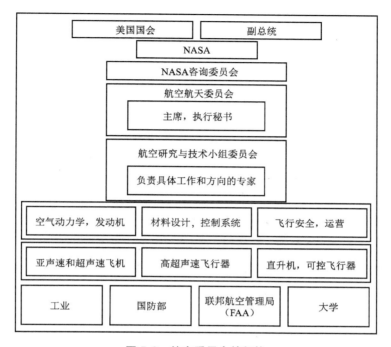

图 5.3 航空委员会的架构

——地球科学；
——人造地球卫星；
——太阳系的研究；
——太阳物理学；
——天体物理学。

载人航天飞行部门（Human Exploration and Operations (HEO) Mission Directorate）也是由一名 NASA 局长助理担任负责人。载人航天飞行部门包括：

——战略分析与整合；
——资源管理；
——太空通信与导航；
——太空发射；

——航天飞机（目前该计划已经完成）；
——深空探测系统的开发；
——载人航天飞行；
——国际空间站；
——太空商业化；
——完善科研体系；
——太空生存，空间站飞行组的健康与安全。

5.2.2 NASA 的科研和航天中心

NASA 的科研和航天中心具有独一无二的实验设施，大量的科研工作者作为基础资源，保障了 NASA 在科学研究和高技术开发领域的世界领袖的地位。NASA 的各个研究中心通过签署的合作协议，和其他科研机构保持着紧密的接触，积极参与 NASA 资助的科研项目。进行的研究符合行业利益，主要目标是通过实验获得一些先进飞行器的概念性解决方案，以及基础技术的开发，缺乏这些基础技术，工业部门是无法开发新型飞行器的。NASA 很大一部分工作是委托学术界，特别是大学来开展研究的。在这种情况下，NASA 资助科研工作并取得成果，在进行评估后用于更大的科研项目中或者在自己的科研中心内部进行技术转让。

NASA 的科研中心是国有非营利性质的，开发出来的新技术对于工业部门是免费的。

（一）埃姆斯科研中心

该科研中心位于加利福尼亚州，是 NASA 的主要科研中心之一。该中心拥有一套运算能力极强的超级计算机和可对全尺寸飞机进行空气动力研究的整套设施，其中包括 30 个左右的风洞，可以进行大范围的吹风实验（从亚声速到高超声速）。在某些方面埃姆斯中心有些类似于俄罗斯的茹科夫斯基中央航空流体力学研究中心（ЦАГИ，茹科夫斯基市）。

埃姆斯中心最著名的研究领域有：气动热力学，开发的一系列的预测、分析方法，对先进航空航天飞行器多学科优化，大迎角飞行气动问题，高超声速飞行器的开发，旋翼式飞行器，航空航天飞行器控制系统人为因素影响实验等。该中心开发出了空气动力学和计算结构强度的高性能计算方法。利用超级计算机进行数值模拟，按照一些专家的观点——这是世界上最高效、最强大的计算机。在飞机的航电领域同样投入了大量的工作，飞行器空中机动控制中人为因素影响的测算，是提高导航系统准确度以及机场地区空中交通管理自动化的先进手段。

（二）德莱顿飞行研究中心

德莱顿飞行研究中心是美国国家航空航天局（NASA）的重要研究中心之一，主要从事飞行实验。它的任务性质有些类似于俄罗斯的M. M. 格罗莫娃飞行实验中心。NASA 所有飞行器实验都是在德莱顿飞行研究中心进行的，这其中包括前掠翼飞机、带推力矢量控制系统的飞机。在 NASA 的实验设备上进行了大量飞行员驾驶技术和仪表测试设备的实验，验证飞—火—推一体化综合系统的计算方法，通过相关发动机和飞控的数据库为制定未来的飞机设计标准做积累。该中心也从事一些基础性研究，比如不同高度的超声速飞行实验、声爆实验等。

（三）兰利科研中心

兰利科研中心的历史已经超过 85 年，作为一个领先的航空研究中心，对美国航空业未来的发展有着显著的影响。该中心拥有很强大的实验基础设施，超过 40 座风洞，其中包括可进行自然雷诺数实验的低温跨声速风洞，拥有数十台实验装置进行材料性能和结构强度方面的实验。该中心最著名的研究领域是气动热力学、空气动力计算与气动弹性、机器人技术、喷气式发动机。兰利中心是美国最重要的从事飞行控制、视觉显示系统和网络数据库方面研究的技术中心之一。此外，该中心还从事先进的金属和复合材料研究。

根据一些专家的看法，兰利中心的研究活动有些类似茹科夫斯基中央航空流体力学研究中心（ЦАГИ）和 全俄航空材料研究院（ВИАМ）。

（四）格伦科研中心

该中心的主要研究方向——航空发动机和飞机用各类电源系统。这一部分的研究工作有些类似俄罗斯的巴拉诺夫中央航空发动机研究所（ЦИАМ）。该中心在航空发动机用高温金属材料和复合材料方面进行着广泛的研究和实验，此外也对宇宙飞船所需材料进行研究。NASA的结冰和防结冰系统实验也在这个中心进行，该中心有专门的模拟结冰风洞用于实验。该中心的研究计划还十分关注改善发动机的声学特征、减少排放以及开发新型发动机。

格伦科研中心拥有自己的航空基地——普拉姆·布鲁克基地（Plum Brook Station），该基地具有出色的科研条件和广阔的面积用于复杂的实验，很多实验涉及使用液氢、液氧和核材料。

（五）马歇尔航天中心

该中心位于亚拉巴马州的军事基地阿森纳"莱德斯通"，专门从事运载火箭发动机的开发。该中心著名的原因之一，是第二次世界大战结束后德国著名火箭专家维尔纳·冯·布劳恩被送到美国，在他的领导下美国开发出了第一枚弹道导弹。马歇尔航天中心的专家们在维尔纳·冯·布劳恩的研究基础上开发出了当时推力最大的运载火箭"土星-5号"。后来该中心还开发了"航天飞机"专用发动机。目前该中心正在从事国际空间站各种发射组件的装配。

（六）戈达德航天中心

该中心位于马里兰州，离华盛顿不远，是美国从事无人太空飞行探测器开发和运营的主要科研机构，用于地球遥感、太阳系和宇宙的研究与探索。此外美国国家航空航天局太空跟踪网也位于该中心。

（七）肯尼迪航天中心

该中心位于佛罗里达州卡纳维拉尔角，拥有一整套用于航天发射和飞行控制的机构。世界上最大的三级运载火箭"土星-5号"（111米高，直径10米）就是从这里发射的，直到2011年，美国的航天飞机都是从这里发射的，2012年5月这里成功地发射了第一枚商业化的运载火箭"猎鹰-9"和"龙"飞船。

（八）约翰逊航天中心

该中心位于得克萨斯州休斯敦附近，是一个包括近百栋建筑的综合体。约翰逊中心是飞行控制中心，专门从事载人航天飞行的开发和运营及航天员的训练和载人航天飞行的准备工作。

（九）斯坦尼斯航天中心

该中心位于密西西比州，是测试火箭发动机和火箭运载级的主要中心。该中心拥有一个强大的实验测试平台，允许对所有主要类型的火箭发动机进行测试。

（十）喷气推进实验室，加利福尼亚州

JPL（Jet Propulsion Laboratory）实验室由加利福尼亚理工大学负责行政管理，是NASA的下属机构。实验室的主要任务是建造和操作行星自动机器人航天器、研究和探索太阳系，NASA的深空指挥—测控网（Deep Space Network，DSN）就在该实验室管理之下。

5.3 NASA 的战略规划

美国国家航空航天局战略规划的主要目标是保证美国在航空航天领域目前的优势并将这种优势长期保持下去。

美国国家航空航天局定期更新自己的战略规划，根据目前的政治、军事和技术需求调整它们。2006年小布什总统时期制定了为期十年的战略规划，该计划的头号目标就是在2010年前完成 space shuttle 计划。设立了雄心勃勃的目标：计划将美国人重新送上月球并进行火星探测[228]。新总统上台后改变了该长期规划的主要方向并对优先事宜进行了调整。其结果是重返月球计划和火星探索计划被取消。

2011年2月重新制定了战略规划，为期十年——到2021年[229]。在新的战略规划中明确了NASA未来活动的六个主要方向。

5.3.1 宇宙空间的开发

新的战略方向提出要对人类现有的太空能力给予支持和保障，并为人类在太阳系活动范围的进一步扩大创造条件。这个方向上的首要目标是支持国际空间站作为一个国家实验室在最有前景的科研方向上发挥作用并提高其使用效率（图5.4）。

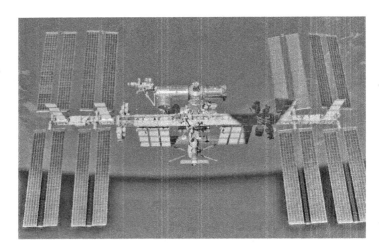

图 5.4　国际空间站[229]

按照该战略规划起草人员的观点，国际空间站是太阳系探索过程中的关键性步骤之一。它提供了一个独特的机会，研究、开发、测试近地轨道太空探索需要的先进空间技术。国际空间站在美国被视为自己的国家资源，它为美国的政府机构、大学甚至私营企业从事科技基础研究和应用研究，提供了广泛的可能性。

在美国的航天飞机项目结束后并没有开发新型飞船以保障对国际空间站的货物与人员运输，而是走上了开发商业化飞船的道路。据估计，这种方式有助于提高近地空间商业化开发的潜力，促进美国工业发展，保障国家安全，可靠地和低成本地获取进入近地轨道和国际空间站的能力。这方面的工作将有效促进机械制造行业增长以及和项目相关的科研机构的发展。可靠的商业航天工业将有助于减少美国对外国系统的依赖，目前美国正依靠这些外国系统将货物与航天员送入国际空间站。同时可靠的商业航天工业也有助于降低航天发射的成本。

公布的新战略已经取得了第一项成果。据网络报纸《引导》2012年 5 月 25 日报道，私营公司的"龙"飞船成功地和国际空间站的"Harmony"模块进行了对接。2012 年 5 月 22 日，美国"龙"飞船使用"猎鹰-9"火箭从位于佛罗里达州卡纳维拉尔角的肯尼迪航天中心发射升空，第一次发射计划原定于 2011 年年底，但因技术原因多次推迟。

"龙"飞船——第一艘私营货运飞船，属于加州的 SpaceX 公司。SpaceX 和 NASA 签署了一项价值 15 亿美元的合同，随着"龙"飞船和国际空间站的第一次成功对接，私营货运飞船将定期执行前往国际空间站的飞行任务（图 5.5）。

图 5.5　私人太空飞船"龙"和国际空间站对接[230]

除了科学和技术目标，负责国际空间站利用的战略规划起草者还提出就探矿项目寻求国际合作，一方面拓宽国际科技的合作，同时为人类未来对太空的探索建立资源储备。

5.3.2　对地球和宇宙认识的拓展

这个研究方向包括四个专题：

——研究气候变化和环境问题；

——研究太阳及其对地球和太阳系的影响；

——研究太阳系的起源和演变，并为进一步的研究建立条件；

——研究宇宙的演变并寻找类地行星。

（一）气候与环境变化的研究

为解决气候和周边环境变化问题，计划：

——提高对地球臭氧层变化的预测准确度及研究其对气候的影响，建立长期天气预报和极端天气预报；

——研究空气质量对大气成分变化的依赖性；

——学会理解、量化和预测地球生态系统的变化和地球生物化学循环过程，其中包括全球的碳循环、植被变化周期和生物多样性；

——定量和定性评估关键性水资源状况和全球水循环，检验并预测水质的变化；

——研究海洋、大气、陆地、冰对地球气候系统的影响并预测未来的演变；

——评估地球表面的动态变化并形成科学依据，以评估自然灾害的影响和提高对稀有和极端天气现象的反应效率。

（二）太阳研究

地球和太阳系的其他行星处于太阳大气影响之下，即所谓的日光层，它是由等离子体构成，包括带电粒子、磁场和穿透性辐射。

地球上的人类和复杂的技术系统往往会受到"太阳风"的影响，即受太阳等离子体和太阳磁活动剧烈的影响，表现为太阳耀斑。图5.6表明，太阳活动剧烈区域形成了一系列耀眼的太阳耀斑，同时还伴随着不大的等离子体爆发。这次剧烈活动从2012年4月29日至5月1日持续了大约36小时。

"太阳风"对地球有着广泛影响，从美丽的极光到对通信的破坏都能看到它的影子。

在太阳物理研究中，日光层和行星际空间被视为一个统一的互相联系的系统，对它的研究有助于更好地了解宇宙中的基础物理过程。了解太阳和行星之间的联系对于预测太阳活动对人类和技术系统的影响非常重要，可以帮助我们开发出新的方法，为处于地球大气层保护之外的航天员以及空间站、飞船上的机器人系统提供防护。

为了研究太阳及其对地球和太阳系的影响，根据美国国家航空航天局的战略计划将开展：

——旨在改善在宇宙空间中对基础物理过程认识的实验；

——研究人类社会及技术系统与太阳活动的关联，研究人类社会和技术系统与行星磁场和大气层的关联；

——研究在太空条件下确保人类活动安全，确保技术系统正常运作的措施，预测极端情况。

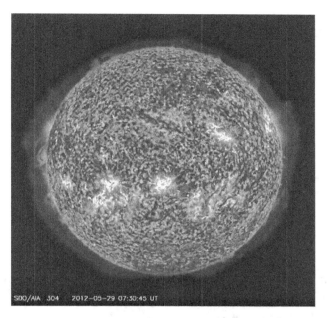

图 5.6　太阳活动增强，等离子体爆发
（2012 年 4 月 29 日—5 月 1 日）[230]

（三）太阳系起源和演化研究

研究太阳系的起源和演化一直是 NASA 战略规划中的一部分，NASA 一直致力于创造条件进行深入研究，研究方向主要包括以下几个部分：

——对太阳系中存在的所有天体进行识别并了解它们之间相互作用的过程；

——研究太阳系中所有行星、它们的卫星及小行星的演化过程；

——探索火星和太阳系其他天体是否存在适宜生命存在的环境；

——研究地球生命起源和进化过程以及生物圈形成的过程，以确定宇宙中生命存在的可能条件；

——对小行星进行识别并了解太阳系行星的性质，它们可能对地球生命构成威胁；

——对小行星和太阳系行星进行勘探，它们可能会成为潜在的资源提供者（例如，重要资源的开采）。

所有科研方向的进展情况可以参考 2012 年 2 月 NASA 载人航天办公室副主任威廉·葛斯坦迈亚（William Gerstenmaier）发表的声明，美国将开始制订新的太空载人飞行计划。该方案是基于利用所谓的第二拉格朗日点（L2）创建太空基地这一理念。从该基地出发可以飞向火星、月球、小行星，研究近月空间，有效地控制处于月球背面的月球车，这项研究无论从科学的角度还是实用角度都是非常吸引人的。拉格朗日点——这是空间的一个点，它位于地球和月球轨道平面上，可以体验到平衡行星及其卫星相互引力的现象。位于拉格朗日点的太空基地能保持相对于地球和月球的静止，这个点对于未来建设太空基地意义重大（图 5.7～图 5.9）。

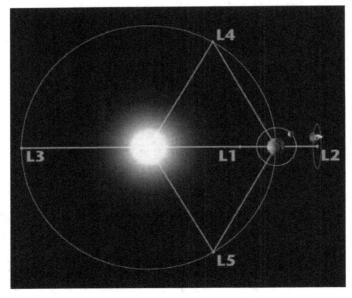

图 5.7　拉格朗日点的几何模型[230]

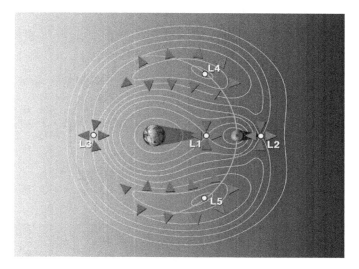

图 5.8　引力场和地月系统的拉格朗日点[232]

图 5.9　通过位于地—月系统拉格朗日点的空间站对月球车进行控制[232]

(四) 宇宙演化和寻找类地行星的研究

根据 NASA 的战略计划，宇宙演化和寻找类地行星领域的研究包括：

——建立宇宙起源和发展理论，研究黑洞、暗能量、暗物质、重力环境；

——从事星系、恒星和行星系统相关的研究，了解它们形成、发展和消亡的历史；

——编录太阳系外的行星，并对它们的性质展开研究。

图 5.10 所示为仙女星座。

图 5.10　仙女星座距离地球 250 万光年[230]

图 5.11 所示为计算机模拟黑洞的形成。

5.3.3　开发创新性空间技术促进科学、技术和经济发展

这个方向上的研究总体思路接近 DARPA 的活动目标，也类似于上述所列所有美国政府部门的目标。在这种情况下 NASA 划分了四个研究专题：

——支持空间研究领域基础性创新技术的发展，以增强国家航天潜

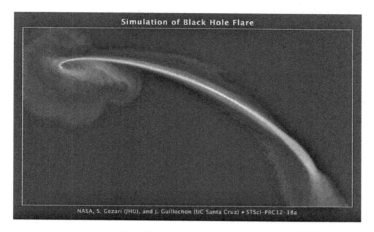

图 5.11　计算机模拟恒星物质收缩成一个黑洞[232]

力,建立符合 NASA、航空工业和其他国家机构未来方向的科技储备;

——利用航空技术为开发外层空间提供新的可能;

——利用 NASA 开发的技术做示范,以实现成果目标;

——将 NASA 的技术转让给其他具有伙伴关系的政府机构、工业部门以及国际组织。

(一) NASA 技术储备评价体系

支持空间研究领域基础性创新技术的研发,建立创新性概念和低"准备水平"技术的远期储备。在美国国家航空航天局开发了九级技术准备(Technology Readiness Level,TRL)的体系,用于开发和使用航空航天技术过程中的风险评估。该系统已经被所有美国政府机构所采用。

第一阶段的技术准备(TRL-1),是最低的阶段:

描述了该技术的基本原理。科学实验的结果刚刚转向研究与开发阶段,比如,在"纸面"阶段基本原理的研究。硬件和软件都不具备,尚未进行技术演示。

第二阶段的技术准备(TRL-2):

形成技术概念以及可能的应用。技术启动的说明,根据基本原理,在观察的基础之上提出实际应用,这种应用仅限于理论上的,不需要证明或者详细地分析（例如，基本技术原理处于"纸面"阶段）。硬件和软件都不具备，尚未进行技术演示。

第三阶段的技术准备（TRL-3）：

明确关键性理论分析和技术验证试验，以确认概念的可行性。开始积极地研究和开发，包括分析和验证，对每一项技术要素进行初步的分析和评估以确保其可行性，例如技术部件，它不是完整统一的技术。对单独的技术部件（也包括子系统）进行分析研究和实验室演示。

第四阶段的技术准备（TRL-4）：

技术部件获得实验室条件下的成功。将基础部件集成在一起，使其可以协调工作，当然和最终的成品相比产品的精度要略低（例如，实验室中对独立部件的集成）。组装实验室样机，部件组装后进行全系统的演示。这一阶段不要求实现所有已安装部件的全部功能，但是它们在飞行器上的使用在技术上必须是可行的。

第五阶段的技术准备（TRL-5）：

确定最终状态的技术部件和系统布置方案。需要显著提高技术部件和系统的准确度。将基础技术部件集成至最终实际的保障元素中去，以这种方式在模拟环境中验证技术，例如，在实验室集成技术组件和最终系统保持高一致性。建立和最终系统高一致性的实验室样板，以演示技术的功能性，此时要求零件功能的对等，但是不要求零件的外形（尺寸、重量、材料等）和配置相对应，但是应当符合相应的零件比例。为了功能性演示还要将基础技术部件和最终的实际保障元素或者子系统进行集成。在此阶段还可以进行飞行验证。随着技术的实验室演示结果下一步将展开详细的项目实验。

第六阶段的技术准备（TRL-6）：

使用条件下的模型、原型或者子系统。创建标准模型或对原型系统在使用条件下进行测试。该系统的原型已经非常接近最终外形、配置以及功能，并形成一个集成很多新部件和实际保障元素在一起，可以展示全部功能的系统或者子系统。进行和最终产品高相似度的实验室技术演示或者符合应用条件下有限的飞行验证。此时已经准确地确认了技术集成路径。

第七阶段的技术准备（TRL-7）：

实操条件下对原型系统的演示。开发原型机，使其可以在实际操作环境下运行。例如，飞行验证。这时候的原型机和最终产品无论是外形、配置还是功能都完全一致，并且和最终的实际保障元素或者子系统进行集成，最终形成可以演示全部功能的系统或者子系统。对技术系统进行和实际使用条件一致的飞行试验演示（飞行实验室）。通过相应试验，所有技术指标得到很好的测试。

第八阶段的技术准备（TRL-8）：

系统完成实际飞行性能资质测试。确认全部预定条件下和全状态的工作技术指标。任何条件下的技术准备均已实现，例如，在研发阶段对系统的实验和评估完全符合相应的功能测试任务。设备通过飞行条件下的鉴定试验。

第九阶段的技术准备（TRL-9）：

一个已成功实现应用的系统。确定项目方案的技术指标和实际操作条件下的最终状态完全一致。技术准备已经修正所有开发阶段的错误，例如，在实际使用条件下出现的系统问题。最终版本的系统通过使用条件下的实验和评估。

有必要指出，上述九个阶段的技术成熟度评估模式主要着重于开发科技产品，和俄罗斯开发武器与军事装备的国标（国标 PB 15.004-2004 军事装备的研发和生产制造体系·材料与产品的生命周期）以及自动化系统（国标 34.601-90. 自动化系统·开发阶段）有很多的共同之处。

另一种评估方式是由 Gartner 公司 1995 年开发的技术成熟度评估方法，这种方法是建立在公众和专业人员对某项技术的兴趣基础上的预测与评估。这种方式主要关注的是技术产品的营销特殊性，共分为五个阶段：

——技术启动（Technology Trigger）阶段：出现了创新性技术，新技术的首次发布；

——过高期待的峰值（Peak of Inflated Expectation）阶段：由于新技术的出现，人们开始期待革命性的性能，技术因为新奇而成为流行的并广为讨论的话题；

——摆脱幻想（Trough of Disillusionment）阶段：技术出现不足，新颖性开始消失，媒体失去了热情，社会上有人开始对新技术表示失望；

——克服缺点（Slope of Enlightenment）阶段：消除主要缺陷，大众对技术的兴趣慢慢回归，技术开始在商业计划中实施；

——生产力得到提高（Plateau of Productivity）：技术变得成熟，社会重新对该技术给予认定，包括它的优点和缺点。

（二）航天技术在新领域的应用

航天技术对于宇宙空间的开发利用包括：

——刺激低成本小载荷运载手段的发展，也包括发射小卫星；

——展示新型航天技术和小卫星的商业化应用。

（三）NASA 开发技术项目的示范应用

NASA 为某项明确目标而开发的关键性技术，其演示中提出开发机器人助手，以协助空间站宇航员的工作，开发关键技术，用于以太空探索为目的的货物安全运输。

（四）NASA 的技术转移

NASA 的技术转移以及和其他国家机构、工业界、国际组织的关系（技术转移）我们将在下一章节中单独讨论。在这里，我们仅仅是指出，和其他本文列举的国家机构类似，技术转移是 NASA 的优先事项之一。这种技术转移涉及所有的国家机构，并在规范性法律文件中得到进一步的确认。该法律明确规定，每一个联邦机构应当部署必要的技术转让计划，并积极地向私营部门转让技术。州政府和地方政府将这些技术用于商业或其他目的，从整体上符合国家利益。根据法律对 NASA 义务的规定，其中包括《国家航空航天法（1958）》（*National Aeronautics and Space Act of* 1958）[233]法律和后续一系列的法律，开发了一系列技术转移法案——创新合作计划（Innovative Partnerships Program，IPP）。

5.3.4 航空领域科研成果对其他社会领域的服务

这个研究方向包括两个专题：

——创新性解决方案和先进技术的发展有利于提高航空运输效率；

——航空和技术领域创新性理念的系统性开发有助于展示自己的优势和特点。

（一）提高航空运输效率

创新性解决方案和先进技术的开发有助于提高航空运输效率，其中包括：

——现代技术的发展可以提高未来空中运输系统的整体安全性；

——创新性解决方案和技术可以满足下一代航空运输系统未来发展的需要；

——工具、技术的不断开发和新知识的产生将显著提高未来飞机的效率。

（二）航空业创新性概念的建立

发展对于航空和技术有前景的创新性概念，并对它们进行系统性研究，可以展示自己的特点和优势，开发更先进的设备与技术，降低新型飞机开发时系统集成固有的技术风险。

根据目前的预测，到 2025 年美国的空中运输量将增长 2 倍以上。这种运输量的增长也对航空技术提出了要求。对质量、环保性、可靠性和安全性将有更严格的规定。所有这一切都需要新的技术解决方案，才能在预定的方向上获得突破性的成就。

NASA 的基础性科研计划建立在综合性方法基础之上，以此解决开发下一代航空技术的长期目标。这些项目都瞄准了传统航空领域在未来的进一步发展及其跨学科的集成。这种方法将为空中交通管理和航空技术带来革命性的变化。

完善飞行器的一个重要方向就是对现有技术的现代化改进，这些技术将被集成到下一代飞机（图 5.12、图 5.13）的概念开发中去，其中包括降低空气阻力、提高燃料效率以降低燃料消耗量等技术。开发新一代直升机、超声速飞机以及实现可持续高超声速飞行的基础理论研究意义极其重大。同样重要的还有新材料的开发、发动机和机身系统的设计，通过这些手段可以降低油耗、减少噪声和排放。还有一个重要的研究目标是实验合成燃料和生物燃料对航空发动机的影响。

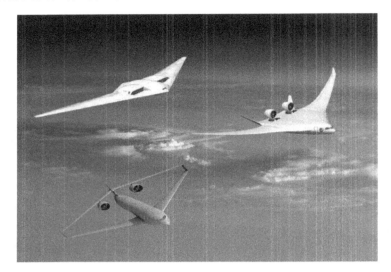

图 5.12　高性能生态环保型飞机概念[230]

图 5.13　低噪声超声速客机概念[230]

在空中交通管制系统领域主要进行提高空中交通管理水平、开发管理新概念、开发新型管理技术等方面的研究，涵盖机场管理的所有方面，以实现在高密度大流量的情况下对跑道更有效地利用。

为了解决上述问题刺激创新研究，很多联邦机构、大型企业、小公司和大学都在积极地行动。

5.3.5 其他领域的应用及人类潜能对成功实现 NASA 项目的促进

这个领域包括五个研究专题：

——确定并支持智力和人力资源的开发；

——确保实现 NASA 的活动所需基本资产的可用性；

——确保 NASA 战略性项目成果可检验、核实；

——引进并发展太空通信手段，将先进的科研成果应用于基础设施；

——和商业机构、国际组织建立合作伙伴关系。

（一）人类智力和潜能的发展

识别、支持并发展智力资源和人的潜能包括：

——吸引和留住先进技术和经营管理方面的员工队伍；

——保障对技术、工程、数学及相关学科学生的培训。

（二）对于 NASA 资产的完备保障

保障 NASA 活动所需重要资产的完好率，包括：

——保障安全、质量，降低风险，提高产品可靠性是制订、实施各种项目、计划和方案的重要组成部分；

——促进信息技术的发展并将研究项目的成果公开化；

——制订并实施有前景的基础设施计划，完善体制并加强重要设施的建设，保障更有效地利用外部的机会并在 NASA 范围内提高基础设施解决方案的质量。

（三）NASA 战略性计划的可行性测试

NASA 战略性计划的可行性测试包括：

——和国防部共同合作对火箭发动机进行国家级测试；

——利用航空测试程序（NASA's Aeronautics Test Program，ATP），对 NASA 的研究项目和国家的航空航天项目在研究、开发和测试的各个阶段进行评估。

（四）空间通信手段的引进

空间通信手段的引进和应用扩展与将先进科研成果应用于基础设施的开发主要包括：

——引进空间通信技术手段对于可靠而经济地航天发射、保障任务的完成以及实现美国国家太空政策的目标有着决定性的意义；

——位于佛罗里达州的发射中心需要进行技术改造，以确保运载火箭稳定安全的发射；

——对基础设施进行改造，使其能够适应新技术的出现和现有技术的改进，保证为空间通信服务提供更高的数据传输能力。

可靠和高质量的通信网络是保障航天飞行的关键。这种通信能力可以为地面系统传输数据，保证对空间活动的控制并支持太空飞行时航天员的语音通信。

随着各种新型航天器的出现，不断出现新型数据传输技术，有必要开发新一代的通信系统。

太空通信与导航计划（Space Communications and Navigation Program，SCaN）提出开发统一的信息空间通信和导航网络。该网络需要保障对太空机器人的操作和航天员在太空的活动。这个计划将为下一代太空通信系统开发综合性网络架构和标准。将更新和升级地面指挥—测控中心的深空通信 DSN 能力并将其整合到一个统一的网络中去（图5.14）。

（五）与商业伙伴和国际机构的合作关系

与商业伙伴和国际机构的合作包括：

——推广国际空间站作为国家实验室用于国际联合实验、技术发展和教育；

——通过扩大利用国际机构间的协调机制，拓展国际机构间的合作伙伴关系。

图5.14 位于南加州的戈尔德斯顿的深空通信中心（天线直径70米）[234]

5.3.6 NASA 活动的推广

推广活动主要包括吸引社会各界人士、教师、大学生积极参加 NASA 组织的活动，以促进国民经济的创新和发展。

推广活动分为四个专题：

——吸引大学生对科学的兴趣，特别是学习技术、工程和数学学科的兴趣，对各个阶段的学生进行科普教育；

——通过与顶级的教育与科研机构进行战略合作促进大众科学、技术、工程和数学素养的提高；

——吸引公众参与美国国家航空航天局的活动，这种参与会为 NASA 带来新的机遇；

——吸引对 NASA 活动和问题的讨论。

（一）引导学生投身科学

吸引学生对科学的兴趣并投身于技术、工程和数学学科领域的研究，对各个阶段的学生进行科普教育，这包括：

——确保科技、工程和数学专业学生资源的质量；

——展示 NASA 的成就，吸引学生的兴趣，并促进科技、工程和数学专业学生成绩的提高；

——接受教育系统受捐者对其一贯宣扬的公民权利的评价。

此外 NASA 还大规模地参与专业科研团体，甚至大学生团体对于科学技术问题的解决，类似 DARPA 的管理在互联网上组织公开的竞赛活动。特别是 NASA 积极参与了麻省理工学院的 InnoCentive (www.innocentive.com) 项目，该项目是对解决各类需要的科学技术问题进行招投标。对于竞赛的获胜者基本奖励在 10 000～30 000 美元。在 2012 年下半年组织了 10 场竞赛，其中包括：

——失重条件下的有氧运动和力量运动设备（收到 564 份参赛申请）；

——在长时间太空飞行条件下新鲜食品的保鲜包装（收到 174 份参赛申请）；

——太阳活动情况的预测方法，当前的观测及历史观测的存档（收到 579 份申请）；

——航天员药品使用的管理方式方法（收到 365 份申请）；

——无创测量脑颅内压的方法（收到超过 400 份申请）。

这里重点关注数量庞大的参赛者（数以百计），这充分说明了这些竞赛对广大学生和青年学者的吸引力。

（二）提高民众科学、技术、工程及数学领域的素养

通过与大学和研究机构建立战略伙伴关系，提升科学、技术、工程、数学学科学生的素养，维持 NASA 在提高学生科学素养方面的主导作用，促进教育的专业化发展并实施新的教育方法。

（三）提高公众对 NASA 活动的参与度

吸引社会公众参与 NASA 组织的活动，这种参与有助于扩大 NASA

的影响范围，从而实现自己的目标。

（四）对 NASA 活动成果的探讨

发起讨论，并就这些问题交换意见，NASA 活动成果包括：

——利用与教育机构建立的战略伙伴关系，培养学生在科学、技术、工程和数学方面的兴趣；

——为各种不同受众提供清晰、准确、方便、及时的信息；

——提供通信基础设施保障，让公众了解美国国家航空航天局的活动。

5.4　NASA 计划的资金保障

NASA 是高技术领域最成功的机构之一。这种成就的获得在很大程度上要归功于美国政府对航天领域的优先投入。NASA 成立至今，美国政府的投入已经接近 1 万亿美元。

然而，最近空间研究领域的重要性出现了下降趋势，和高峰期的 2011 年相比，2012—2013 年 NASA 的预算出现了下降的趋势。这种趋势一直持续到近期——2017 年（表 5.1）。这种缩减在很大程度上是由于经济原因和美国政府对空间研究实验采取了更加务实的态度。

表 5.1　NASA 2011—2017 财年基本活动开支[235]

百万美元

研究方向与项目	2011 年	2012 年	2013 年	2014 年	2015 年	2016 年	2017 年
NASA 总和	18 448	17 770	17 711	17 711	17 711	17 711	17 711
科学实验	4 919.7	5 073.7	4 911.2	4 914.4	4 914.4	4 914.4	4 914.4
地球研究	1 721.9	1 760.5	1 784.8	1 775.6	1 835.5	1 826.2	1 772.8
行星研究	1 450.8	1 501.4	1 192.3	1 133.7	1 102	1 119.4	1 198.8
天体物理学	631.1	672.7	659.4	703.0	693.7	708.9	710.2
詹姆斯·韦伯太空望远镜	476.8	518.6	627.6	659.6	646.6	621.6	571.1
太阳物理学	639.2	620.5	647	643	636.7	638.3	661.6

续表

研究方向与项目	2011 年	2012 年	2013 年	2014 年	2015 年	2016 年	2017 年
航空	533.5	569.4	551.5	551.5	551.5	551.5	551.5
航天技术	456.3	573.7	699	699	699	699	699
实验	3 821.2	3 712.8	3 932.8	4 076.5	4 076.5	4 076.5	4 076.5
近地轨道的太空实验	2 982.1	3 007.1	2 769.4	2 913.1	2 913.1	2 913.1	2 913.1
商业太空飞行	606.8	406	829.7	829.7	829.7	829.7	829.7
太空空间的开发	232.3	299.7	333.7	333.7	333.7	333.7	333.7
太空活动	5 146.3	4 187	4 013.2	4 035.1	4 035.1	4 035.1	4 035.1
"航天飞机"计划	1 592.9	556.2	70.6	0	0	0	0
国际空间站	2 713.6	2 829.9	3 007.6	3 177.6	3 170.9	3 212.8	3 224.3
航天飞行保障	839.8	800.9	935	857.5	864.2	822.3	800.8
教育，培训	145.4	136.1	100	100	100	100	100
部门间交流	2 956.4	2 993.9	2 847.5	2 847.5	2 847.5	2 847.5	2 847.5
经营管理中心	2 189	2 204.1	2 093.3	2 093.3	2 093.3	2 093.3	2 093.3
NASA 的任务与项目管理	767.4	789.8	754.2	754.2	754.2	754.2	754.2
周边环境的建设与保护	432.9	487	619.2	450.4	450.4	450.4	450.4
基建	373.3	441.3	552.8	359.5	362.9	360	360
环境保护	59.6	45.6	66.4	90.9	87.5	90.4	90.4
监察长管理	36.3	38.3	37	37	37	37	37

参考一下 NASA 2011—2017 财年的支出及结构（表 5.1、图 5.15）可以发现，在表上所显示的支出，2014—2017 年的目标，仅仅是一个说明性开支，反映了美国政府的计划——直到现在还没有得到国会的批准。

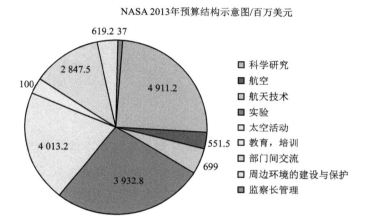

图 5.15　NASA 2013 年预算结构[235]

5.4.1　对地观测

对地观测研究是基于使用遥感技术来监测地球上各种复杂的系统，如大气、陆地、海洋、海冰和生态系统。2013 年用于这些目标的资金为 17.848 亿美元，比 2012 年多 2 430 万美元（2012 年预算为 17.606 亿美元）。

5.4.2　行星观测

在行星观测领域继续执行对太阳系的行星、小行星和彗星的探测研究项目。准备发射探测器前往冥王星和两颗小行星——谷神星和灶神星。同样计划通过一系列的在轨卫星、登陆器和火星车对火星进行更深入的研究和探测。整体而言，这个领域的资金预算有所缩减。2013 年划拨的资金与 2012 年相比减少了 3.091 亿美元（11.923 亿对 15.014 亿美元）。

很明显火星探测研究的预算遭到了缩减——从 2012 年的 5.87 亿美元减少到 2013 年的 3.608 亿美元。削减后的火星探测计划保留了部分项目，主要是利用人造卫星研究火星大气、电离层的构成，查找存在水的痕迹及了解火星的其他特性（Mars Atmosphere and Volatile EvolutioN，MAVEN）。2013 年这个项目的支出为 1.464 亿美元。

2013 年的行星探测项目计划发射探测器研究月球的大气和粉尘环境（Lunar Atmosphere and Dust Environment Explorer，LADEE）。该项目在 2011 年的支出为 1.302 亿美元，在 2012 年为 1.399 亿美元，而 2013 年又增加了 6 150 万美元。

5.4.3 天体物理

天体物理领域的预算资金在 2013 年只有小幅下降，基本维持了原来的水平——6.594 亿美元，而 2012 年为 6.727 亿美元。

其中支出最大的一个项目就是太空望远镜"哈勃"（Hubble Space Telescope）的开销，在 2013 年达到了 9 310 万美元。这一费用在最近几年基本维持不变。同样保留的还有平流层观测站，主要原因是为了保证观测的连续性，该观测站主要从事红外线方面的研究（Stratospheric Observatory for Infrared Astronomy，SOFIA）。2013 年该领域的开支为 8 550 万美元。

拨款增加比较明显的项目是搜寻太阳系外的类地行星（Exoplanet Exploration Program）。该项目的资金在 2013 年为 5 600 万美元，2011 年为 4 640 万美元，2012 年为 5 080 万美元。

5.4.4 太空望远镜"詹姆斯·韦伯"

为执行太空望远镜"詹姆斯·韦伯"（James Webb Space Telescope，JWST）项目，2013 年划拨资金 6.276 亿美元。整个项目到 2017 年的开支将会非常庞大——87.629 亿美元（该项目的最初预算只有 16 亿美元）。很明显，如此大规模的开支，其必要性引发了美国领导人的忧虑。甚至因管理不善和开支过大，在 2011 年提出彻底终止该项目[236]。然而，最终太空望远镜项目的资金还是得到了保障甚至显著地增加了。

5.4.5 太阳物理

2013年太阳物理方面的开支为6.47亿美元，而前一年和后一年的开支大体与此相当。在这一部分特别有意思的是他们提出了一个直接浸入式超近距离研究太阳大气层的独特方案（Solar Probe Plus 计划），该项目计划执行到2017年并有望获得充裕的资金支持（2011年1390万美元，2013年1.121亿美元，2017年2.152亿美元）。

另一个有趣的项目是研究地球的磁环境（Magnetospheric Multiscale Mission，MMS）。该项目的总预算超过10亿美元，其中仅2013年计划拨款就达到了1.683亿美元。

5.4.6 航空

航空工业对美国经济的贡献超过1.3万亿美元，并且在航空及其相关行业提供了超过1000万个工作岗位。这个行业如此之高的重要性决定了它在高技术研发方面需要长期投入大量的资金。开支的动态变化见表5.2。

表5.2 NASA 2011—2017 财年"航空"方向的开支[235]

百万美元

研究方向	2011年	2012年	2013年	2014年	2015年	2016年	2017年
航空	533.5	569.4	551.5	551.5	551.5	551.5	551.5
飞行安全	67.3	80.1	81.1	81	81.4	81.9	82.5
空中管制系统	87.2	92.7	93.3	92.6	91.9	91.2	90.5
基础研究	206.3	186.3	168.7	171.3	173.3	175.3	177.1
实验	76.4	79.4	78.1	78.0	78	78.1	78.2
集成研究	75.9	104.2	104	102.3	101.2	101.2	98.8
战略与管理	20.4	26.7	26.4	26.2	25.7	25	24.4

5.4.7 航天技术

航天技术的发展是NASA最重要的工作方向之一。对新技术的投资有助于提高航空航天工业的效率，刺激各类专业人士和商业研究公司参与 NASA 的项目。这个研究方向在 2013 年的开支计划为 6.99 亿美元，相比 2012 年有了很大的提高（2012 年的开支为 5.737 亿美元），增加了 1.253 亿美元。开支的动态变化见表 5.3。

表 5.3　NASA 2011—2017 财年"航天技术"方向的开支[235]

百万美元

项　目	2011 年	2012 年	2013 年	2014 年	2015 年	2016 年	2017 年
航天技术	456.3	573.7	699	699	699	699	699
SBIR 和 STTR	164.7	166.7	173.7	181.9	187.2	195.3	206
战略伙伴与战略整合	26.6	29.5	29.5	29.5	29.5	29.5	29.5
航天技术的综合发展	120.4	187.7	293.8	272.1	266.6	259.7	247
实验技术的发展	144.6	189.9	202	215.5	215.7	214.5	216.5

5.4.8　研究

"研究"这部分是美国国家航空航天局的预算中开支最大的项目之一。开支的动态变化见表 5.4。

表 5.4　NASA 2011—2017 财年"研究"方向的开支[235]

百万美元

研究方向与计划	2011 年	2012 年	2013 年	2014 年	2015 年	2016 年	2017 年
研究	3 821	3 712.8	3 932.8	4 076.5	4 076.5	4 076.5	4 076.5
近地轨道太空实验	2 982.1	3 007.1	2 769.4	2 769.4	2 913.1	2 913.1	2 913.1
多用途载人飞船	1 196	1 200	1 024.9	1 028.2	1 028.2	1 028.2	1 028.2
载人飞船的制造	1 086	1 142.9	968.5	975.8	980.2	984.2	983.7

续表

研究方向与计划	2011年	2012年	2013年	2014年	2015年	2016年	2017年
集成及配套项目	110	57.1	56.4	52.4	48	44	44.4
用于载人飞行的超重型运载火箭	1 536.1	1 502.6	1 340	1 429.3	1 429.3	1 429.3	1 429.3
超重型火箭的制造	1 313.8	1 456.1	1 304.1	1 399.1	1 397.9	1 393.4	1 364.4
集成及配套项目	222.3	46.4	35.9	30.2	31.4	35.9	64.9
地面基础设施	250	304.5	404.5	455.6	455.6	455.6	455.6
商业化太空飞行	606.8	406	829.7	829.7	829.7	829.7	829.7
货物运输	299.4	0	0	0	0	0	0
航天员输送	307.4	406	829.7	829.7	829.7	829.7	829.7
在太空的开发活动	232.3	299.7	333.7	333.7	333.7	333.7	333.7
医学实验	154.7	157.7	164.7	164.7	164.7	164.7	164.7
前瞻性实验	77.6	142	169	169	169	169	169

近地轨道空间研究（Exploration Systems Development，ESD）包括三个基本项目：

——开发多用途载人飞船（Orion Multi-Purpose Crew Vehicle，MPCV），设计用于将航天员和货物运送到国际空间站以及执行月球、火星和小行星探索飞行任务（图5.16）；

——开发超重型运载火箭（Space Launch System，SLS），可以将

130吨的载荷送上地球轨道，并且可以完成将"猎户座"飞船送往月球、火星和小行星的任务（图 5.17）；

图 5.16　"猎户座"多功能可重复使用的载人航天器[237]

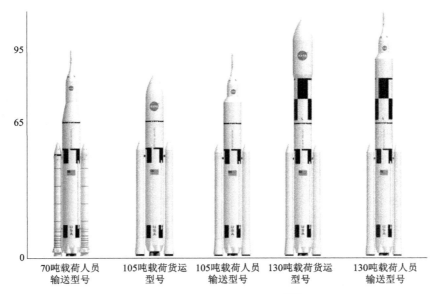

图 5.17　SLS 系列运载火箭[237]

——开发地面基础设施(Ground Systems Development and Operations, GSDO),包括兴建新的航天发射场(图5.18)。

图 5.18 航天发射场和地面基础设施[237]

5.4.9 太空活动

"太空活动"是 NASA 开支中最昂贵的一部分。开支的动态变化见表 5.5。

表 5.5 NASA 2011—2017 财年"太空活动"方向的开支[235]

百万美元

研究方向 与计划	2011 年	2012 年	2013 年	2014 年	2015 年	2016 年	2017 年
太空活动	5 146.3	4 187.0	4 013.2	4 035.1	4 035.1	4 035.1	4 035.1
"航天飞机"计划	1 592.9	556.2	70.6	0.0	0.0	0.0	0.0
科技潜力的保持	0.0	470.0	0.0	0.0	0.0	0.0	0.0
项目整合	618.6	19.4	31.9	0.0	0.0	0.0	0.0

续表

研究方向与计划	2011 年	2012 年	2013 年	2014 年	2015 年	2016 年	2017 年
空中和地面活动	502.4	40.0	24.9	0.0	0.0	0.0	0.0
飞行设备	471.9	26.8	13.8	0.0	0.0	0.0	0.0
国际空间站	2 713.6	2 829.9	3 007.6	3 177.6	3 170.9	3 212.8	3 234.3
国际空间站的功能保障	1 681.1	1 418.7	1 493.5	1 354.4	1 200.1	1 170.0	1 077.8
科学实验	175.7	225.5	229.3	227.4	231.3	238.3	241.7
人员与货物输送	856.8	1 185.7	1 284.8	1 595.8	1 739.6	1 804.5	1 914.8
航天飞行保障	839.8	800.9	935.0	857.5	864.2	822.3	800.8
21 世纪航天发射中心	142.8	123.5	41.1	47.0	47.0	47.0	47.0
太空通信与导航	456.7	445.5	655.6	570.7	577.3	535.4	513.9
太空通信网	347.8	364.2	440.3	423.9	432.9	435.1	437.0
太空通信的保障	92.0	66.0	78.2	79.5	71.5	71.8	74.3
卫星组的补充	16.9	15.2	137.1	67.2	73.0	28.6	2.6
航天员的准备，他的健康与安全	112.8	107.3	111.1	111.1	111.1	111.1	111.1

续表

研究方向与计划	2011年	2012年	2013年	2014年	2015年	2016年	2017年
发射服务	83.3	81.0	81.2	82.8	82.8	82.8	82.8
测试程序	44.2	43.6	45.9	45.9	45.9	45.9	45.9

这一领域的开支主要是为了维持国际空间站的运转，包括向国际空间站运送航天员和货物。2011年在航天飞机项目终止后，NASA只得利用俄罗斯的飞船将航天员送往空间站。

5.4.10 教育

"教育"方向的开支变化见表5.6。

表5.6 NASA 2011—2017 财年"教育"方向的开支[235]

百万美元

项目	2011年	2012年	2013年	2014年	2015年	2016年	2017年
教育	145.4	136.1	100.0	100.0	100.0	100.0	100.0
对航空航天事业的支持	70.4	56.1	33.0	33.0	33.0	33.0	33.0
NASA的资助活动	45.5	38.9	24.0	24.0	24.0	24.0	24.0
刺激竞争的实验项目	24.9	17.3	9.0	9.0	9.0	9.0	9.0
对科学、技术、工程与材料领域的配套教育支持	75.0	80.0	67.0	67.0	67.0	67.0	67.0
对"小众"学生的支持	28.5	30.0	30.0	30.0	30.0	30.0	30.0
对科学、技术、工程与材料领域的配套教育项目的支持	46.5	50.0	37.0	37.0	37.0	37.0	37.0

5.4.11 部门间内部交流

"部门间内部交流"方向的开支变化见表5.7。

表5.7 NASA 2011—2017财年"部门间内部交流"方向的开支[235]

百万美元

项　目	2011年	2012年	2013年	2014年	2015年	2016年	2017年
部门间内部交流	2 956.4	2 993.9	2 847.5	2 847.5	2 847.5	2 847.5	2 847.5
经营管理中心	2 189.0	2 204.1	2 093.3	2 093.3	2 093.3	2 093.3	2 093.3
体制潜力研究中心	1 710.8	1 703.4	1 628.5	1 623.6	1 617.0	1 606.7	1 594.2
软件功能中心	478.1	500.7	464.8	469.7	476.3	486.6	499.1
NASA的项目与任务管理	767.4	789.8	754.2	754.2	754.2	754.2	754.2
代理管理	401.9	403.2	391.8	391.8	391.8	391.8	391.8
安全与效率	191.2	198.2	182.4	182.4	182.4	182.4	182.4
安全与飞行保障	48.1	49.4	47.8	47.8	47.8	47.8	47.8
总工程师办公室	99.2	105.2	98.6	98.6	98.6	98.6	98.6
医疗与健康保护	4.0	4.5	4.3	4.3	4.3	4.3	4.3
独立验证和确认	39.9	39.1	39.7	39.7	39.7	39.7	39.7
IT-代理服务	145.0	159.1	152.0	152.0	152.0	152.0	152.0
IT-管理	15.0	14.6	10.5	10.5	10.5	10.5	10.5
应用	75.3	67.8	67.8	67.8	67.8	67.8	67.8
基础设施	54.7	76.6	73.7	73.7	73.7	73.7	73.7
战略可能性与资产	29.4	29.3	28.0	28.0	28.0	28.0	28.0

5.5 技术转移以及和其他机构的伙伴关系

在美国，根据一系列法律文件，联邦所有的技术由联邦机构负责转移给私营经济部门、州政府和地方政府，以实现商业和其他领域的应用，是对国家有益的，也是国家和各联邦机构的优先任务之一。因此，各联邦机构，其中也包括 NASA 有责任保障其活动成果信息的公开化。法律特别规定，每一个联邦机构应当制定正式的技术转让规划并在实施过程中起积极的作用。

创新伙伴计划（Innovative Partnerships Program，IPP）——NASA 开发的计划。根据该计划来寻找许可的需求方并与之签署技术转让协议。*Spinoff* 杂志发现，该计划多年以来已经成功地实现了 1 600 多项技术转让。技术转让广泛用于工业、健康保护与医疗、公共安全、消费品、农业、环境保护、能源的转换与应用以及其他多个领域。许可协议的签署通常针对某个具体的技术应用。很少会出现全面的许可协议，它只有在特殊情况下才会出现。

IPP 计划同样给感兴趣的方面提供关于新技术的信息，对其工业应用前景和战略意义进行评估。此外，IPP 计划也协助 NASA 进行知识产权的保护，这也是 NASA 发放许可和进行技术转移的基础。

为支持 IPP 计划，NASA 每年大约拨付 2 亿美元用于 IPP 跨机构支持计划（科学、航空和探索部分）的开支。

对于 IPP 计划的领导工作，NASA 设有一个部门专门负责管理，该部门的负责人是 NASA 的副局长。这个管理机构中心的主要职能人员包括负责人的秘书、资源管理组织人员、行政人员、首席技术专家和对外公共关系专家。

NASA 下属 10 个中心的所有涉及 IPP 计划的活动，几乎都在 IPP 计划管理中心的控制之下。

IPP 计划行动的开展包括三个基本方面：

——技术推广（Technology Infusion）；

——创新孵化器（Innovation Incubator）；

——发展伙伴关系（Partnership Development）。

IPP"技术推广"的基本要素包括：

——SBIR（Small Business Innovation Research，小型企业的开拓性研究）；

——STTR（Small Business Technology Transfer，对小企业的技术转移）；

——Seed Fund（利用伙伴关系，共同分担技术开发费用）。

5.5.1 SBIR 计划

小型企业的开拓性研究计划 SBIR 制订于 1982 年（在 2000 年和 2001 年进行了修订），为小企业参与研究与开发提供了机会，从而可改善就业率并提高美国的竞争力。参加该计划的美国企业员工人数的上限是 500 人，要求不少于 51% 的公司资产属于美国人或者由美国人独立控制，公司应当位于美国领土上，从事研发的主要人员必须是小企业的员工。

该计划的主要任务——刺激美国技术创新，利用小企业满足联邦政府对研发的需要，并对处于相对弱势的小企业给予技术方面的帮助。2000 年以来，SBIR 计划通过立法得到了扩展和加强，并侧重于计划项目成果的产业化应用。因此 SBIR 计划的合同具有类似于资金扶持的价值，并且在完成的时候没有经济责任（best efforts），承包商获得了知识产权（资料、版权、专利等），在知识产权的应用中政府拥有免税的权利，在合同执行完毕的 4 年以内，政府必须保护相关数据避免泄露和扩散。

SBIR 计划的所有提议都会通过互联网以电子文件的形式发给潜在的承包商。SBIR 计划还设有专门的网站，为向小企业及时地通报信息。

5.5.2 STTR 计划

对小企业的技术转移研究计划 STTR 同样制订于 1982 年（在 2000 年和 2001 年进行了修订），该计划的主要内容是和小企业签订合同，联合非营利性科研机构（比如大学）从事研发工作。计划的主要目标是促进研究机构向小型企业转移技术。与此同时，小企业和研究机构合作伙伴缔结产生知识产权协议。小企业应当学习和研究科研机构创造的知识产权，并把它变成有益的产品。NASA 下属的 10 个科研中心只有一个没有参与该计划——喷气推进实验室。

SBIR 和 STTR 计划执行报告一般在每年 7 月发布的 NASA 建议报告之前公布（2011 年的 NASA SBIR and STTR 计划建议报告见图 5.19）。

图 5.19　NASA 每年 7 月出版的 SBIR 和 STTR 计划建议报告[238]

特别是2011年的建议报告，包括三部分和四个建议。建议的第一和第二部分一共包含八章：第一章，对方案进行描述（Program description）；第二章，基本的定义（Definitions）；第三章，建议准备的要求和说明（Proposal preparation instructions and requirements）；第四章，筛选办法和评估标准（Method of selection and evaluation criteria）；第五章，合同价值的理由（Considerations）；第六章，提交建议书（Submission of proposals）；第七章，科技信息来源（Scientific and technical information sources）；第八章，建议书和证明书的提交（Submission forms and certifications）（其中包括 SBIR 和 STTR 计划的技术路线图）。

第三部分包含第九章（Research topics for SBIR and STTR），专注于 SBIR 和 STTR 计划的科研课题的研究。

附录 A（Example Format for Briefing Chart）提供技术的形式介绍；附录 B ［Technology Readiness Level（TRL）Descriptions］描述技术完善程度；附录 C（NASA SBIR/STTR Technology Taxonomy）是关于 SBIR/STTR 计划的技术分类；附录 D（SBIR/STTR and the Space Technology Roadmaps）是开发的技术和航天技术在整体上的对比。

NASA 的建议还包含空间应用系统、科学研究系统和航空航天活动系统。在此情况下 SBIR 和 STTR 计划在航空航天领域一共包含五个方面的内容：

——航空飞行安全；

——航空基础理论；

——航空航天系统；

——航空工业的测试技术；

——集成项目的系统性研究。

9 月份（NASA 建议报告发布两个月之后）递交合同申请截止（例如，在 2011 年 7 月 18 日发布报告，递交合同申请截至 9 月 18 日），11 月对承包商进行竞争性的选择。

SBIR 和 STTR 计划同步进行，一共分为三个阶段（每年这两项计划的预算超过 1.25 亿美元，NASA 在 SBIR 和 STTR 计划的开支只占联邦对 SBIR 和 STTR 计划扶持资金比例的 5%～6%）。

第一个阶段（资助金额一般不超过 10 万美元）专门研究讨论新技术的可行性，SBIR 计划一般提供六个月的时间来执行，STTR 计划是十二个月。评估的基本标准是：科技属性和可行性（占50%），经验、资历和现有资源（占25%），对该计划的工作完成效率（占25%），此外还包括工业潜力和技术可行性（补充性）。

第二阶段（SBIR和STTR计划资助金额总计不超过75万美元，其中SBIR计划不超过60万美元）用于研发和技术演示，对于第一阶段成功的项目在第二阶段一般给予承包商2年的执行时间。基本的评估标准是：科技属性和可行性（占50%），经验、资历和现有资源（占25%），对该计划的工作完成效率（占25%），以及工业潜力和技术可行性（极其重要，其中包括技术的工业潜力、产业规划、商业化能力）。NASA关注的重点是技术对它的重要性、合理的成功机会，以及在第三阶段对技术成功进行商业化的可能性。

第三阶段（SBIR和STTR计划资助金额依据第二阶段的成果，一个重要来源是SBIR计划中最优秀的小企业）重点关注技术的引进和实施，在这里，为了工作的顺利推进可以只和一家公司订立合同。

尽管STTR计划的工作是要在相关的SBIR计划之后进行，但STTR计划的预算是单独执行的（它的预算总额相当于SBIR计划的8%~12%，例如2007年SBIR计划的开支为1.38亿美元，而STTR计划的开支为1600万美元）。STTR计划的工作量和资金至少30%投入科研机构中，至少40%用于小企业。

实现SBIR和STTR计划的活动主要在于IPP计划管理，这些工作由埃姆斯研究中心（研发新技术）、格伦研究中心（空气动力技术和通信技术）、喷气实验室（利用机器人对太阳系的研究）、兰利研究中心（航空航天研究）负责完成。NASA的其他研究中心只起辅助作用。

SBIR和STTR计划还为客户和潜在承包商建立了网络电子手册（SBIR/STTR Electronic Handbooks），这为了解企业的基本经营活动和访问数据提供了一种安全手段。

5.5.3 种子基金计划

种子基金计划提高了NASA利用外部资金（信贷）完成任务的能

力，利用合作伙伴关系，克服技术障碍，并共同分担成本。所有种子基金的提议将在一年之内完成，由三个伙伴合作进行开发：合作管理组织方（IPP 项目管理处）、主要的研发方（NASA 项目的计划与管理）和外部的主要学者（来自私营部门、教育机构和政府实验室）。

IPP "创新孵化器" 项目主要目标是促进美国经济中快速增长的商业航天部门之间的并购，并通过三个发展方向来实现：Enterprise Engine（通过企业引擎寻求新的解决方案）、Centennial Challenges（通过组织比赛、公开选拔的方式寻求对 NASA 技术问题的创新性答案）、New Activities（寻找创新的新方向）。

IPP "建立伙伴关系" 项目主要面向三个方向来实现：Technology Transfer（技术转移）、Intellectual Property Management（知识产权管理）以及 New Innovative Partnerships（新型创新伙伴关系）。

为方便获取技术说明以颁发许可，NASA 还建立了信息门户网站 NASA Techfinder。此外，针对 IPP 计划开发了三种互联网版本：Tech Briefs Magazine、Spinoff Magazine 和 Technology Innovation Magazine，它们提供了深入了解 NASA 技术精髓、产业应用前景和企业自身技术要求的机会。

TECH BRIEFS 杂志——月刊（图 5.20），介绍一些获取许可的技术说明，有些技术是免费的，也有一些技术是企业本身急需的，同时也是研发机构正在寻找合作伙伴的技术。*Spinoff* 杂志——月刊（图 5.21），介绍了 50 项成功向小企业转让的技术。*TECHNOLOGY INNOVATION* 杂志——季刊（图 5.22），提供代理商本身所需技术的信息、合作机会的信息，以及合作成功的案例。

同样，为获取申请 NASA 许可所需相关信息，IPP 计划潜在的参加方也可以通过 IPP National Network 和互联网网站接触 NASA 公共关系中心的代表，以获取所需技术信息。此外，NASA 的每一个中心都有自己的门户网站和网络版。

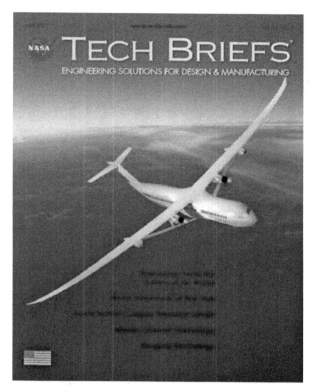

图 5.20 *TECH BRIEFS* 杂志封面[239]

图 5.21 *Spinoff* 杂志封面[240]

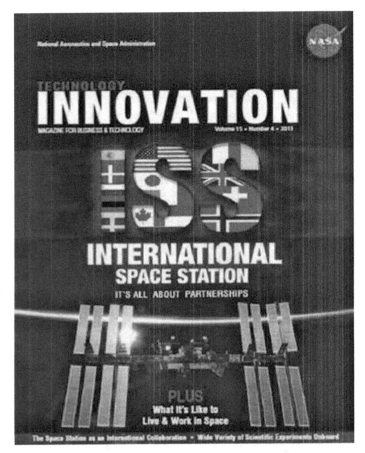

图 5.22　*TECHNOLOGY INNOVATION* 杂志封面[230]

5.6　风投基金 Red Planet Capital

类似于美国国防部和中央情报局的风险投资基金 OnPoint Technologies 和 In-Q-Tel 公司（关于它们的详细信息，请参阅本书相关章节），NASA 也于 2006 年成立了自己的风险投资基金——Red Planet Capital。

建立该基金的原因和先前类似——在国家层面吸引私人资本和高新

技术。对于 Red Planet Capital 基金的组建决定，OnPoint Technologies 和 In-Q-Tel 有着很大的影响，特别是 In-Q-Tel，它已经具备丰富的运作经验。

  Red Planet Capital 基金的发起者和推动者是 NASA 的局长迈克尔·格里芬（Michael D. Griffin），此前他曾经担任 In-Q-Tel 公司总裁。在迈克尔·格里芬执掌 NASA 以后，于 2005 年 10 月提出成立专门的风险投资基金 Red Planet Capital。Red Planet Capital 基金的资本运作结构几乎和自己的样本——In-Q-Tel 完全一致（图 5.23；In-Q-Tel 的运作结构参考图 2.11）。以下为基金活动的基本方向：

——纳米技术；

——机器人技术；

——人工智能系统；

——高速网络与通信。

作为投资对象，审议了以下主要公司：

Apprion	Jivalti
Arachi, Inc.	Jumping Beans, Inc.
BluPoint Global	Kentucky Science & Tech. Corp.
Changene	Norman B. Houge, Inc.
Conceptlabs	NXAR LLC
Defouw Engineering	Ozen Engineering, Inc.
Digiproofs, Inc.	Photozig
e4Xchange	Pragati Synergetic, Inc.
InformArt/GaryAir	Tibion
Inland NW Space Alliance (INSA)	UAV Collaborative
Intelligent Inference Systems, Corp. (IIS)	Venezia Maintenance and Construction
IntelligenTek, Corp.	Western Disaster Center
ION America Corp.	
Intrinsyx	

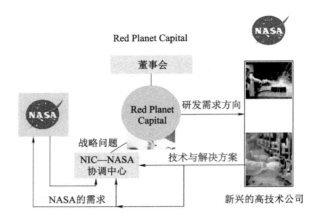

图 5.23　Red Planet Capital 的运作结构示意图[241]

2006 年 2 月 NASA 正式开始寻求私营伙伴组建 Red Planet Capital 基金[242]。Red Planet Capital 基金作为投资工具，主要任务是支持创新技术的发展，既帮助 NASA 实现自己的目标，同时又具备未来商业化应用的潜力。在此情况下，国家不应该被视为唯一的或者是主要的采购方，而注意力应该聚集在未来的商业应用上。

投资于高技术的基础在于股权融资工具，吸引私营的公司资本和金融资本并遵守现有的审计准则，服从投资管理决策。Red Planet Capital 基金的活动包括寻找商务伙伴，准备商务计划书，分析、评估协议，制订投资计划书。该基金活动的管理类似于 In-Q-Tel 公司的管理中心（In-Q-Tel Interface Center，QIC），Red Planet Capital 基金也成立了专门的管理中心（NASA Interface Center，NIC）。虽然 NASA 对该基金进行战略管理，但是投资决策由该基金独立决定，而不是由 NASA。

2006 年该基金的经费是 1 100 万美元，在下一个 5 年期间还会拨款 7 500 万美元，而基金的所得也将进行再投资。

Red Planet Capital 基金有别于 In-Q-Tel 公司和 OnPoint Technologies 基金，它没有完全实现成立之初的理念。早在 2008 年由于全球性的金融危机和 NASA 项目开支的削减，NASA 决定对那些目标不够明确的风险投资项目进行削减并减少国家投入。国家对 Red Planet Capital 基金的投入彻底地被终止了，该基金被转交给私人机构，现在已经成为众多的普通投资公司之一。

本文使用资料来源

1. 尼基钦科·E·G，卡尔布克·S·V，古宾斯基·A·M. 美国国防高级研究计划局（DARPA）在国防领域发展和利于科学技术的经验．莫斯科，2010．

2. 阿列克萨申·A·A，卡尔布克·S·V，古宾斯基·A·M. 俄罗斯军事工业综合体：历史，现状和前景．莫斯科，2011．

3. Department of Defense Directive. No. 5105. 15. February 7，1958.

4. Public Law 8 5-325. February12，1958. URL：http://www.gpo.gov/fdsys/pkg/STATUTE-72/pdf/STATUTE-72-Pg11. pdf.

5. Clinton W. J.，Gore A. Jr. Technology for America's Economic Growth：A New Direction to Build Economic Strength. February 22，1993. Wash.（D. C.），1993.

6. Public Law 104-106. February 10，1996.

7. 专家委员会就国防工业综合体法律保障问题向俄罗斯联邦议会联邦委员会主席所作的主题为《国家科研部门和军事工业联合体就创新活动互动关系进行法律调整的基本方向》的报告．2007年11月8日，切尔诺戈洛夫卡市．

8. DARPA's Strategic Plan. May 2009.

9. URL：http://www.colt.com.

10. The Advanced Research Projects Agency：1958-1974/Richard J. Barber Associates Inc. Wash.（D. C.），1975.

11. Maddock I. A. Darpa's Stealth Revolution//50 Years of Bridging the Gap. Tampa（FL），2008.

12. URL：http://www.combataircraft.com.

13. 伊林·V·I，萨文科·A·Y. 几乎看不见的"夜鹰". 航空和时间，2002（1）.

14. 俄罗斯的"隐形". 商业与波罗的海地区. 2000-5-19.

15. 乌菲姆采夫·P·Z. 边缘波在物理衍射理论中的方式. 莫斯科，1962.

16. URL：http://www.as.northropgrumman.com.

17. B-2 Bomber：Cost and Operational Issues. Letter Report，08/14/97，GAO/NSIAD-97-181.

18. Waldrop M. DARPA and the Internet Revolution//50 Years of Bridging the Gap.

19. URL：http://www.fas.org.

20. URL：http://www.ga-asi.com.

21. URL：http://www.darpa.mil.

22. URL：http://www.defenseindustrydaily.com.

23. URL：http://www.dfrc.NASA.gov.

24. URL：http://www.aerospaceweb.org.

25. 信息保护."信心"，2003（6）.

26. Fernandez F. L. Presentation to Land Warfare Conference 2000. Melbourne，Australia，October 16，2000.

27. DARPA's Strategic Plan. February 2003.

28. DARPA's Strategic Plan. February 2007.

29. DARPA's Strategic Plan. May 2009. P. 2.

30. Statement by Dr. Tony Tether，Submitted to the Subcommittee on Terrorism，Unconventional Threats and Capabilities（House Armed Services Committee，U.S. House of Representatives）. March 13，2008.

31. URL：http://en.wikipedia.org.

32. Horn L. Google Hires DARPA Head Regina Dugan//PC Magazine. 2012. March 13.

33. Levine A.，Rizzo J. Military unit behind hypersonic test flight

probed//CNN blog. August 16, 2011. URL：http：//security. blogs. cnn. com/2011/08/16/pentagon-probes-possible-conflict-of-interest-by-research-group/.

34. Shachtman N., Ackerman S. Darpa Backed Director's Bomb Detector, Despite Failed Tests//Wired. 2012. March 29.

35. Federal Register. Vol. 77. No. 144（Thursday, July 26, 2012）.

36. Netburn D. DARPA director Regina Dugan takes job as Google senior executive//Los Angeles Times. 2012. March 13.

37. Coburn T. A., M. D. Department of Everything. November 2012. URL：http：//www. coburn. senate. gov/public/index. cfm?a = Files. Serve&File_id = 00783b5a-f0fe-4f80-90d6-019695e52d2d.

38. Chambers J. The Oxford Companion to American Military History. N. Y., 1999.

39. Tether T. DARPA：Future Research Directions?//Scientists Helping America：DoD Conference. March 12, 2002.

40. URL：http：//www. facebook. com.

41. 拉兹里温斯基·Z. "遗忘的半天：维克多·萨巴林的十二种想法. "半天"二十一世纪期刊, 2006（6）.

42. 塞哥唯利特·V. 战略防御倡议：技术突破还是经济赌博?//伊萨琴科·Ⅰ·Ⅰ, 译. 莫斯科, 1989.

43. 奥兹纳比谢夫·S·K, 罗季奥诺夫·S·N. 美国太空军事化道路. 莫斯科, 1987.

44. Narrative Networks（N2）：The Neurobiology of Narratives（DARPA Special Notice11-25）. https：//www. fbo. gov/index?s = opportunity&mode = form&id = f7cc131cc2dfaa859ae1ad6fb952a581&tab = core&_cview = 0.

45. 测试伪科学. URL：http：//www. school-city. by.

46. Cebrowski A. K., Garstka J. J. Network-Centric Warfare：Its Origin and Future//Proceedings（USNI Magazine）. 1998. Vol. 124. No. 1.

47. 谢列门特·I. 信息化——武装斗争的胜利之路. 军事评论, 2005-11-11.

48. URL：http://www.murdoconline.net/.

49. URL：http://www.ctie.monash.edu.au.

50. 切古诺夫·E. 美军无人机在军事冲突中的应用. 国外军事评论, 2010（7）.

51. Rumsfeld D. H. Report of the Commission to Assess United States National Security Cпace Management and Organization. January 11, 2001.

52. DARPA：Case study by G. F. Gill, R. Longacre, E. Medlen. May 11, 2006. URL：http://snowbears.org/asci601/601projects SpringII06colo/index.htm.

53. DARPA Technology Transition. January 1997.

54. DARPA：结构和重点项目. 电子：科学、技术、商业, 2001（4）.

55. Department of Defense Fiscal Year（FY）2000/2001 Biennial Budget Estimates. February 1999. Research, Development, Test and Evaluation, Defense-Wide. Vol. 1：Defense Advanced Research Projects Agency（DARPA）.

56. Department of Defense FY 2001 Budget Estimates, February 2000. Research, Development, Test and Evaluation, Defense-Wide. Vol. 1：DARPA.

57. Department of Defense FY 2002 Budget Estimates, June 2001… Vol. 1：DARPA.

58. Department of Defense FY 2003 Budget Estimates, February 2002… Vol. 1：DARPA.

59. Department of Defense FY 2004/2005 Biennial Budget Estimates, February 2003… Vol. 1：DARPA.

60. Department of Defense FY 2005 Budget Estimates, February 2004… Vol. 1：DARPA.

61. Department of Defense FY 2006/2007 Biennial Budget Estimates, February 2005… Vol. 1：DARPA.

62. Department of Defense FY 2007 Budget Estimates, February 2006… Vol. 1：DARPA.

63. Department of Defense FY 2008/2009 Biennial Budget Estimates, February 2007… Vol. 1：DARPA.

64. Department of Defense FY 2009 Budget Estimates, February 2008… Vol. 1：DARPA.

65. Department of Defense FY 2010 Budget Estimates, May 2009… Vol. 1：DARPA.

66. Department of Defense FY 2011 President's Budget, February 2010. Defense Advanced Research Projects Agency, Justification Book Vol. 1.

67. Department of Defense FY 2012 Budget Estimates, February 2011. Defense Advanced Research Projects Agency, Justification Book Vol. 1.

68. Department of Defense FY 2013 President's Budget Submission, February 2012. Defense Advanced Research Projects Agency, Justification Book Vol. 1.

69. RDT & E PROGRAMS (R-1). Department of Defense Budget, Fiscal Year 2013, February 2012.

70. The Developing Science & Technologies List (DSTL), 2012.

71. URL：http://www.dtic.mil/mctl/dstl（截至2009年关键性防御技术清单）.

72. Department of Defense Instruction No. 3020.46：The Militarily Critical Technologies List (MCTL). October 24, 2008.

73. Targeting U.S. Technologies：A Trend Analysis of Reporting from Defense Industry. DSS, 2011.

74. Federal Acquisition Regulation. Vol. I—Parts 1 to 51. Issued March 2005 by GSA, DoD and NASA.

75. URL：http://www.fbo.gov.

76. URL：http://www.grants.gov.

77. Stanley：The Robot that Won the DARPA Grand Challenge//Journal of Field Robotics. 2006. Vol. 23（9）. P. 661-692.

78. Montemerlo M., Thrun S., Dahlkamp H., Stavens D. Winning the DARPA Grand Challenge with an AI Robot//AAAI-06/IAAI-06 Conferences. URL：https://www2.lirmm.fr/lirmm/interne/BIBLI/CDROM/INFO/.

79. DARPA Urban Challenge. URL：http://archive.darpa.mil/grandchallenge/index.asp.

80. URL：http://archive.darpa.mil/networkchallenge/.

81. URL：http://www.darpa.mil/newsevents/releases/2011/12/02.

82. URL：http://www.secretprojects.co.uk.

83. 特卡拉·E·V. 铪弹或者"…未知—黑暗". 保卫科学，2011（9）.

84. Weinberger Sh. Imaginary Weapons. N. Y., 2006.

85. 特卡拉·E·V. 核异构体的诱导衰减178m2Hf 和异构炸弹. 物理科学成就，2005 年 T. 175 卷. 5.

86. Bellows A. Half Science and Hafnium Bombs. URL：http://www.damninteresting.com/half-science-and-hafnium-bombs/.

87. URL：http://www.as.northropgrumman.com.

88. 帕特舍夫·B·D. 美国军事工业综合体. 莫斯科，1974.

89. Held B., Chang I. Using Venture Capital to Improve Army Research and Development. RAND，2000.

90. DoD Defense and Emergency Supplemental Appropriations for Recovery from and Response to Terrorist Attacks on the United States Act，2002：Public Law 107-117. Jan. 10，2002.

91. URL：http://www.faqs.org/tax-exempt/.

92. Vance A. Company Sees Leap for Cellphone Cameras//The New

York Times. 2000. March 22.

93. Pedlow G. W. , Welzenbach E. D. The CIA and the U-2 Program, 1954-1974. Wash. （D. C.）, 1998.

94. Yost M. A Spy's Ill-Fated Flight from Pakistan//The Wall Street Journal. 2011. May 24.

95. URL：http://www. lockheedmartin. com.

96. URL：http://www. dodmedia. osd. mil.

97. URL：http://crimso. msk. ru.

98. URL：http://www1. dfrc. nasa. gov.

99. 杰伊·D·A. 美国的卫星侦察简史. 太空新闻, 2004（11）.

100. URL：http://www. nro. gov.

101. 安德罗诺夫·A, 舍夫罗夫·R. 美国太空图像侦察情报系统. 外国军事评论, 1995（2）.

102. 安德罗诺夫·A, 卡尔布克·S. 美国太空系统"IMEWS"和先进的弹道导弹发射探测系统. 外国军事评论, 1994（12）.

103. 别拉卡佩托夫·R, 卡尔布克·S. 地球遥感卫星在军事领域的应用. 外国军事评论. 1995（9）.

104. 卡尔布克·S·V, 赫尔申宗V·E. 航天遥感系统. 莫斯科. 1997.

105. Vice President Al Gore. From Red Tape to Results：Creating a Government That Works Better and Costs Less. Report of the National Performance Review, September 7, 1993.

106. Presidential Decision Directive 35（PDD-35）. Intelligence Requirements. March 2, 1995.

107. Presidential Decision Directive 39（PDD-39）. U. S. Policy on Counterterrorism. June 21, 1995.

108. Herman M. Intelligence Power in Peace & War. London, 1996.

109. Shorrock T. Spies for Hire：the Secret World of Intelligence Outsourcing. N. Y. , 2008.

110. Celaya Pacheco F. The business of intelligence in the U. S. : productivity vs. loyalty? //UNISCI Discussion Papers. 2009. № 20.

111. Treverton G. F. Reshaping National Intelligence for an Age of Information. Cambridge; N. Y. , 2001.

112. Berkowitz B. D. , Goodman A. E. Best Truth: Intelligence in the Information Age. New Haven (CT); London, 2000.

113. Steele R. D. On Intelligence: Spies and Secrecy in an Open World. Oakton (VA), 2001.

114. Steele R. D. The Smart Nation Act: Public Intelligence in the Public Interest. Oakton (VA), 2006.

115. Preparing for the 21st Century: An Appraisal of U. S. Intelligence/Commission on the Roles & Capabilities of the United States Intelligence Community. Wash. (D. C.), 1996.

116. Boren D. L. The Intelligence Community: How Crucial? // Foreign Affairs. 1992. Vol. 71. No. 3.

117. McCurdy D. Glasnost for the CIA//Foreign Affairs. 1994. Vol. 73. No. 1.

118. URL: http://www. agentura. ru.

119. Molzahn W. The CIA's In-Q-Tel Model//Acquisition Review Quarterly. 2003. Vol. 10. No. 1.

120. URL: http://www. aaas. org/spp/rd/histde06. pdf.

121. Intelligence Reform and Terrorism Prevention Act of 2004: Public Law 108-458. Dec. 17, 2004.

122. Kaplan F. You Call That a Reform Bill? //Slate Magazine. 2004. Dec. 7.

123. Remarks by the Director of National Intelligence Ambassador John D. Negroponte. September 25, 2006. URL: http://www. wilsoncenter. org/event/intelligence-reform-the-sciencetechnology-challenge.

124. Rising Above the Gathering Storm: Energizing and Employing

America for a Brighter Economic Future/National Academies Committee on Prospering in the Global Economy of the 21st Century. Wash. (D. C.), 2006.

125. 世界手机用户达到50亿人//报纸. Ru. 16. 07. 2010.

126. 100 Day Plan for Integration and Collaboration/Office of the Director of National Intelligence. Wash. (D. C.), 2011.

127. Ignatius D. The CIA as Venture Capitalist//Washington Post. 1999. September 29.

128. In-Q-It, CIA Partner to Find Leading-Edge Technology Solutions：CIA Press Release. September 29, 1999.

129. CIA Management Accounting Issue Submission Position Paper：Agency Disbursements to In-Q-Tel. CIA Chief Financial Officer, May 2009.

130. URL：http://www. muckety. com.

131. 帕德耶茨科娃·Y·A. 卫星通信和广播系统. 卷1. 莫斯科, 2012.

132. Menduno M. Making Dead Birds "The Deal of the Century"//Wired. 2001. Issue 9. 08.

133. 科拉布科夫·I, 阿列辛·M, 穆西因科·S. 风险投资机构和其他先进技术对国家情报机构的影响. 莫斯科, 2012.

134. PriceWaterhouseCoopers MoneyTree Survey, 2005.

135. Venture capital concept analysis：Final report. Homeland Security Institute, December 2005.

136. Report of the independent panel on the CIA's In-Q-Tel venture. Business Executives for National Security (BENS), June 2001.

137. 崔瓦杰·A·Y. 纳米材料对于电化学能量和分子电子学的影响. "阿特拉斯" МИФИ. URL：http://www. educons. net/atlas_last/publx. php? id=101.

138. http://www. educons. net/atlas.

139. Fetch Whitepaper "Internet Data Opportunity". URL：http://

www. fetch. com/wpcontent/uploads/2011/01/Whitepaper. pdf.

140. URL: http://www. 3vr. com.

141. Searchable Surveillance for Government Organizations: White Paper prepared by 3VR Security, Inc. June 20, 2007.

142. Surveillance Video Face Recognition (SVFR): Architecture and Evaluation Frameworks: White Paper prepared by T. Frederick (3VR Security, Inc.). November 2007.

143. Searchable Surveillance for Government. URL: http://www. 3vr. com/sites/default/files/assets/6. 0_Gov_General_WEB. pdf.

144. URL: http://www. fireeye. com.

145. URL: http://www. silvertailsystems. com.

146. URL: http://www. veracode. com.

147. Application Risk Management Solutions. Veracode, Inc., 2008.

148. URL: http://www. adapx. com.

149. WSN for Smart Crops: A Market Study. ON World Inc., 2008.

150. Brennan S. M., Mielke A. M., Torney D. C., Maccabe A. B. Radiation Detection with Distributed Sensor Networks//Computer. 2004. 37 (8). P. 57-59.

151. Maroti M., Simon G., Ledeczi A., Sztipanovits J. Shooter Localization in Urban Terrain//Computer. 2004. Vol. 37 (8). P. 60-61.

152. Kasyap A. Energy Harvesting Powered Wireless Sensor Node and Asset Tracking Solutions in Random Vibration Environments. AdaptivEnergy LLC, April 2009.

153. URL: http://www. infinitepowersolutions. com.

154. Micro-Energy Cells Deployed in First Successful Flight Test of an Energy Harvesting Wireless Sensor Network for Military Helicopters. URL: http://www. infinitepowersolutions. com/press-room/117-ips-microstrain. html.

155. Bradow T. Solid-state micro-energy cells uniquely enable energy harvesting. Industrial Embedded Systems, May 19, 2009.

156. Bradow T. Commercialization of Solid-State, Rechargeable Thin-Film Micro Energy Cells™ (TFMEC™) //NREL's 20th Industry Growth Forum Presentations. URL: http://www.nrel.gov/technologytransfer/igf20_presentations.html.

157. URL: http://www.nextreme.com.

158. Ki Tae Nam, Belcher A. et al. Virus-Enabled Synthesis and Assembly of Nanowires for Lithium Ion Battery Electrodes//Science. 2006. Vol. 312, Issue 5775.

159. 罗斯·F. 病毒纳米电子. 科学世界, 2006（12）.

160. Arcxis Biotechnologies® Custom Services, 2009.

161. Satterfield B. C., West J. A., Caplan M. R. Tentacle probes: eliminating false positives without sacrificing sensitivity//Nucleic Acids Research. 2008. Vol. 36（19）.

162. Stähler P. New Solution for large scale Genomic studies. FEBIT, Jan. 27, 2010.

163. Top 10 Innovations//The Scientist. 2009. Vol. 23, Issue 12.

164. Roche and Fluidigm Corporation Enter Worldwide Co-Promotion Agreement for 454 Sequencing Systems and Access Array™ Platform: Press Release. October 19, 2010.

165. BioMark Real-Time PCR System. URL: http://www.fluidigm.com/docs/Datasheet_Bio-Mark_System.pdf.

166. TOPAZ Protein Crystallization System. URL: http://www.fluidigm.com/home/fluidigm/docs/Datasheet_TOPAZ_System.pdf.

167. The TOPAZ® System Enables Rapid Discovery at San Diego Biotech Company. URL: http://www.fluidigm.com/home/fluidigm/docs/Research_Report_RX3_Pharmaceuticals.pdf.

168. Horn J. Microfluidic Biothreat Detection and Forensic Identification Systems//Cambridge Healthtech Institute's Seventh Annual System Integration in Biodefense: Addressing Technology Gaps and Challenges. Aug. 18 -

19, 2008.

169. URL: http://homelandsecuritynewswire.net/dod.

170. Wilson A. Tunable Optics//Vision Systems Design. 2010. Vol. 15, Issue 7.

171. 美国专利号为 772501, Liquid Lens (来源: http://photorumors.com).

172. URL: http://www.lensvector.com.

173. URL: http://internet.newspoint.info.

174. URL: http://nikkeibp.co.jp.

175. Intelligence Authorization Act for Fiscal Year 2008. May 01, 2007.

176. URL: http://www.flightglobal.com.

177. URL: http://www.dtic.mil/ndia/2011smallbusiness/Porter.pdf.

178. Data Mining Report. Office of the Director of National Intelligence, 2009.

179. Data Mining Report. Office of the Director of National Intelligence, 15 February 2008.

180. Metaphor Program: IARPA-BAA-11-04. May 20, 2011.

181. Quantum Computer Science (QCS) Program: IARPA-BAA-10-02. April 26, 2010.

182. Homeland Security Act of 2002: Public Law 107-296. Nov. 25, 2002.

183. Department of Homeland Security Science and Technology Directorate: Developing Technology to Protect America: Report by a Panel of the National Academy of Public Administration for the U.S. Congress and the Department of Homeland Security. June 2009.

184. House Approves Bill to Create Dept. of Homeland Security; Refines Proposed R&D Components. URL: http://www.aaas.org/spp/rd/dhs0812.htm.

185. Morgan D. Research and Development in the Department of Homeland Security: CRS Report for Congress. June 20, 2003.

186. The Science and Technology Directorate's Processes for Selecting and Managing Research and Development Programs: DHS Office of Inspector General (OIG) General Report (OIG-08-85). August 2008.

187. Under Secretary for Science and Technology Jay M. Cohen, Department of Homeland Security, testimony before the House Committee on Homeland Security, Subcommittee on Emergency Preparedness, Science, and Technology. September 7, 2006.

188. Shea D. A., Morgan D. The DHS Directorate of Science and Technology: Key Issues for Congress: CRS Report for Congress. June 22, 2009.

189. FY 2013 Budget in Brief. http://www.dhs.gov/xlibrary/assets/mgmt/dhs-budget-in-brieffy2013.pdf.

190. 卡尔布克·S·V. 关键性基础设施与国际应对网络恐怖主义威胁的实践. CONNECT！通信世界, 2011 (8).

191. 尼基钦科·E·G, 卡尔布克·S·V, 希尼金·I·M. 关键性基础设施保护领域美国政策的分析（俄罗斯和国外的研究）. 国家安全期刊, 2011 (3).

192. Critical Infrastructure & Key Resources: Using Commercialization to Develop Solutions Efficiently and Effectively/Office of Infrastructure Protection, DHS. URL: http://www.dhs.gov/xlibrary/assets/st_cikr_requirements_book_jan_2010.pdf.

193. National Infrastructure Protection Plan: Partnering to enhance protection and resiliency, 2009.

194. Food and Agriculture Sector-Specific Plan: An Annex to the National Infrastructure Protection Plan, 2010.

195. Banking and Finance Critical Infrastructure and Key Resources: Sector-Specific Plan as input to the National Infrastructure Protection Plan. May 2007.

196. Chemical Sector-Specific Plan: An Annex to the National Infrastructure Protection Plan, 2010.

197. Commercial Facilities Sector-Specific Plan: An Annex to the National Infrastructure Protection Plan, 2010.

198. Communications Sector-Specific Plan: An Annex to the National Infrastructure Protection Plan 2010.

199. Critical Manufacturing Sector-Specific Plan: An Annex to the National Infrastructure Protection Plan, 2010.

200. Dams Sector-Specific Plan: An Annex to the National Infrastructure Protection Plan, 2010.

201. Defense Industrial Base Sector-Specific Plan: An Annex to the National Infrastructure Protection Plan, 2010.

202. Emergency Services Sector-Specific Plan: An Annex to the National Infrastructure Protection Plan, 2010.

203. Energy Sector-Specific Plan: An Annex to the National Infrastructure Protection Plan, 2010.

204. Healthcare and Public Health Sector-Specific Plan: An Annex to the National Infrastructure Protection Plan, 2010.

205. Information Technology Sector-Specific Plan: An Annex to the National Infrastructure Protection Plan, 2010.

206. National Monuments and Icons Sector-Specific Plan: An Annex to the National Infrastructure Protection Plan, 2010.

207. Nuclear Reactors, Materials, and Waste Sector-Specific Plan: An Annex to the National Infrastructure Protection Plan, 2010.

208. Transportation Systems Sector-Specific Plan: An Annex to the National Infrastructure Protection Plan, 2010.

209. The White House Cyberspace Policy Review. May 2009.

210. Trustworthy Cyberspace: Strategic Plan for the Federal Cybersecurity Research and Development Program. National Science and

Technology Council, December 2011.

211. Blueprint for a Secure Cyber Future: The Cybersecurity Strategy for the Homeland Security Enterprise. Department of Homeland Security, November 2011.

212. A Roadmap for Cybersecurity Research. Department of Homeland Security, November 2009.

213. Advanced Research Projects Agency — Energy (ARPA-E) FY2010 Annual Report. US Department of Energy, September 30, 2010.

214. The America Creating Opportunities to Meaningfully Promote Excellence in Technology, Education, and Science Act of 2007: Public Law 110-69. August 2007.

215. ARPA-E FY 2010 Annual Report.

216. ARPA-E FY 2012 Budget Request. URL: http://arpa-e.energy.gov/? q=arpa-e-site-page/arpa-e-budget.

217. ARPA-E FY 2013 Budget Request.

218. American Recovery and Reinvestment Act of 2009. February 17, 2009.

219. The America Creating Opportunities to Meaningfully Promote Excellence in Technology, Education, and Science Reauthorization Act of 2010: Public Law 111-358. January 2011.

220. National Space Policy: National Security Decision Directive No. 42. July 4, 1982.

221. Presidential Directive on National Space Policy: Fact sheet. January 5, 1988.

222. National Space Policy Directives and Executive Charter: NSPD-1. November 2, 1989.

223. National Space Policy: Fact sheet/The White House, National Science and Technology Council. September 19, 1996//Exploring the Unknown: Selected Documents in the History of the U.S. Civil Space Program. Vol. III. URL: http://history.nasa.gov/SP-4407/vol3/cover.pdf.

224. U. S. National Space Policy: Presidential Decision Directive. August 31, 2006.

225. National Space Policy of the United States of America. June 28, 2010.

226. 帕伊松·D. 世界主要国家的太空活动. 预印本. 彩印样式, № 1001-1. 中央工程研究所, 2010.

227. Fiscal Year 2011: Performance & Accountability Report. NASA, November 2011.

228. 2006 NASA Strategic Plan, NP-2006-02-423-HQ.

229. 2011 NASA Strategic Plan, NP-2011-01-699-HQ.

230. URL: http://www.nasa.gov.

231. URL: http://landsat.usgs.gov/gallery_view.phpcategory=blueflag&thesort=pictureId.

232. URL: http://www.space.com.

233. National Aeronautics and Space Act of 1958: Public Law 85-568, 72 Stat., 426. July 29, 1958.

234. URL: http://deepspace.jpl.NASA.gov.

235. FY 2013 President's Budget Request summary. NASA, 2012.

236. Appropriations Committee Releases the Fiscal Year 2012 Commerce, Justice, Science Appropriations. URL: http://appropriations.house.gov/news/documentsingle.aspx?DocumentID=250023.

237. Hill B. Exploration Systems Development Status. NASA Advisory Council, March 2012.

238. URL: http://sbir.gsfc.NASA.gov.

239. URL: http://www.techbriefs.com.

240. URL: http://spinoff.NASA.gov.

241. Lockyer L. Innovative Partnerships Program. NASA, October 20, 2005.

242. NASA Request for Information: Venture Capital Project. Solicitation Number: NNH0622806L. February 2006.